그래 나 월세 받으며 산다

1판 1쇄 펴낸 날 2018년 9월 28일

지은이 황준석
펴낸이 나성원
펴낸곳 나비의활주로

책임 편집 유지은
디자인 design BIGWAVE

주소 서울시 강북구 삼양로 85길, 36
전화 070-7643-7272
팩스 02-6499-0595
전자우편 butterflyrun@naver.com
출판등록 제2010-000138호

ISBN 979-11-88230-56-3 03320

퇴직 그리고 은퇴 후 당신의 잔고를 든든하게 해줄
● 최고의 투자전략 수기모음 ●

그래 나 월세 받으며 산다

황준석 지음

나비의 활주로

CONTENTS

'부동산은 어렵다? 남의 일이다?'라는 생각을
화끈하게 날려줄 31가지 성공기

아주 오래전, 부동산에 처음으로 관심을 두게 되면서 부동산 경매를 공부하게 되었습니다. 왠지 경매라고 하면 막연히 부동산을 싸게 살 수 있을 것 같았고, 그렇게만 된다면 싸게 사서 제값을 받고 팔아 어렵지 않게 돈을 벌 수 있을 것 같았습니다. 그래서 부동산 경매 책을 사서 읽었지만 1주일도 지나지 않아 그 책을 덮어버렸습니다. 다 읽어서가 아니라 내용이 너무 어려웠고 모르는 용어가 많아 이해하기는커녕 한 장 한 장을 넘기기가 매우 힘들었기 때문이지요. 모르는 단어 하나의 뜻을 찾다 보면 그 설명에 또 모르는 단어가 나오고, 그 단어의 뜻을 찾으면 또 나오고… 그러다 보면 결국 뭘 찾고 있는지도 모르겠고, 모르는 단어들 속에서 헤매다가 지치기 일쑤였습니다. 일주일 내내 그러한 일이 반복 되다 보니 스스로 무기력함을 느끼고 '이건 내가 할 수 있는 일이 아니구나!'라고 느끼고 결국 책을 덮어버렸습니다.

이는 제가 처음으로 부동산과 경매에 관심을 두고 공부를 시작했지만, 일주일 만에 공부를 포기 했던 경험입니다. 그래서인지 저는 책을 쓰거나 강의할 때 가장 중요하게 생각하는 부분이 바로 '읽거나 듣는 사람이 쉽게 이해할 수 있어야 한다.'는 것입니다. 아무리 좋은 것이라도 어렵고 이해할 수 없다면 듣는 사람에게는 무용지물에 지나지 않기 때문입니다.

그렇게 부동산에 관한 첫 관심은 어렵지 않게 사그라졌습니다. 그리고 1년 정도 시간이 흐른 후 다시 관심이 가더군요. '부동산은 어렵다.'는 생각이 있었지만 왠지 모르게 그랬습니다. 또다시 책을 사서 읽게 되었는데, 1년 전 읽었던 책에서 본 용어가 있어서인지 그때보다는 부동산이 조금 더 친숙하게 느껴졌었습니다.

하지만 그렇다고 해서 부동산 공부를 본격적으로 하게 되지는 않았습니다. 어려운 용어는 계속 낯설었고 책에서 설명하는 것들은 이해하기 어려웠습니다. 결국 두 번째 시도 역시 오래가지 못했습니다.

부동산에 관심이 많았지만 왜 이런 일이 반복되었을까요?

그 첫 번째 이유는 부동산 용어가 어려워 이해하기 힘들었고, 두 번째, 공부한 것을 실제로 사용해 볼 기회가 거의 없었으며, 세 번째, 공부한 것을 실제로 시험해 보기 위해서는 부동산을 사야 하는데 그러기 위해서는 많은 돈이 필요하다고 생각했기 때문입니다.

그러한 생각으로 두 번째 부동산 공부도 시도에 그치고 말았습니다. 그리고 마지막 세 번째 시도를 하게 되었는데 그것은 경매 강의였습니다. 어렵고 이해하기 힘들었던 강의가 끝나가던 무렵, 강사님이 실제 경매 법정에 가본 사람은 손을 들어 보라고 했는데, 100여 명 중 불과 10여 명 정도 밖에 되지 않았습니다. 그리고 입찰해본 사람들은 그중에 3~4명뿐이었습니다. 경매를 배우는 이유는 입찰해서 부동산을 사기 위함인데, 수업이 거의 끝나갈 때까지 입찰해본 사람이 그 정도밖에 안 된다는 것이 이해하기 힘들었습니다.

제가 입찰해본 이들 중 한 명이었으니 저를 빼고는 2~3명만 입찰해본 것이었습니다. 그 이후에도 저는 임장(경매에 나온 부동산을 실제로 방문해서 살펴보는 것)을 수십 차례 다녔고, 입찰(경매법정에 가서 부동산을 낙찰받기 위해 보증금을 내고 희망 금액을 써내는 것) 역시 십여 차례 한 끝에 낙찰을 받게 되었습니다. 세 차례의 부동산 공부 시도 끝에 한 번의 낙찰을 받게 된 것이지요. 한 번의 투자를 위해 오랜 시간이 걸렸고 많은 인내가 필요했었습니다. 만약 그 당시 제 주위에 부동산 투자에 대해 알려주는 누군가가 있었다면, 혹은 저보다 한 걸음 앞선 누군가의 이야기만이라도 들을 수 있었다면 훨씬 더 빨리 그리고 조금은 수월하게 부동산 투자를 시작할 수 있었을 것입니다.

그 당시 저에게 필요했던 것은 부동산 이론 혹은 부동산 투자 노하우, 부동산 용어 해설집이 아니었습니다. 누군가 나와 비슷한 상황에서 어떤 생각을 가지고 부동산 투자를 시작했고 그 과정에서 어떤 어려움과 고민이 있었으며, 그러한 것들을 어떻게 헤쳐 나갔는지를 듣는 것이 훨씬 더 필요했습니다. 마치 대학 합격 수기가 입시생들에게 공부할 의지를 북돋아 주는 것처럼, 부동산 공부를 이제 막 시작한 저에게 용기를 북돋아 줄 이야기가 절실했던 겁니다.

이 책에는 그 당시 저와 같은 사람들에게 용기를 북돋아 줄 31명의 생생한 부동산 투자 이야기가 담겨 있습니다. 어느 곳이 좋고, 어떤 지역이 유망하며, 부동산 이론이 어떻고 하는 이야기를 원하는 분들은 다른 책을 읽는 것이 좋을 것입니다. 하지만 이제 막 부동산에 관심을 두게 된 분, 관심은 있지만 아직 제대로 시작해 보지 못한 분 등과 같은 부동산 초보라면 이 책을 반드시 읽어보시기 바랍니다.

부동산에 대한 초보가 생각할 수 있는 모든 것들에 대해, 31명 수기의 주인공들이 본인의 경험을 담아 이야기합니다. 어렵고 부담되는 부동산 용어로 이야기하는 것이 아니라 일상적인 말로 부동산에 대한 그들의 어려움과 고민 그리고 그것을 헤쳐 나가면서 겪었던 일들을 풀어내고 있습니다.

직장인, 싱글족, 주부, 신혼부부, 은퇴한 분들, 가장, 공무원… 이분들의 이야기는 이제 막 부동산에 관심이 생긴 초보 투자자들에게 아주 큰 힘이 될 것입니다. 부동산에 대해 고민하는 모든 것들이 이분들의 이야기에 담겨 있기 때문입니다. 자, 그러면 지금부터 이 책을 통해 부동산 투자에 관한 고민을 해결하고 용기를 얻길 바랍니다.

〈연금형 부동산 연구소〉 소장 황준석

주식투자로
두 달 치 월급을 날리고
얻게 된 것들

사람들은 고통을 떨쳐버리려 고생한다.
미지의 것에 대한 두려움에, 익숙한 고통을 선택한다.
-틱낫한

안녕하세요. 황 소장님,

지방에 사는 평범한 30세 직장인, 닉네임 여한이라고 합니다. 일전에 메시지를 잠깐 주고받은 적이 있는데, 워낙 바쁘시고 질문하는 분들이 많아 기억하실는지 모르겠습니다. ^^; 예전에 '설마 이 바쁜 사람이 답장을 해주겠어?'라는 의심 반 기대 반으로 카톡 문자를 보냈는데, 답장이 바로 날아와서 깜짝 놀랐었습니다.

이런 기회가 아니더라도 많은 도움을 받았기에 꼭 메시지를 남기고 싶었는데, 이번 기회로 제대로 남겨보고자 합니다. ^^ 이렇게 저의 소소한 이야기를 나눌 좋은 기회를 주셔서 감사합니다.

저는 현재 자그마한 14평 아파트 두 채를 월세로 운영하고 있습니다. 다른 분들에 비하면 아주 작은 규모이지만 그래도 첫 투자에서 손해를 보지 않은 것만으로, 그리고 최대한 적은 자본금으로 투자를 했다는 것만으로 만족하고 있습니다. 더불어 앞으로 제 능력과 기량이 더욱 생긴다면 다양한 분야에 투자를 해보고 싶습니다.

우선 이렇게 후기를 남기고자 마음먹은 이유는 다음과 같습니다. 많은 분들이 자본의 부족, 즉 '종잣돈의 부족을 이유로 투자 자체를 꺼리고 있다'는 사실을 저도 경험해보았기에 알고 있으나 그것은 편견일 뿐이라는 메시지를 전하고 싶어서입니다. '자본금이 얼마 되지 않더라도 소액으로 충분히 투자할 수 있다는 것을, 그리고 언제나 남들이 가는 방향의 반대편에 기회가 있을 수 있다'는 사실을 마음에 두시고 투자하셨으면 하는 바람입니다.

저는 재테크의 '재'자도 모르는 그냥 철부지 청년들 중 한 명이었습니다. 월급이 적기는 했으나 혼자 쓰기에는 넉넉한 금액이었고, 이 돈이 마치 내 한 달 치 고생의 보상인 양 무작정 쓰기 바빴습니다. 그렇게 씀씀이가 커져 버리니 마이너스통장에 손을 대었고, 급기야 '젊었을 때 여행 안 가면 언제 가보겠어?'라는 마음으로 마이너스통장을 이용하여 해외여행을 다녀온 후 몇 달 동안이나 빚을 갚느라 고생한 경험까지 있습니다. 재테크 책이라고는 몇 년 전인지 기억도 안날만큼 예전에 잠깐 몇 페이지 읽은 것이 전부였고, '주식은 사기만 하면 떨어지는 것이고 부동산은 부자들이나 투자하는 것이라는 선입견'으로 살아왔었습니다.

주식에 두 달 월급을 날리다

그러다가 입사 후 6개월이 지날 때쯤, '이렇게 살면 안 되겠다'는 생각이 문득 들어 투자에 눈을 돌리게 되었습니다. 여기서 또 잘못된 선택을 하였는데, 바로 먼저 주식에 손을 댄 것입니다. 그것도 일확천금에 눈이 멀어 가격이 저렴하고 등락이 큰 급등주, 테마주를 찾아다녔었습니다.

대박에 눈이 멀어 가진 돈, 안 가진 돈(마이너스통장 즉, 빚)까지 탈탈 털어 주식에 몰방하였는데, 초심자의 행운인지 한동안은 돈을 벌기까지 했었습니다. 하지만 결과는 땅을 모르고 곤두박질쳤고 두 달 치 월급을 고스란히 하늘로 날려버렸습니다.

하지만 저는 그때 투자 아닌 투기, 도박에서 돈을 잃은 것을 다행이라고 생각합니다. 당시 만약에 '잃지 않고 지금까지 주식을 하고 있었더라면?' 하고 생각하면 눈앞이 아찔합니다. 일단 그랬다면 부동산이라는 좋은 투자처에 관심을 돌리지 못하였겠지요. 게다가 경제적 자유는커녕 빚더미에서 헤어 나오지 못한 채 살아갔을 것이 뻔하고, 그렇게 부실하고 눈먼 투자로 인해 언젠가 크게 잃었을 것이 자명하니까 말이지요.

하늘이 도운 것인지 그렇게 잃고 나서 한동안 투자에 대한 생각을 접었습니다. 그러다가 '다양한 분야에 대한 공부를 해보아야겠다'고 결심했습니다. 인터넷 서점을 살펴보다가 처음 접한 책이 바로 《평범한 월급쟁이 월세 1000만 원 받는 슈퍼직장인들》이었습니다. 이 책이 아직은 제 인생을 송두리째 바꾸어 놓지는 못했습니다만, 인생관, 투자관에 대한 흐름을 바꾸어 주었고 머지않아 인생도 크게 바꾸어 놓게 될 것으로 생각합니다.

부족한 종잣돈으로 인해
경매에 눈 뜨다

황 소장님의 책을 읽고, 다양한 방면으로 부동산 투자를 하여 월세 받는 사람들을 알게 되었습니다. 그리고 책의 사례 뒤편마다 써 주신 '황 소장의 한마디'들을 읽고 또 읽으며 투자에 대한 기준과 앞으로의 방향, 나만의 투자 마인드를 다지게 되었습니다. 그렇게 마인드를 정립한 후, 일단 투자에 앞서 처음에는 '종잣돈부터 모아야겠다'고 생각했습니다. 어찌 되었든 돈이 있어야 무엇이든 할 수 있으니까요. 하지만 신입사원 7개월 차에 결혼했고, 후에 아기가 생긴 터라 월급을 쪼개고 쪼개어도 도무지 돈이 좀처럼 모이질 않았습니다. 외벌이에 200만 원이 채 되지 않은 월급이라 이런저런 재테크 책을 보고 적용해 보아도, 3인 가족이 먹고살기에는 너무나도 빠듯했기에 애초에 모일 돈이 적었었지요.

그래도 꾸역꾸역 열심히 모았습니다. 그렇게 정말 입을 거 안 사 입고 먹을 거 안 사 먹고 알뜰살뜰하게 모은 돈과 아내의 비상금을 합쳐보니 1300만 원 정도가 모였습니다. 하지만 이 정도로는 소위 말하는 갭 투자조차 어려웠습니다. 물론 신용대출을 받아서 갭 투자를 하면 되었지만, 앞서 말씀드린 주식 투자 실패도 있었고 무엇보다 '확실하지 않은 곳에는 투자하지 않겠다.'는 원칙을 세웠기에 아직 갭 투자는 이르다고 생각하게 되었습니다.

고민하다 다시 펼쳐본 황 소장님의 책에서 '경매투자, 본질을 정확히 파악하자.'는 챕터를 읽게 되었습니다. 그때부터 황 소장님의 책을 비롯하여 시중에 나와 있는 많은 경매 책들을 미친 듯이 읽었고, '잘하면 나도 경매로 1호 부동산을 마련할 수 있겠다'는 단꿈에 젖어 있었습니다.

패찰, 하지만 그 또한 공부였다

처음에는 거주지 인근의 물건을 보며 주변 시세를 파악해보니, 대형 공단을 끼고 있는지라 수요는 충분한데 공급이 많이 넘쳤습니다. 다가구, 다세대 주택이 몰려있는 원룸촌의 월세 시세는 보증금 100만 원에 월세 20만 원 안팎이었고, 이것은 낙찰가율이 90%가 넘는 요즘의 경매 판에서 도저히 수익이 나기는 어려운 구조였습니다.

그래도 희망을 잃지 않고 수익이 최대한 날 수 있는 조건인 주변 입지와 상권, 월세 시세 등을 따져가며 물건 탐색과 임장에 온 힘을 다했습니다. 점심시간 혹은 퇴근 이후 시간을 활용하거나, 그것도 안 되면 전화와 인터넷을 통해서 정보를 얻기에 혈안이 되어있었지요. 그렇게 며칠을 컴퓨터 앞에서 씨름한 결과, 월세 수익이 아주 형편없는 우리 지역에서 놀라운 수익률의 아파트를 발견하게 되었습니다.

일반매매가는 6000만 원인데, 보증금 500만 원에 30만 원의 월세가 나오는 아파트가 있었거든요. 대출을 70%까지 끼고, 보증금을 1000만 원까지 상향한다면, 약 1000만 원의 투자로 이자를 내고도 약 11만 원의 수익이 생길 것이고, 경매로 싸게 매입하면 수익률은 더욱 올라갈 것이었습니다.

그렇게 발견한 물건의 인근 공인중개소와 관리사무소를 방문하여 시세와 내부구조, 수리비 등에 대한 정보를 얻고, 그리고 인근 지역을 도보로 걸어보며 입지 등을 파악하였습니다. 마지막으로 물건 현장을 방문하여 30여 분을 문을 두드리고 앞에서 기다려보았지만, 도저히 문을 열어줄 기색이 없어 그냥 집으로 향하게 되었습니다.

하지만 결과는 패찰이었습니다. 한 달여를 고생한 끝에 첫 입찰은, 패찰로 지에게 더 공부하라는 메시지를 던져주었습니다. 퇴근 후 토끼 같은 딸이 기다리는 집을 포기하고 임장을 다닌 시간이 물거품이 되었다는 허무감도 잠시 들었지만, 잃은 것 보다 얻은 것이 더 많았다는 생각에 후회는 없었습니다.

평소 내비게이션 없이는 동네 세탁소도 잘 못 가는 길치인 제가 그 주변 지리를 뻔히 알 수 있을 만큼 익숙해져 있었고, 관련 서류들은 어떻게 보아야 하는지, 주변 부동산중개소 소장님이나 관리소장님을 만나 어떻게 무엇을 물어보아야 하는지, 대출은 어떻게 처리해야 하는지 등의 부동산 관련 지식이 차곡차곡 쌓여 가는 것을 느끼고서는 오히려 자신감이 붙었습니다.

노는 자에게 기회는 뒤로 지나가지만, 노력하는 자에게 기회는 눈앞으로 다가온다

그렇게 6개월 정도를 물건 탐색, 임장, 입찰, 패찰의 반복으로 보내게 되었습니다. 제가 사는 지역에서 서울, 인천의 물건들을 보러 가려면 이동시간만 왕복 8시간이 걸렸고, 직장 생활과 병행해야 했기에 주말을 최대한 이용하여야 했었지만 그래도 즐거웠습니다. 하지만 연속된 패찰을 경험하고 나니 마음은 단단해지는 데 반해 제 주머니와 의지는 점점 가벼워지고 있었고, 그렇게 경매에 대한 회의감이 점점 커져갔습니다. 그러던 어느 날이었습니다. 첫 입찰을 위해 준비하던 과정에서 뵀던 공인중개소 소장님에게서 연락이 왔습니다.

"그 아파트 물건 급하게 나온 거 있는데, 혹시 보실래요?"

이렇게 저에게 기회가 찾아왔습니다. 그 아파트는 인생의 첫 임장인지라 그 아파트의 입지, 환경, 교통, 주변의 공급물량은 물론이거니와 현재 상태를 개략적으로 들으면 대략적인 수리비까지 산정할 수 있을 정도로 파악을 해 두었었습니다. 제가 보았던 그 물건의 낙찰가는 5400만 원으로, 소장님께서 제시한 금액인 5700만 원에서 명도비용을 제외하고 기타 수리비를 제외하면 충분히 이익이 되겠다는 확신이 들었습니다. 결정적으로 당시 매도자가 꽤 급한 상황이었기에, 마음을 잘 구슬리면 충분히 더 깎을 수 있겠다는 판단이 들어서 일단 물건부터 꼼꼼하게 살펴보기로 마음 먹고 날짜를 잡았습니다.

공짜 점심은 없다

그렇게 부푼 기대를 안고 찾아갔던 물건지에서 저는 태어나서 처음 보는 상태의 집을 보게 되었습니다. 문을 여는 순간 바퀴벌레와 악취가 먼저 저를 반겨주었습니다. 소장님과 저는 상태에 놀랐고, 냄새에 또 한 번 놀랐기 때문에 약 5초간 침묵이 흐른 다음에야 대화를 할 수 있었습니다. 그리고는 묵묵히 내부를 살펴보기 시작했습니다. 더러운 상태와는 달리 구조 자체는 상당히 잘 보존이 되어있었습니다. 같은 아파트 다른 물건들을 보면 천장이 조금씩 내려앉고 있거나 창문틀이 삭아있거나 하는 하드웨어적인 문제들이 많았는데, 이 집은 단지 다른 집보다 조금 많이 더러워 보일 뿐 구조적인 수리를 필요로 하지는 않았습니다. 게다가 집주인이 본인이 보아도 팔기에는 상태가 안 좋았다고 판단했는지, 자비를 들여 수도배관 공사(100만 원), 화장실 공사(200만 원)를 진행해놓은 상태였습니다.

내부구조에 큰 수리비가 들지 않겠다는 판단이 섰던 저는 속으로 쾌재를 불렀습니다. 이 정도 상태이면, 보통 사람들은 바로 문을 닫고 '안 산다.'라고 할 정도라 경쟁자가 적을 것이고, 집주인이 오죽 급했으면 자비로 300만 원씩이나 들여 수리해 놓았겠느냐는 생각에 가격을 더 깎을 수 있을 것 같았기 때문이지요.

예상대로 처음 5700만 원의 제시 가격은 소장님의 눈부신 언변과 저의 어설픈 연기로 5450만 원까지 내려갔고, 또한 인테리어가 완료된 올 수리 집의 경우 월세를 5만 원 정도 더 받을 수 있다는 소장님의 팁에 뒤도 안 돌아보고 계약 후 바로 수리에 들어갔습니다.

계약과 동시에 소개받은 인테리어 사장님이 제시하는 견적은 꽤 합리적인 가격이었지만, 생각했던 예산에서는 조금 무리가 있어서 제가 할 수 있는 부분은 스스로 하고 나머지는 전문업자에게 맡기자는 판단으로 한 달여를 셀프 인테리어에 매달렸습니다. 도배, 장판, 타일은 제가 해 볼 수도 있었으나, 상품 가치가 떨어지면 세입자를 구하는 것이 어려워져 소탐대실이 될 것이라는 생각에 전문업자에게 맡기게 되었습니다. 나머지 페인트칠, 문짝 교체, 등 기구 교체, 콘센트 교체, 스위치 교체는 제 스스로 하여 한 달 월급에 해당하는 200여만 원을

절약할 수 있었습니다.

　3주 정도를 퇴근 후 셀프인테리어를 하여 마무리를 하고 보니 예상대로 이 집은 '귀신의 집(?)' 같은 예전의 모습은 온데간데 없고 이번에 새로 지은 집처럼 보였습니다. 인테리어 사장님의 전문적인 손길과 부족하나마 꼼꼼함을 더한 셀프인테리어가 끝나고 아내를 초대(?)하여 구경을 시켜주니, "그냥 우리가 들어와 살면 어때?" 하며 저의 기를 살려주었습니다.

　그렇게 한 달의 퇴근 시간을 꼬박 바치며 한 달 월급을 벌었다는 기쁨에 젖어 있던 것도 잠시였습니다. 첫 집인 만큼 꼼꼼히 청소하고 '예쁘게 시장에 내보내기 위해(?)' 화장실 변기 청소를 마무리하던 중, 누군가 문을 두드려 나가보니 소장님과 한 사모님이 함께 문 앞에 서 계셨습니다. 타이밍도 기가 막힐 정도로 인테리어가 끝나자마자 계약에 성공하게 된 것이지요.

부동산은 끝없는 협상 게임이다

앞서 집을 매매할 때 어설픈 협상 덕분으로 많지는 않지만, 집값의 약 5% 정도인 300만 원 정도를 절약했었습니다. 그 여세를 몰아 월세 계약을 할 때에도 약간 유리한 조건으로 하게 되었습니다.

세입자분은 자식들이 다 출가하고, 조그마한 집에서 두 분이 여행도 다니면서 조용히 살고 싶어 하셨습니다. 그래서 한 번 정한 집에서 오래 살면서 자주 이사를 하기 싫다고 하셨지요. 그런데 왜 집을 사지 않고 월세로 들어오시려는 것일까요? 대화를 나누어보니, 현재 직장에 다니는 자식의 명의 아래 계시는 덕분에 건강보험료 등 기타 간접 세금을 아끼기 위해서라고 생각해 볼 수 있었습니다. 그럼 이 분들의 입장에서는 깨끗하지만 크지 않고, 월세 부담 없는 곳에서 오래 살고 싶은 것이므로 무엇보다 월세를 절약해서 계약하는 것이 '윈'이겠지요? 그럼 저에게 '윈'은 무엇이었을까요? 바로 보증금을 상향하고, 월세 계약을 길게 하는 것이었습니다.

처음에 보증금 500만 원, 월세 35만 원에 계약을 하려고 가계약까지 했다가, 중개사무소에서 계약서를 쓰는 날 월세를 깎아달라는 요구가 있으셔서 협상에 들어갔지요.

"사모님, 보증금 100만 원이 월세 1만 원에 해당하는 것은 아시지요? 보증금을 500만 원 상향해주시면 제가 5만 원이 아닌 7만 원을 깎아드릴게요. 오래 사실 거라고 하셨으니 계약기간은 2년으로 하시고요."

사모님은 잠시 고민하시더니 아들과 상의를 해보아야 할 것 같다고 하셨습니다. 아마도 제가 매입한 가격 대비 대출을 조금 많이 받아서 근저당 액수 때문에 1000만 원이라는 금액이 약간 부담이 되셨나 봅니다. 그래서 제가 공부했던 지식을 바탕으로 다시 설득했습니다.

"아, 보증금이 1000만 원이라 지금 잡혀있는 은행 근저당 액수 때문에 약간 부담이 되나 봅니다. 저도 그 마음 잘 압니다. 그런데 이걸 한번 생각해보세요. 일단 사모님이 최악의 상황에서 보증금을 잃는 경우는 제가 은행에 이자를 못 내서 이 집이 경매에 넘어가는 것입니다. 하지만 우리나라 법에서는 소액 임차인을 보호하고자, 지금 지방 같은 경우에는 1700만 원까지 나라에서 법적으로 보장해 줍니다. 경매에 낙찰되는 순간, 1000만 원을 고스란히 배당받으실 수 있어요."

얕은 지식이나마 총동원해서 사모님을 설득하였더니 잠시 전화를 하러 나가셨다 돌아와서는 '아들 또한 같은 이야기를 해 주었다.'며 바로 계약을 진행하게 되었습니다. 그리고는 제 인생의 1호기가, 드디어 저에게 월세라는 큰 선물을 안겨주게 되었습니다.

이렇게 1호 부동산을 마무리하였는데, 사실 1호를 인테리어 하는 중간에 2호 부동산도 계약하게 되었습니다. 직접 한 땀 한 땀(?) 정성 들여 수리한 1호가 정은 더 많이 가지만 수익률은 2호가 훨씬 좋습니다. 그 이유는 매입가 자체는 2호가 조금 더 높지만 300만 원 상당의 수리가 이미 되어있었고, 더 선호하는 층이었으며 집 주인이 집을 팔고 바로 월세 계약을 괜찮은 조건에 하였기 때문입니다.

투자에 있어 앞서 말씀드린 대로 종잣돈의 부족을 탓하며 애당초 사전 조사 단계에서 포기하시는 분이 많을 텐데, 제가 1호, 2호 부동산을 마련하면서 들었던 저의 순수 자금은 총 1000만 원이었습니다.

이 금액이면 지금 갭 투자자들이 열광하는 지역에 전세가율이 90%에 육박한 아파트 한 채도 매입하기 어렵습니다. 하지만 저는 황 소장님의 책을 참조하여 앞으로는 '시세 차익' 시장 보다는 '월세 흐름'의 시장이 우세할 것이라고 예상하여, 그렇다면 시세 차익보다 월세 흐름이 우세할 지역, 즉 꾸준한 수요가 발생할 수밖에 없는 지역을 위주로 탐색하게 되었습니다. 가진 자본금이 적으니 서울 주요 지역의 오피스텔이나 소형아파트보다는 대출 부담이 적으며 현재 많은 투자자들이 하락추세라 외면하는 지방투자에 집중하게 된 것입니다.

현재 이 지역은 공단 지역에다가 일반산업단지가 아닌 국가산업단지라 꾸준한 월세 수요가 발생할 수밖에 없고, 대기업 공장을 중심으로 엄청난 수의 하청업체가 존재하고 있습니다(e-cluster 국가산업단지 홈페이지 통계자료 참조).

따라서 대기업이 망하지 않는 이상 하청업체도 있을 것이고, 해당 대기업은 국내 대기업 순위 5위 안에 드는 기업이 즐비해 있기 때문에 꾸준한 수요가 예상됩니다. 물론 앞으로 4차 산업혁명 시대가 오고, 산업의 구조가 제조업에서 정보기술 중심으로 바뀌어 감에 따라 약간의 변동은 생기게 될 것입니다. 결국 정보 기술 산업 또한 핵심은 인간의 두뇌이지만, 그 기반인 하드웨어는 제조업에서 출발하는 것이기 때문에 큰 걱정은 없습니다.

앞서 잠깐 소개해드린 대로 이 지역에는 엄청나게 많은 다가구, 다세대가 즐비하여 있는데, 아무리 입지가 좋은 원룸이라 할지라도 지역구획 때문에 대부분 직장에서 적어도 자동차로 10~15분 정도의 거리에 몰려있습니다. 그렇지만 제가 투자한 아파트는 담장 너머에 공장을 수십 개 끼고 있는 공장 중간의 아파트인지라, 하다못해 인력이 감소하여 어려워지더라도 바로 옆 공장 사장님께 기숙사로 제공해도 될 정도의 위치입니다.

물론, 앞으로 이 근처에 꽤 많은 수의 공급물량이 예정되어 있습니다. 그리하여 투자를 더욱 꺼리는 사람들이 많아져서 한산했던 것이 사실이지요. 하지만 여기서 저는 한 걸음 더 나아가 생각해보았습니다.

'신축이라 제일 작은 면적조차 1억5천만 원대에 형성된 아파트에 살

고자 하는 소비층과 6000만 원밖에 하지 않는 소형 아파트에 사는 이들이 같은 소비층일 것인가?'

결론은 '아니다.'였습니다. 둘의 소비층은 경제적인 이유, 가족 구성원 수의 차이, 해당 지역에 기반을 두고 계속 살 것인지의 여부 등에 따라 분명히 양분화되어 있었습니다. 그렇기에 앞으로 예정된 공급물량조차 걱정이 별로 되지 않았습니다. 청약에 당첨되어 빠져나가는 수요가 꽤 있지만, 나가는 수만큼 들어오는 수요 또한 많아지고 있는 추세이며 이는 각종 월세를 구하는 사이트를 참조해보니 올라오는 족족 빠져나가는 것을 보고 알 수 있었습니다. 열심히 분석하다 보니, 가장 주의해야 하는 공급조차 가만히 들여다보면 헤쳐 나갈 방법이 있었다는 것이지요.

이러한 분석의 결과 저는 집 근처에 있는 알짜 소형아파트에 투자하게 되었고, 매입가 자체가 작아 인테리어로 인해, 1호 부동산 총 투입비가 6100만 원인 데 반해 올 수리 기준 매매시세 7400만 원으로 총 시세 차익 1300만 원 정도를 확보해 놓고 월세 인생을 시작하게 되었습니다. 2호기는 아직 조금 더 두고 보아야 할 것이지만, 이 또한 괜찮은 수익률을 안겨줄 것으로 생각됩니다.

1호와 2호 부동산의 총 월세는 58만 원이고, 한 달에 나가는 순 이자는 20만 원 정도로 약 38만 원 정도의 차액이 생겼습니다. 이는 절대가격은 낮지만 투자 대비 45%의 수익률이지요. 1300만 원의 시세 차익은 언젠가 실현이 되겠지만 아직은 생각하지 않고 있습니다. 비록 소액이지만, 수익률과 안정성 측면에서 꾸준한 월세가 더욱 매력적이기 때문이지요.

자본이 부족하면 노력으로 채우면 된다

앞서 계속 말씀드렸지만, 결코 자본의 부족을 실력의 부족으로 착각하지 않으셨으면 좋겠습니다. 저는 운이 좋아 조금의 이익을 얻고 있습니다만 부족한 자본금을 채우기 위해, 월세 시대에 발맞추어 살아가기 위해, 무엇보다 가족들을 책임지는 가장으로서 가정에 기둥이 되기 위해 노력할 것입니다.

이 후기를 읽으시는 여러 예비, 혹은 실전 투자자님들도 꼭 자본금이 많아야 투자를 할 수 있다는 편견, 그리고 지방에는 더 투자할 곳이 없다는 편견에 대해 다시 한번 잘 생각해 보세요. 그리고 조금의 시간을 더 투자하여 다방면으로 투자처를 찾다 보면 괜찮은 수익률이 나오는 알짜물건을 잡으실 수 있을 것이라 장담합니다.

부동산이 주식과는 다르게 실물이 남으므로, 충분한 입지분석과 조금의 협상 능력만 있다면 적어도 '잃지 않는 투자'가 가능하리라고 봅니다. 충분한 검토와 본인만의 기준을 세운 다음, 그것에 부합한다면 황 소장님과 같은 멘토의 자문과 도움을 받아 투자하시기 바랍니다.

세입자를 들일 때 꼭 확인해야 하는 한 가지

이번 수기에서 가장 중요한 부분은 바로 '의지'라고 생각합니다. 대부분 부동산 투자를 시작하지 못하는 이유가 바로 '돈이 부족해서'인데, 수기의 주인공은 그러한 여건에도 어떻게 하면 부동산 투자를 할 수 있을지 고민하고 스스로 방법을 찾았습니다. 그 결과 월세 이익을 얻게 되었지요. 이렇듯 무슨 일을 하던 가장 중요한 것은 바로 하고자 하는 의지이며, 그 이후의 상황은 노력하기 나름일 것입니다.

이번 이야기 중 '보증금 100만 원에 월세 20만 원 안팎'이라는 부분이 있었습니다. 여기서 짚고 넘어가야 할 부분은 '월세 20만 원'입니다. 자, 20만 원의 월세는 어느 정도 수준일까요? 광역시를 포함한 지방이라면 그 크기가 6~10평 내외의 집일 경우에 보증금 500~1000만 원, 월세는 30~50만 원 수준입니다.

즉, 월세 30만 원은 월세 시장에서 가장 낮은 수준이라고 볼 수 있습니다. 그런데 그것보다 월세가 낮다는 것은 공급 과잉이거나 수요가 적다는 의미입니다. 전국에서 가장 싼 고시원의 월세가 한 달에 20만 원 정도인데, 원룸이 그와 가격이 비슷한 곳이라면 투자를 결정할 때 한 번 더 생각해 봐야 할 것입니다. 예를 들어, 그랜저 가격이 아반떼와 같다면 그 그랜저의 상태가 좋다고 생각하기 어려운 것과 같다고 볼 수 있습니다.

한 가지 더 짚고 넘어갈 부분은 월세 20만 원을 내고 사는 분들의 재정 상황입니다. 월세 20만 원의 집에 세를 들어오는 분들은 대부분 재정 상황이 그리 넉넉하지 않은 경우라고 볼 수 있습니다. 월세 20만 원은 전국에서 가장 싼 고시원의 가격이라고 앞서 이야기했었습니다. 그렇기 때문에 이 가격의 월세에 거주하는 분은 재정 상황이 더욱 악화한다면 옮겨갈 집이 없다는 의미입니다. 즉, 월세를 못 내더라도 본인이 옮겨갈 곳이 없어 어쩔 수 없이 월세를 밀리며 우격다짐으로 거주하는 일이 많습니다.

이러한 경험을 한 번이라도 한 분들은 임대료를 받기가 쉽지 않다는 이야기를 하게 됩니다. 그러한 경우 최종 해결은 이사비용을 주고 내보내거나 명도 소송을 통해 내보내기까지 합니다. 결국 집주인이 손해를 보게 되는 것입니다.

그런데 사실 이러한 경우는 본인이 그러한 일이 일어날 가능성이 높은 부동산을 샀기 때문입니다. 월세가 중간 수준 이상이라면 세입자가 월세를 못 내는 상황이 되면 월세가 낮은 집으로 이사할 수 있습니다. 월세를 안 내면 혹은 못내면 집주인 마음이 불편한 것처럼, 세입자 마음 역시 편하지 않기 때문에 상황이 허락하는 한 세입자도 마음 편히 살 수 있는 집으로 이사하게 됩니다.

이번 수기 주인공이 세입자를 들이기 전에, 세입자의 상황과 임대를 들어오려는 이유를 확인한 것이 아주 잘한 부분입니다. 만약 그렇게 자세히 확인하지 않고 무턱대고 세입자를 들였다면 향후 문제가 일어 났을 시 대처하기도 어려우며, 문제가 일어날 수 있는 소지를 가지고 임대한 형국이 될 수도 있었기 때문입니다.

그리고 수기 내용 중 '우리나라 법에서는 소액 임차인을 보호하고자' 이 부분은 바로 '최우선 변제'라는 것입니다. 흔히 '월세 받을 부동산을 사기 전에 만약 대출을 많이 해서 부동산을 사면 세입자가 안 들어오 지 않을까?' 하고 걱정하는 일이 있습니다. 그런데 그 부분은 편안하게 생각해도 좋습니다. 우선 우리나라 법에서는 해당 부동산이 경매로 넘 어가더라도 세입자의 임대보증금을 최우선으로 보장해 줍니다. 따라 서 세입자는 임대보증금을 손해 보고 싶어도 그러기 어렵습니다. 이는 모든 부동산 사무소에서 다 알고 있고, 월세를 한 번이라도 살아본 사 람들은 다 아는 내용입니다.

다만 최우선 변제는 보장하는 금액의 범위가 있기 때문에 그 범위를 넘어가면 보장받을 수 없습니다. 하지만 대부분의 월세는 그 범위를 넘어가지 않기 때문에 세입자들은 아무리 대출이 많은 집이라도 마음 편하게 임대를 들어옵니다.

자, 그리고 한 가지 덧붙이자면 은행 역시 그러한 최우선 변제로 인 해 본인들이 빌려준 돈보다 먼저 세입자의 임대 보증금을 떼어가는 것 을 알기 때문에, 애초에 소위 말하는 '방 빼기'라는 것을 하고 대출을 해

줍니다. 즉, 대출 가능 금액에서 세입자가 들어와 맡길 임대 보증금의 액수를 빼고 대출해준다는 것이지요.

이렇듯 대출을 끼고 투자를 하더라도 이를 겁내고 그 집에 못 들어올 세입자는 없습니다. 오히려 투자자가 걱정해야 할 부분은 세입자를 들이기 전 만반의 준비를 하여 좋은 세입자를 들이는 것입니다. 그에 따라 월세 관리를 하며 신경 써야 할 부분이 대폭 줄어들기 때문입니다. 당장 공실이 났다고 하여 사전에 알아보지 않고 무작정 세를 낮춰 아무 세입자나 받는다면 차라리 공실일 때보다 골치 아픈 일이 생길 수 있습니다. 부동산의 가치는 집주인이 스스로 올릴 수 있다는 점을 반드시 명심해야 합니다.

흙수저 출신,
부끄러운 것이라기보다
불편한 것일 뿐

욕구란 성취에 대한 생각이 동반될 때 희망이라 불린다.
같은 욕구에 이러한 생각이 없다면 이는 절망이다.
-토머스 홉스

2018년 현재 42세인 나는 강원도 원주에 사는 평범한 가장이고 직장 생활을 하고 있다. 크게 물려받은 재산도 없고, 남들에게 내세울 만한 배경도 없는 요즘 우스갯소리로 하는 흙수저 출신이다. 그런데 흙수저 출신은 부끄러운 것이라기보다 불편할 뿐이다.

가진 것이 없이 살면서 너무 불편한 것이 많았다. 첫째 아들을 임신한 아내가 한겨울에 딸기를 너무 먹고 싶어 하는데, 딸기를 사주기에는 주머니 사정이 좋지 않아서 딸기 대신에 편의점에서 파는 딸기 맛 빙과를 사 주었을 때가 생각난다. 둘째 딸아이가 크면서 분윳값, 기저귓값이 없어서 발만 동동 구르고 있었을 당시, 점심 한 끼 값을 아끼기 위해서 거래처에서 집까지 허겁지겁 와서 급히 찬밥에 물 말아 먹고 시간 맞춰서 다시 거래처로 황급히 갔을 때도….

이런 것들은 불편할 뿐이지 부끄러운 건 아니다. 하지만 딱 한 번 부끄러운 적은 있었다. 집 없는 설움이랄까… 나와 아내는 가진 것이 없어 보증금 500만 원에 월세 27만 원 하는 허름한 원룸에서 신혼을 시작하였다. 비슷한 시기에 결혼한 친구 집들이에 다녀온 아내는 친구가 본인 소유의 아파트에서 유명 브랜드 가구로 예쁘게 꾸미고 사는 모습을 보고 돌아왔다. 직접 표현은 하지 않았지만, 원룸에서 신혼을 시작하는 본인과 비교하여 무척이나 그 친구가 부러웠나 보다. 당시 아내에게 '열심히 살다 보면 우리도 그 친구 같은 집에서 살 수 있는 날이 올 수 있어'라는 말을 할 수밖에 없었던 나 자신이 참 부끄러웠다.

요즘 3포, 5포, 7포 세대라 하면서 청년실업과 더불어, 갈수록 경제적 상황이 녹록치 않은 것이 현실이다. 고액 연봉자도 아닌 평범한 직장인 월급만으로 어찌 내 집 한 채 장만할 수 있을까? 하늘 높은 줄 모르고 치솟는 전셋값 맞춰주기도 힘거울 따름이다.

하지만 작년에 33평형 아파트를 아내 명의로 해주었고, 몇몇 특정 지역별로 매달 월세 받는 수익형 아파트를 ○채 보유하고 있다(직장인이기에 보유한 개수를 밝히지 않겠음). 지금은 월급 보다 몇 곱절 많은 월세를 받는다. 세전 월세 수입이긴 하지만 세금 정산 및 기타 유지비용을 제외하고도 월급보다 많다.

월세 받는 직장인으로 산다는 건?

매달 월세 받는 직장인으로 산다는 건 무척이나 다른 새로운 세상을 사는 기분을 느끼게 한다. 그렇다고 과거와 현재가 엄청난 변화가 있는 것은 아니지만 불편한 점이 적어지고 있고, 이러한 상황에 점점 익숙해져가고 있는 중이다.

얼마 전에 방송프로그램을 보던 초등학교 1학년인 딸아이가 "아빠, 저기 일본에 있는 놀이동산인데 저 놀이기구 타 보고 싶어~!"라고 했을 때 나는 주저하지 않고 바로 노트북을 켜서 항공편과 숙소 그리고 놀이동산 익스프레스 패스를 구매하였다. 그리고 다음 날 일정에 맞게 회사에 연차 신청을 하였고, 신청 사유에 '딸과 놀이동산에서 좋은 추억을 갖기 위해'라고 작성했다. 직장 동료나 상사가 나에게 근무태도가 좋지 못한 직원이라고 할 수 있지만, 업무에 아무런 차질이 없고 연차 사용의 아무런 문제가 없다면 나에게 주어진 연차를 원할 때 개인적인 사유로 사용하는 게 무엇이 나쁘겠는가?

예전에는 연차 날 상사 눈치 보면서 정상출근해서 정상근무를 했었고, 심지어 여름휴가 때도 사무실 출근을 했었다. 단지 상사에게 눈 밖에 나지 않으려는 이유로 말이다. 하지만 지금은 당당히 내가 쓰고 싶을 때 연차를 쓸 수 있는 소심한(?) 용기가 생겼다.

우리 가족은 일본으로 여행을 다녀왔다. 우리 식구만 여행을 다녀오기 미안하고 어버이날이 다가오고 있어(본인 어머니는 병원에 장기간 입원 중) 장인, 장모님을 같은 일정으로 베트남 해외여행을 보내 드렸다. 작은 효도이지만 뿌듯했고, 가족과 함께 잊지 못할 추억을 만들 수 있다는 것이 행복했다. 이 모든 것이 월세를 받으면서 직장 생활을 하기에 가능한 일이었다.

월세 받는 직장인이 되기까지?

월세 받는 직장인이 되기까지는 그리 긴 시간이 걸리지 않았다. 서두에도 밝혔듯이 나는 흙수저 출신이다. 나와 같이 월세 받는 직장이 되는 것은 본인 스스로 하고자 하는 열정만 충만하다면 가능하다고 생각한다. 가장 먼저 훌륭한 마인드를 갖는 게 우선이다.

'나는 직장 업무 때문에 시간도 없고, 퇴근하면 잠자기 바쁘고, 먹고 살기 힘든데 무슨 자기 계발이고, 또 공부할 시간이 어디 있어?' 라고 생각하는 것부터 바꾸면 된다.

간절히 원하는 꿈과 희망을 A4 용지에 글자 크기 10으로 빼곡히 앞 뒷면으로 정성 들여서 볼펜으로 꼭꼭 눌러서 손글씨를 써 본 적이 있는가? 학창시절 시험 기간에 암기과목 공부하듯이 말이다. 엉뚱한 소리일 수 있어도 그리 크게 힘든 일은 아닌데 시도조차 해보지 않은 사람이 많다. 머리로만 생각하지 말고 단순하지만 이것부터 시작하고, 그리고 반드시 자신이 원하는 내용 옆에 언제까지 달성하겠다는 정확한 날짜를 작성하면 된다. 나 역시 이 단순한 실천을 시작으로 많은 일을 했고, 이로써 생활은 많이 변화하였다.

자신이 간절히 원하는 것이 눈앞의 현실로 이루어질 때까지 무한 반복해보라. 그러면 그러한 꿈과 희망은 더는 바람이 아니라 이미 현실이 되어 있을 것이다. 거짓말 같다고? 그렇다면 바로 실행에 옮겨보라! 거기서부터 모든 것이 시작된다!

원하는 미래를 만드는 가장 현실적인 방법

누구나 나름대로 매일매일 열심히 살아갑니다. 하지만 열심히 산다고 해서 미래가 보장되는 것은 아닙니다. 단지 하루하루 열심히 산다는 것으로 본인을 위로하지만, 미래에 대한 막연한 불안감을 떨칠 수는 없습니다. 사실 우리의 경제적 미래는 명확합니다. 사업하거나 혹은 부모님에게 물려받을 무언가가 있지 않은 한 지금의 소득에서 연봉상 승률을 감안하고 본인이 일을 할 수 있는 기간을 곱해보면 남은 삶 동안 벌 수 있는 돈의 총합을 대략 계산해 볼 수 있습니다.

(연봉) × (앞으로 일할 수 있는 연수) × (연봉 상승률) = 나의 평생 총수입

그렇다면 과연 그 돈으로 노후를 편안하게 보낼 수 있을까요? 편안 하게까지는 아니더라도 노후를 무사히 보낼 수 있는 여유를 찾을 수 있을까요? 특별한 상황을 제외하고는 그러한 준비가 된 사람은 드물 것입니다. 그렇기 때문에 우리는 막연한 불안감 혹은 불확실한 미래를 애써 외면하며 살아가게 됩니다. '매일 열심히 살다 보면 좋은 결과가 있겠지…'라는 생각으로 말입니다.

수기의 주인공도 마찬가지였습니다. 이제 막 마흔 살이 된, 흙수저 출신의 평범한 직장인이 할 수 있는 거라곤 말 그대로 열심히 사는 수밖에 없었습니다. '본인 소유의 아파트에서 유명 브랜드 가구로 예쁘게 꾸미고 사는 친구'를 부러워하는 아내에게 '열심히 살다 보면 우리도 그 친구 같은 집에서 살 수 있는 날이 올 수 있다.'는 거짓말을 해야하는 스스로가 무척 부끄러웠다고 합니다. 이는 단지 수기의 주인공만이 아닌, 평범한 직장인 중 많은 분들이 흔히 자기 자신과 가족에게 하는 '바보 같은 설득'입니다. 명확한 경제적 미래는 절대 외면한다고 해결되지 않습니다. 미리미리 준비하고 대처해야만 원하는 미래를 맞이할 수 있습니다.

요즘 한 번뿐인 인생을 즐기자는 의미의 욜로(YOLO)라는 말이 유행합니다. 물론 즐기는 것도 좋습니다. 하지만 누군가에게는 미래를 준비하는 기분, 그 자체를 즐기는 것이 단순히 소모적 소비를 하는 것보다 훨씬 더 즐거운 일일 수 있습니다. 즐거움의 가치는 개인마다 다르며, 부동산 투자에 뜻을 두고 자신의 의지에 따라 이 책을 읽는 이라면 분명 미래를 준비하는 즐거움을 훨씬 더 큰 가치라고 생각할 것입니다.

그리고 준비가 된 후에는 수기 주인공의 '연차를 쓸 수 있는 소심한 용기'와 같은 근거 있는 자신감을 누릴 수 있습니다. 누구나 비 오는 날 지하철 출구에서 비싸게 우산을 산 경험이 있을 것입니다. 무슨 일이든 닥쳐서 준비하려면 비싼 값을 치뤄야 합니다. 비 오기 전 맑은 날 우산을 산다면 훨씬 더 적은 돈으로 준비할 수 있습니다. 똑같은 우산이지만 언제 준비했는지에 따라 들이는 노력과 비용은 천차만별입니다.

　노후 대비 역시 마찬가지입니다. 은퇴가 얼마 남지 않은 시점에 불안감에 떨며 부랴부랴 준비하는 것이 맞을까요? 아니면 미리미리 차근차근 준비하는 것이 맞을까요? 그 선택은 오롯이 본인의 선택이 될 것입니다.

여보 우리 애들이 셋인데, 이러다가 망하는 거 아니야?

개선이란 무언가가 좋지 않다고 느낄 수 있는
사람들에 의해서만 만들어질 수 있다.
-프레드리히 니체

"여보 우리 애들이 셋인데, 이러다가 망하는 거 아니야?"

그간 마음속으로 생각하고 있던 것을 아내가 직접 저한테 얘기하니, 갑자기 뒤통수를 맞은 듯했습니다. 다자녀 특별공급으로 판교에 주상복합인 첫 집을 분양받았습니다. 분양받았을 땐 세상을 다 얻고 이제는 고생 끝, 행복 시작이라고 생각했습니다. 잠시 해외에 파견되어 나가 있을 때, 나름 10년 넘게 관리해 온 청약통장을 갖고 한 것이었습니다.

이후 계약할 때, 한국에 직접 들어갈 수 없어 현지에서 6시간 운전해서 한국 영사관을 찾아갔고, 위임장을 써서 이를 DHL로 부쳐 칠순 가까운 노모가 자식을 대신해서 가까스로 계약을 마친, 참으로 사연이 많은 첫 집이었습니다.

그런 집이 2015년 12월 입주 시기가 다 되었으나 경제적 여건은 되지 않아 입주할 수는 없었고, 전세를 놓아 중도금 대출을 상환하려고 했습니다. 판교지역에 나름의 랜드 마크인지라, 자부심을 느끼면서 부동산중개소들을 다니면서 높은 가격에 세 계약을 놓겠다고 했습니다. 마음이 하나도 급한 게 없었기 때문입니다. 좋은 동, 좋은 층에, 저는 당연히 갑의 위치였습니다. 부동산에서 조금 가격을 낮춰서 놓으면 바로 나갈 수 있다고 했지만, 거절하며 급할 것 없으니 제값 받아달라고 큰소리를 쳤습니다. 그러나 이게 악몽의 시작이 될지는 당시에는 몰랐습니다.

첫 한 주일 동안 연락이 하나도 오지 않았습니다. 그때는 여유가 있었습니다. 그리고 가격을 낮춰서 놓고 싶은 생각도 없었습니다. 그렇게 한 달이 지나고, 두 달째 되니 마음이 조급해지기 시작했습니다. 이제 더 시간이 지나면 입주 기간이 끝나고 담보 대출을 받아 잔금을 치러야 했던 것입니다. 대출금액도 어마어마했기에 과연 대출이 실행될지도 몰랐을 정도였습니다. 좋은 여건의 부동산만 믿고, 아무 전략 없이 배짱으로 일관했던 것을 뼈저리게 후회했습니다.

당시 위례신도시에서 저렴한 전세가 엄청나게 나와 판교에 있던 수요자들이 위례로 옮기고 있었습니다. 그런 흐름을 읽지도 못했고 초기 전세 호실이 많이 나오면, 조금 가격을 낮춰 빨리 임대차 계약을 체결했어야 했는데, 넘치는 자부심이 자충수를 두게 한 셈입니다. 그때부터 가격을 낮추기 시작했지만 이미 때는 늦었습니다. 한 달에 200만 원이 넘는 이자 비용에 관리비까지 들어가니, 한두 달은 그럭저럭 버틸 수 있었지만, 이게 3개월, 4개월째가 되니 초조해지고 이러다가 정말 길거리에 나앉게 되겠다 싶었습니다.

그 당시 황 소장님의 《월세 300만 원 받는 월급쟁이 부동산 부자들》을 우연히 읽게 되었습니다. 그리고 이미 담보 대출을 받은 상황에 전세로 계약을 놓더라도, 상환수수료 등을 고려할 때 이는 엄청난 손실이었습니다. 그래서 생각한 부분이 나도 월세를 받으면 되지 않나?였습니다. 월세를 받는 사람은 정말 큰 부동산을 갖고 임대차 계약을 하는 경우라 생각했던 고정관념이 깨지는 순간이었습니다. 소위 코페르니쿠스적 전환, 발상의 전환이었습니다.

월세를 받으면, 담보 대출 조기상환에 따른 수수료 및 심지어 월세 계약에 따른 부동산 수수료도 저렴했습니다. 그래서 그 이후부터 전세로 내놓았던 집을 월세로 전환했습니다. 대신 월세로 받으면 전세로 받을 때보다 얼마 정도 이익인지 고려하고, 몇 개월 정도 더 버텨도 전세보다는 손해가 아니겠다는 계산을 하여, 조금 여유를 가지고 버텼습니다.

급하니까 통한다고, 그때부터 주변의 20곳의 부동산중개소에 2~3일에 한 번씩 전화하며 카톡으로 친구등록을 해서 수시로 진행 상황을 챙겼습니다. 1~2달이 지나니 부동산 사장님들이 저한테 오히려 미안해서 먼저 연락을 못하였고 이렇게 먼저 전화를 줘서 감사하다고 했습니다. 그렇게 6개월이 되던 때였습니다. 거의 포기하는 심정으로 어느 일요일 카톡으로 진행상황 점검을 하던 때, 한 부동산중개소 사장님이 미안하다고 다시 챙겨보겠다고 하시더니 1시간 후에 전화 연락이 와서 세입자가 좋은 조건으로 월세계약을 맺었으면 한다고 했습니다. 조건이 좋았기에 부동산 사장님께도 잘 성사시켜 주시면, 중개수수료에 인센티브까지 드리겠다했고, 과정 중에 담보 대출을 일부 상환하고 다른 대출을 더 받으며 가까스로 월세 계약을 맞췄습니다.

첫 월세 입금이 되던 날, 아내와 저는 지난 6개월을 회상하며 그동안 맘 졸이며 아이들이 먹고 싶어 하는 것도 안 사주고 아껴가며 버텨왔던 것에 고맙고 미안하여, 가족과 성대한 만찬을 즐길 수 있었습니다. 만감이 교차하는 저녁이었습니다. '이제는 내가 월세를 받는 임대인이 되었다'는 생각과 월세계약서 덕분에 마음이 뿌듯했고, 맞벌이 이상의 든든한 안전망이 생겼다는 느낌이었습니다.

월세 수입이 상징적으로 외벌이를 하면서도, 무언가 수익을 창출할 수 있는 좋은 시스템을 구축했다는 생각에 더욱 든든하였고, 사실상 맞벌이 이상의 효과가 있었습니다. '이래서 월세를 놓는구나' 싶었습니다. 이제는 이자를 지급하고도 아이들 학원비 정도는 나오게 되었습니다. 처음에 계약을 세입자의 요청으로 짧게 해서 내년 초 만기이며, 최근 전월세 시장도 많이 좋아져서 월세도 조금 더 올려 받을 수 있을 것 같습니다.

매매시세는 프리미엄이 꽤 붙어 1가구 1주택 비과세 조건을 채우는 2년 후를 보고 있는지라 자신을 위로하며 이 시기만 슬기롭게 넘기자는 생각으로 6개월을 버텼던 기억이 주마등처럼 지나갑니다. 그때 황소장님의 책이 아니었으면, 월세 계약을 한다는 건 생각도 못 했을 겁니다. 불현듯 읽은 책이 발상의 전환을 할 수 있게 했기에 다시 한번 감사의 말씀을 드립니다.

혹시 저와 같이 장기 공실로 맘고생하시는 분들, 또는 월세를 받는 것은 자산가들의 이야기라고 생각하시는 분들께 '당신도 주인공이 될 수 있다'고 말씀드리고 싶습니다. 그 기회는 우선 실행하는 자의 몫이라는 것과 변화라는 것은 준비하고 실행하는 사람만이 누릴 수 있다는 것을 강조하고 싶습니다. 저와 같은 실수 없이 좋은 전략을 갖고 남과 조금은 다르게 발 빠른 의사결정으로 실수 없는 성투(성공투자)하시라고 부끄럽지만 수기 올려봅니다.

큰돈이 있어야 월세 받는다는 나쁜 선입견

어떤 사람들이 부동산으로 돈을 벌까요? 부동산에 대해 잘 모르는 사람들은 빌딩을 몇 채씩 소유한 '부자'를 먼저 떠올립니다. 처음부터 돈이 많았던 사람이 다시 막대한 자본을 바탕으로 부동산에 투자하고 계속 돈을 불려 나간다고 생각합니다. 분명 그런 사람들도 존재합니다만 소수의 몇몇일 뿐입니다.

실제로는 우리와 비슷한 직장에 다니고, 비슷한 생활수준을 유지함에도 부동산으로 수익을 내는 분들이 많습니다. 많지는 않더라도 꼬박꼬박 월세를 받으며 월급 외에 수입을 늘려나갑니다. 지금은 보유한 자산이 비슷한 수준일지라도 5년, 혹은 10년 후에는 어떻게 될까요? 생활에 대한 만족도, 노후 대비 등 경제적인 면에서 확연히 차이가 날 것입니다.

'부동산으로 하는 재테크에는 무조건 큰돈이 들어간다.'라는 일반 상식은 단지 '고정관념'일 뿐입니다. 보통 4000~5000만 원 많아 봐야 1억 원의 돈을 가지고 안정적으로 수익을 내는 방법이 분명 있기 때문입니다. 충분히 그 정도의 종잣돈을 가지고도 이미 검증되었고 안정적으로 수익을 가져다주는 '작은 부동산'은 주변에 많이 있습니다.

물론 이러한 내용을 몰라서 못 하는 분들도 있겠지만 알고도 못 하는 분들은 부동산 재테크가 어렵거나 부담된다는 등의 부정적인 고정관념에 사로잡혀 있어 시작을 못 하는 상황이 많습니다. 누구나 안정적으로 월세 받는 부동산 부자가 되고 싶은데 도대체 왜 부동산 재테크에 대해 부정적인 고정관념을 가지고 있는 것일까요?

그것은 바로 대중매체 때문입니다. 부동산 가격이 올라가는 것은 부동산 투기꾼 때문이며 그 투기꾼을 잡기 위해 정부는 부동산 정책을 내놓는다고 합니다. 서민이 집을 사지 못하는 것 역시 '집을 많이 가지고 있는 다주택자 때문'이라고 하며 다주택자에게 세금을 높여야 한다고도 하지요.

뉴스는 객관적 사실을 전달하는 것이 그 역할인데 많은 이들의 관심을 끌기 위해서 자극적이거나 부정적인 내용이 부각된 기사를 내보내게 됩니다. 그에 따라 마치 부동산 투자로 돈을 버는 사람은 모두 부동산 투기꾼으로 비춰지고, 부동산 투자는 부동산 투기와 같은 의미로 받아들여지게 되었지요. 성실하게 돈을 벌고 모아서 부동산 재테크를 하는 분들이 많은데도 말입니다.

그리고 부동산 대책이 하나 발표되면 모든 언론에서 앞다투어 자극적인 제목의 기사를 쏟아냅니다. 곧 부동산 거품이 꺼질 거라는 등, 무리하게 주택 담보 대출을 받은 사람들이 위험하다는 등, 부동산 투기꾼 때문에 부동산 가격에 거품이 끼었다는 등, 부동산 가격이 폭락할 거라는 등….

그러한 기사를 주로 접하다 보면 누구나 부동산은 위험한 것, 부동산 투자로 돈을 버는 것은 나쁜 것이라는 생각을 하게 되기 마련입니다. 월세 받는 부동산 부자가 되고 싶기는 하지만 부동산 투자는 나쁜 것이라고 인식하게 되는 아이러니한 상황이 되는 것이지요. 마치 매일 저녁 맛있게 치킨을 먹으면서 닭을 도살하는 것에는 반대하는 것과 비슷하다고 볼 수 있습니다.

월세 받는 부동산의 주인이 되고 싶다면 좀 더 객관적이고 솔직해져야 합니다. 대중매체에서 이야기하는 것처럼 부동산 재테크가 위험하고 나쁜 것이라면 성실하게 돈을 모아서 은행에 예금하거나 주식, 금융상품에만 가입해야 합니다. 그런데 과연 그러한 것으로 보통사람이 재산을 불릴 수 있을까요?

물가 상승률을 고려하면 마이너스 금리밖에 되지 않는 은행 예금 이자, 불안에 떨며 조마조마하게 등락을 거듭하는 주식, 그리고 손해가 나면 오롯이 본인이 책임지고 이익이 나면 금융회사가 먼저 수익을 가져가고 남는 것을 조금 주는 금융상품으로 돈을 불리기란 매우 어려운 일일 것입니다. 따라서 그러한 것들로는 손해만 보지 않아도 다행이라는 이야기를 하게 되는 것이지요. 이제는 부동산에 대해 조금 더 긍정적이고 객관적인 시각을 가져야 필요가 있습니다. 그리고 그것이 본인에게 훨씬 더 도움이 될 것입니다.

아들에게
경제적 기반을 만들어줘야겠다고
생각했습니다

사람은 스스로 믿는 대로 된다.
-안톤 체홉

저는 인천 영종도의 공항 신도시에 거주하는 40대 중반의 직장인입니다. 재테크에 관해서는 관심은 많았으나, 매우 보수적인 재테크를 선호해서 입사 이래로 결혼할 때까지 여윳돈을 은행 예·적금에 부어왔습니다.

그러다가 2006년, 지금의 아내와 결혼하였고 아내에게 경제권을 일임하였습니다. 공격적인 재테크 스타일인 아내는 당시 우리나라의 펀드 열풍에 편승하여 해외펀드에 많은 돈을 넣었습니다. 그런데 2007년 미국 발 서브 프라임 모기지 사태로 보유한 펀드들의 평가액이 급락하면서 원금에서 40%를 까먹고 모든 펀드를 정리하였습니다.

그 후 두 번 다시 펀드 투자를 안한다는 생각으로 기존의 은행 예·적금으로 복귀하였습니다. 그러는 와중에 한국은행이 2012년부터 시중금리를 내리기 시작하였고 시중은행의 예·적금 금리가 같이 하락하면서, 은행 예·적금은 인플레이션을 따라잡기에 버거운 재테크로 전락하게 됩니다. 이는 더는 노후대비용으로 적합한 투자 상품이 아니었기에 새로운 투자 상품을 고민하던 중에, 영종도 지역의 부동산 투자를 고려하게 되었습니다.

부동산은 인플레 해지 기능이 있고 월세 수입으로 끊임없는 현금흐름을 창출할 수 있어서 노후대비로 안성맞춤인데다가 월세의 수익률도 은행의 예·적금보다 우월해진 상황이었습니다.

제가 영종도의 공항 신도시의 부동산 매물에 관심을 보인 이유는 다음과 같습니다. 첫째, 자신이 거주하는 지역의 매물은 그 입지와 장·단점의 평가가 쉽고 둘째, 관리하기가 편하며 셋째, 지역주민답게 지역 호재를 속속들이 알고 있다는 점 때문이었습니다.

영종도에는 파라다이스가 복합카지노 리조트를 짓고 있었으며 향후 복합카지노 리조트 시설들이 추가적으로 들어올 가능성도 높았고, 인천공항은 제2여객터미널을 건설 중이며 자유무역지대에는 스테츠 칩 팩코리아를 비롯하여 많은 공장들이 들어설 예정이었습니다. 한마디로 영종도에는 상당한 인구가 꾸준히 유입될 예정이었습니다. 거기다가 한국은행 기준금리가 역사적 저점을 기록하면서 대출 급증으로 시중의 유동성은 많이 좋아졌고 당시 정부도 부동산에 관련 규제를 대폭 완화하여 침체한 부동산이 회복될 거란 생각을 하였습니다.

부동산 상승의 조건인 '인구 유입+풍부한 유동성+정부규제 해제'이 3박자가 딱 맞아떨어졌고 그동안 서브 프라임의 여파로 부동산에 끼였던 거품도 걷힌 상태라서 부동산은 이미 바닥권이라고 판단했습니다. 은행 예·적금 이자율의 2배가 넘는 수익률의 월세를 받을 수 있는 소형 아파트의 가치를 생각하였을 때, 당시의 공항 신도시의 아파트는 저평가되었다고 확신하였습니다. 그래서 예·적금 만기가 돌아오면 풍차 돌리기로 재예치 해오던 관행을 깨고, 만기 예·적금을 차곡차곡 모아서 2014년 2월, 4월에 각각 23평의 소형 아파트를 1억3천만 원 및 1억5천만 원에 매수하여 바로 월세로 돌렸습니다.

소형 아파트는 월세 임대수요가 많아서 공실 리스크가 적으며, 감가상각 면에서도 유리한데다가 과잉공급의 우려가 비교적 적기에 내린 결정이었습니다. 이 두 아파트는 각각 보증금 1000만 원에 50만 원, 그리고 보증금 2000만 원에 50만 원을 받고 있는데, 이 글을 쓰는 시점에선 이미 둘 다 시가가 거의 2억 원에 육박하고 있으며, 월세 시세도 상승추세입니다. 그리고 그동안 계속 부어왔던 예·적금 만기가 돌아와서 2015년 중반쯤에도 투자자금이 모였으나, 그동안 공항 신도시의 집값이 너무 올라서 관망만 하다가 공항 신도시 운서역 앞의 분양형 호텔 객실 1개를 분양받았습니다.

분양형 호텔은 영업 리스크가 있지만, 영종도는 우리나라에서 호텔 객실 점유율 1위인 지역입니다. 물론 영종도에도 여기저기 호텔이 들어서지만, 여기는 운서역에서 1분 거리에 위치해서 입지 면에서 최상인 데다가 운영사가 중국계 호텔 체인이라서 중국인 여행객 모집에 유리하다는 점을 고려하였습니다. 이 호텔은 2017년 4월 준공되어 운영에 들어가면, 비교적 높은 수준의 월세를 받을 수 있을 것으로 기대됩니다. 그리고 2018년 1월에는 영종하늘도시에서 미분양 아파트 할인분양이 있어서 11%의 할인된 가격에 23평 아파트를 매수해서 현재 보증금 2000만 원에 월세 45만 원을 받고 있습니다. 영종하늘도시가 차츰 신도시로서의 기반 시설을 갖추어나가면서, 미분양 물량들도 빠르게 소진되고 있으며 장기적으로 봤을 때 시세나 월세가 많이 상승할 것임이 예측되기에 매수를 결정할 수 있었습니다.

제가 이렇게 지속적인 현금흐름을 만들어내는 재테크를 염두에 두고 과감하게 투자한 것은 제 외아들이 심한 장애를 가지고 태어나서 평생 직업을 가질 수 없을 수도 있는 가능성 때문입니다. 앞으로 제 아들이 살아가는데 지장이 없게 경제적 기반을 만들어줘야겠다는 일념이지요. 물론 비교적 단기간에 많은 투자를 하였지만, 부동산에 투자할 때마다 철저하게 따져보고 공부한 후에 하였기에 저의 투자에 대해서 불안감을 느끼지 않습니다. 지금 현재 매달 들어오는 145만 원의 월세는 저의 가정의 든든한 경제적 버팀목이 되어주고 있습니다.

예·적금 만기 풍차 돌리기 재테크에서 벗어나야 하는 이유

사회생활을 시작하면 누구나 재테크에 관심을 두게 됩니다. 그리고 관심이 없더라도 실제로는 가장 기본적인 재테크는 자신도 모르는 사이 시작된다고 할 수 있습니다. 직장에서 월급을 받든, 가게에서 수익을 올리든 통장으로 돈이 들어오기 때문입니다. 그만큼 은행 예·적금은 가장 기본적이면서도 보수적인 재테크 수단입니다. 그런데 이제 은행 예·적금이 재테크 수단으로 가치가 있을까요? 당장 통장을 열어 이자가 얼마나 찍히는지 살펴보시기 바랍니다. 노후 대비는커녕 실제 삶에 별다른 보탬이 되지 못합니다.

현재가 저금리 시대인 것은 누구나 알고 있는 사실이며 앞으로는 제로 금리 시대가 될 수도 있습니다. 재테크 투자의 첫 번째 원칙이라 할수 있는 '안정적인 소득'을 감안할 때, 예·적금은 안정이라는 측면에서는 부합하지만 소득이라는 관점에서는 적당한 투자처라고 보기는 어려울 것입니다.

그렇다고 안정을 고려하지 않을 수 없습니다. 지금껏 열심히 모아온 목돈을 불리겠다고 위험을 감수하고 잘 알지도 못하는 분야에 섣불리 투자했다가 원금이 손실되기라도 한다면 차라리 안 하니만 못 할 것입니다.

이번 수기의 주인공 역시 젊은 시절부터 꾸준히 재테크를 해 온 분입니다. 처음에는 대부분의 초보자들이 그렇듯이 은행 예·적금으로 시작을 합니다. 그렇게 차곡차곡 모아 놓은 돈으로 펀드 열풍에 편승했다가 원금의 40%를 까먹고 다시 예·적금으로 돌아옵니다. 하지만 현재까지 이어져 온 저금리 정책 때문에 '인플레이션을 따라잡기 버거운 재테크'가 돼 버린 예·적금은 더 이상 실속이 없다 판단하고, 마지막으로 부동산에 투자를 시작합니다. 그 결과 '매달 들어오는 145만 원의 월세' 즉 '안정'과 '소득'이라는 두 마리 토끼를 한꺼번에 잡게 됩니다.

직장에서는 더는 정년과 고액 연봉을 보장해 주지 않습니다. 현재의 생활도 불안정한데 노후 대비는 또 얼마나 막막할까요? 하지만 평균 수명은 점점 늘어가고 있으며, 지금이라도 바로 노후를 준비해야 할 상황입니다. 지금 어떤 일을 하던, 재테크를 통해 '지속적인 소득'을 반드시 마련해야 할 것입니다.

'수익형 부동산'이 주목을 받는 까닭이 여기에 있습니다. 예·적금처럼 안정적인 수입을 얻을 수 있으면서도 예·적금 보다 훨씬 높은 수익을 얻을 수 있기 때문입니다. 어떤 사람들은 수익형 부동산 열풍이라고 하지만 이는 사실과 다릅니다. 열풍이 아니라 시대의 흐름입니다.

큰 수익을 바라고 높은 위험을 감수하는 투자를 찾는 것이 아닌 위험은 적고 수익이 확실한 투자를 찾는 사람들이 점점 늘어나고 있습니

| 수익형 부동산 관련 세미나를 듣는 사람들

다. 한 번 부풀어 올랐다가 곧 차갑게 식고 마는 열풍과는 달리 '대세'가 된 것입니다.

금리, 정책, 세계정세의 변화에 따라 수익형 부동산 시장이 영향을 받을 수는 있지만, 단지 잠시의 영향일 뿐 큰 흐름에는 변화가 있을 수 없습니다. 물론 수익형 부동산만이 '안정적 수익'의 전부는 아니지만, 그 범위 안에 확실하게 자리 잡고 있다는 것은 명백한 사실입니다.

43세,
저 드디어 월세 받는
여자가 되었답니다

모든 사람은 자기 경험의 포로이다.
편견을 버릴 수 있는 사람은 아무도 없다.
그저 편견의 존재를 인정할 뿐이다.

-에드워드 R. 머로

저 드디어 월세 받는 여자가 되었답니다. ^^ 저는 40대의 나이가 되도록 그저 적금과 예금 상품을 넘나들며 0.1%의 이자를 따져가며 이 은행, 저 은행 기웃거리며 그냥 돈을 모아오던 사람입니다. 적지 않은 나이로 금리가 높았던 시절도 경험했습니다. 20대에는 1000만 원을 예금해 놓고 한 달에 20만 원이 넘는 이자를 받아 그 이자로 적금을 들기도 했었답니다. 지금도 그 시절처럼 금리가 높다면 은행에 차근차근 쌓아가는 게 정답이겠죠?

그런데 얼마 전 한은(한국은행)의 기준금리는 또 내렸더군요…. ㅜㅜ 그러나 저는 월급쟁이일 뿐 지나친 사치만 없었다 뿐이지 월급 받아 카드대금과 세금 등을 납부하고 남는 돈이 많든 적든 차곡차곡 쌓아가는 것 말고는 이렇다 할 수입이 증가되는 건 없었죠.

나이가 들어가면서 주변에서 수많은 사람들을 만나왔습니다. 사업이 잘 되어 경제적 자유를 누리며 사는 가정도 있고, 가장이 중소기업을 다니며 근근이 생활하는 가정도 있고, 경제적으로 여유롭지 않은 친구의 신세 한탄도 많이 들었습니다. 기혼이라고 해서 남편들이 모든 경제적 상황을 책임져 주는 것은 아니지만, 싱글이던 저는 나의 노후까지도 스스로 책임져야 하는 문제에 봉착했고, 금수저도 아닌 상황에서 회사생활을 정년까지 보장받을 수 있을지 등 경제적 자유에 대해 심각하게 고민하던 중이었습니다. 부동산이라고는 관심도 없던 제가 웹 서핑을 통해 연금형 부동산 연구소의 황 소장님을 알게 되었습니다. 논리와 방법 등은 알 수 없었지만, 황 소장님을 만나기 전부터 무언가 막연한 희망이 생기는 듯하였고, 용기를 내어 상담 신청을 했습니다.

드디어 2015년 4월 30일, 상담을 통해 황 소장님을 만나게 되었습니다. 알 수 없었던 방법을 알게 되었고 명확한 희망이 생겼으며 확실한 목표가 생겼습니다. 그날 저는 바로 공동 구매 2건을 신청하였습니다. 사실, 기다리는 동안 다른 분들처럼 부동산 관련 공부를 열심히 한 것도 아니었고, 희망만 있었던 것은 아닙니다. 예상했던 소요기간이 점점 길어졌고, 2015년 11월에 분양 계약서를 작성했습니다. 계약금과 중도금을 납입하고 중간중간 황 소장님으로부터 진행 과정을 들으면서도 설렘보다는 두려움이 컸습니다. 부동산에 대해선 하나도 모르기에 황 소장님만 믿고 이렇게 가만히 있어도 되는 건지, 분양가가 주변 시세보다 높은 것은 아닌지, 혹시나 낸 돈을 떼이는 건 아닌지 등 불안함의 연속이었답니다. 그래서 중간에 혼자 현장에 가서 공사 상황을

| 공사가 한창 진행 중인 공동 구매 물건의 모습

둘러보고 오기도 했었죠. 사실 현장을 보고 와도 두려움이 그다지 사라지지는 않았습니다.

지금요? 저, 지금은 등기권리증을 가진 월세 받는 여자랍니다. 사실, 공동 구매와 임대관리라는 것이 저에게는 처음이기에 생소하고 낯설고 모든 부분이 만족스러운 것만은 아니었습니다. 하지만 지난 과정을 돌이켜보면 왜 그렇게 하셨는지, 왜 그렇게 해야만 했는지 이제는 이해가 갑니다.

잔금을 치른 날부터 제가 월세를 받을 수 있었던 것은 그 이전에 이미 세입자를 구해 놓으셨기에 가능한 일이었습니다. 또한, 저는 저와 임차인이 계약을 하는 줄 알았지만 그게 아니더군요. 세입자가 바뀔 때마다 복잡한 과정들을 임대관리라는 계약으로 저는 시간 낭비하지 않고 공실이 되어도 고스란히 월세를 받는 시스템이라는 것에 너무 마음이 편하고 신뢰가 갑니다. 빌라다 보니 일일이 부동산 중개 사무실에 집을 내놓고 매 건마다 계약하고 세금 날짜 계산, 청소 등 제가 오가는 시간과 비용만 따져도 임대관리의 중요성을 알겠더군요.

정확히 2016년 5월 13일, 어떤 분한테 전화가 걸려 왔습니다. 2호 공동 구매 관련 대출을 총괄해 주시는 분이었죠. 그 이후 은행 대출 담당자와 법무사 사무소의 연락이 오고 일은 일사천리로 진행되었습니다. 드디어 5월 31일, 잔금을 치렀습니다. 그리고 6월 1일, 빌라를 방문하여 다음 날 세입자가 들어오는 다른 호수의 집을 보고 왔습니다.

내부의 자재 모두 알만한 브랜드에, 하나하나 세심함을 기울이신 면들이 눈에 띄었고, 제가 살고 싶다는 생각까지 들더군요. 이젠 진짜 안심할 수 있었습니다. 그리고 6월 7일, 드디어 7일분의 월세를 받았고, 바로 다음 날인 6월 8일, 한 달분의 월세가 선 입금되었습니다. 정말 제 통장으로 월세가 들어왔습니다. ^^

지금도 꿈만 같습니다. 비록 월세에서 일정 금액 이자를 내야 하지만 갑자기 불어난 통장을 보고 있노라니 미소가 절로 지어집니다. 저는 6월 8일, 바로 이자를 제외하고 남는 제 수익만큼 적금 상품에 가입했습니다. 제 3호 부동산의 투자금을 조금이라도 더 빨리 모으기 위해서죠. 적금 이자는 쥐꼬리지만, 돈이라는 게 그냥 놔두면 흐지부지 없어지는 묘한 놈이잖아요. 완전한 월세로는 한번 받았지만, 매월 7일이 이제는 손꼽아 기다려집니다.

저요? 1.25% 기준 금리 시대에 은행 이자를 납입하고도 6%에 가까운 수익률을 내는 강남땅에 빌라 두 채를 소유한 월세 받는 여자랍니다. 여러분도 꼭 월세 1000만 원 받는 대열에 빨리 합류하게 되시기를 바랍니다.

싱글족의 노후대비

1인 가구가 500만 명을 돌파했다고 합니다. 그리고 싱글족은 점점 더 늘어나는 추세입니다. 시대의 흐름이니 이를 나쁘게도, 좋게도 바라볼 필요는 없습니다. 하지만 본인이 싱글을 지향하고 있다면 한 가지 사실은 고민해 봐야 합니다. '과연 나 혼자 노후를 감당할 수 있을까?'는 무척 현실적인 문제이기 때문입니다.

싱글을 지향하는 분들이 흔하게 하는 착각이 있습니다. 바로 가정을 꾸릴 때보다 기본적인 지출이 줄어드니 통장에 돈은 더 쌓일 것이라는 생각입니다. 그런데 실제 싱글 생활을 오래 해 오면서 많은 돈을 모았다는 분은 보기 힘듭니다. 혼자 사는 만큼 자신의 행복에 집중하게 되고 여행이나 취미 등에 더 많은 돈이 들어가곤 합니다.

앞서 언급한 욜로 열풍이 무분별한 소비와 사치로 변질된 것도 한몫을 합니다. 그리고 오랫동안 평범한 직장을 다녀야 하는 상황이라면 월급이 많이 늘어날 가능성도 적습니다. 월급은 그대론데 물가는 높아져만 가고, 노후는 대비해야 하는데 통장에 찍힌 금액은 그대로고…

'백지장도 맞들면 낫다'는데, 맞벌이라도 하는 부부라면 의지할 대상이라도 있겠지만, 싱글족은 기댈 곳도 없고 오로지 혼자의 힘으로 해결해야 합니다. 회사 사정은 불안정하고 이직도 쉽지 않고 통장 잔액은 늘 제자리걸음이고…. 어느 순간 노후 대비는 엄두도 내지 못할 상황이 되고 맙니다. 혼자서 생활하기에 자녀가 있는 가정보다 씀씀이는 덜할지 모르지만, 그렇다고 상대와 비교하여 눈에 띄게 모으는 돈이 차이가 나지도 않습니다. 싱글족에게도 '생활에 여유를 가져다주고 노후를 대비할 안정적인 소득'은 꼭 필요합니다.

이번 수기의 주인공 역시 월급에서 생활비를 빼고 얼마 안 되는 돈을 은행에 넣어 두는 게 전부였습니다. 정년이 보장되지 않은 회사생활과 경제적 자유 등에 대해 고민하다가 연금형 부동산 연구소를 알게 되었습니다. 임대관리가 무엇이지도 모르는 상황에서 막연한 희망만 가지고 방문했다가 이것이 확신으로 뒤바뀌고 지금은 강남에 위치한, 본인 소유의 수익형 부동산 두 곳에서 월세를 받고 있습니다.

이분도 처음에는 다른 초보 투자자들처럼 불안감이 컸습니다. '여기만 믿고 이렇게 가만히 있어도 되는 건지, 분양가가 주변 시세보다 높은 것은 아닌지, 혹시나 자신이 낸 돈을 떼이는 건 아닌지' 등 불안함의 연속이었습니다. 특히 '공실이 있어도 고스란히 월세를 받는 시스템'이 가능한지에 대한 의문이 생겼다고 합니다. 공실이 되어도 월세를 받을 수 있는 까닭은 임대관리 회사에 임대관리를 위임했기 때문입니다.

임대관리 업체는 우선 원래 받을 수 있는 월세보다 10~15% 정도 적은 수준의 임대료를 책정하여, 그 금액을 정해진 날짜에 집주인에게 송금합니다. 업체의 수익인 10~15%의 차액을 손해라고 생각할 수도 있지만, 공실과 월세 연체에 대한 위험 부담, 세입자 불편사항 해결 등의 위험과 불편함에서 벗어나는 것이기 때문에 관리를 맡기는 것이 여러 가지 면에서 이득이 됩니다.

또한, 업체에 임대관리를 맡기면 집주인에게 추가의 지출은 거의 없으며, 중개 수수료마저 업체가 부담하니 신경 쓸 부분이 없습니다. 특히 회사 생활에 한창 집중해야 해서 관리에 엄두도 못 낼 상황이라면 이러한 부분은 오히려 매력적으로 다가오기 마련입니다.

하지만 임대관리 회사는 임대관리 계약을 한 모든 부동산에서 이익을 얻지는 못합니다. 어떤 곳은 손해가 나고, 어떤 곳은 본전, 그리고 어떤 곳은 이익이 납니다. 하지만 규모의 경제 즉 손해, 본전, 수익을 합산해서 결국 이익이 나기 때문에 위와 같은 임대관리 형태가 가능한 것입니다.

공실에 대비하여 임대관리 업체들은 어떤 방안을 마련해 두었는지, 월세 금액을 조금 덜 받더라도 업체에 맡기는 것이 왜 더 효율적인지는 내용이 진행될수록 좀 더 자세히 설명하겠습니다.

국가기술 자격증
7개 있어도 사는 게
불안했어요

"그건 할 수 없어."라는 말을 들을 때마다
나는 성공이 가까웠음을 안다.
-마이클 플래틀리

나는 30대 중반이다. 아마도 내 나이 대 사람이고, 서울 인근(경기 광명)에서 유년시절을 보낸 사람이라면 달동네 판자촌에 산 사람이 많지는 않았을 것이다. 초등학교 다닐 때 학교에서 집까지 걸으면 40분 내외가 걸렸다. 도시에 살았으나 여유롭지 못해 늘 절약하는 생활을 해왔다. 그런 생활을 하다 보니 자연스레 아끼는 습관이 생겼다.

그렇게 살아도 별로 상황이 나아지지는 못했다. 대학교 때는 집에 장학금 대출도 못 할 정도로 집안 사정이 어려웠다. 그런 대학 생활에서 나는 간절함을 느꼈다. 이는 어쩌면 대학교 전체 수석 졸업이라는 전화위복이라는 결과로 이어진 것인지도 모른다. 나름 대학 생활을 잘해서 좋은 직장 생활이 이어질 것으로 생각했다.

그러나 그것은 나의 착오였다. 가는 직장마다 계약직 내지는 기관이 폐쇄되는 등 직장 생활은 쉽지 않았다. 나는 이상하게도 일반 사무직 체질이 아니었던 것 같다. 대학교 때 전체 수석 졸업으로 2000여 명 중 1등으로 졸업했고, 공모전에서 입상도 10회나 하였으며, 민간기술 자격증을 제외하고, 국가기술자격증을 7개나 취득할 정도로 고 스펙을 가지고 있었다. 그러나 대학교 생활과 직장 생활은 달랐다. 가는 회사마다 계약직으로 들어가던지 기관이 폐쇄된 적도 있었다. 국토해양부 산하 협회에서 몇 년, 환경부 법정 협회에서 몇 년, 대통령 직속 위원회 몇 개월, 교육부 산하 협회에서 몇 개월, 고용노동부 산하 협회에서 몇 개월 등 참 험난한 생활을 계속하며 좌절을 맛보고 있었다.

그래서 이런 불안한 나를 위해 무언가에 도전해야 한다는 생각이 들었다. 그러던 중 《평범한 월급쟁이 월세 1000만 원 받는 슈퍼 직장인들》을 읽으면서 내 삶은 달라지기 시작했다.

빌라 갭 투자를 시작으로 하여 구분상가, 다가구 건물 매매까지 2016년 한 해 동안 내 삶은 달라졌고, 협회 사무직 대리급 급여의 월세를 받기에 이르렀다. 현재 역세권 개발하는 회사에 다니고 있으며, 대외활동으로는 민주평화통일자문회의 자문 위원(대통령 위촉 직)으로 활발히 활동 중에 있다. 수익형 부동산, 토지, 소형 아파트에 다양한 책을 읽고 있으며, 여러 가지 재테크에 대한 연구도 병행하고 있다.

그리고 나와 함께 하는 이들도 생기기 시작했다. 그들 역시 월세 받는 직장인이 꿈이었기에 지금도 함께 하고 있다. 그중 나와 가장 친한 동생은 매주 주말마다 회의를 하면서 새로운 사업과 컨설팅에 대한 이야기도 해오고 있다. 기회가 된다면 앞으로 내 사업을 하고 싶다.

대학교 1학년 때까지는 학사경고에 가까운 학점을 받았지만, 제대후 2학년 때부터는 터닝 포인트가 되었다. 그래서 교과목 중 만점을 받는 때가 많았다. 대학교 졸업할 때 49개 교과목 평균이 96점이 넘었다. 그리고 부동산 투자와 연구로 제2의 터닝 포인트가 온 것이다. 이제는 내가 갈 길을 찾은 것 같아 기분이 좋다. 다양한 사람들을 만나고 싶고 그들 역시 나처럼 월세 받는 직장인이 될 수 있게 돕고 싶다.

그래서 다른 이들도 부동산으로 자산 증식과 더불어 월세를 받아 노후도 대비하였으면 좋겠다. 또는 나처럼 사무직이나 직장 생활이 잘 맞지 않는 사람에게는 꿈과 희망을 심어주고, 본인이 하고 싶은 일을 할 수 있는 길을 터주었으면 하는 바람이다. 나의 발전과 다른 사람들의 발전을 돕기 위해 노력할 것이다. 내가 영감을 얻었던 책의 제목처럼, 앞으로 '1000만 원 이상 월세 받는 슈퍼직장인'이 되도록 노력하겠다.

공부 잘한다고 돈도 잘 벌까?

과거 우리나라는 공부만 잘하면 미래가 보장되던 시기가 있었습니다. 좋은 대학교에 들어가면 좋은 직장을 들어가기 쉬웠고 직장에 들어가서도 승진하기가 유리하던 시절이 있었지요. 그리고 물론 정년까지 회사에 다닐 수도 있었습니다. 하지만 지금은 어떨까요?

얼마 전 친한 친구를 잠시 만났었는데 영어를 반 이상 섞어서 말을 하더군요. 그래서 왜 이렇게 영어를 많이 쓰냐고 했더니 자기 팀원 중 국내에서 대학을 졸업한 사람은 본인 한 명이고 나머지는 모두 미국과 일본의 유명 대학을 졸업한 사람들이라 자연스럽게 회사에서 영어를 많이 써서 그렇게 된 것 같다고 하더군요. 이처럼 고스펙인 이들이 넘쳐나는 세상입니다.

과거에는 외국 유학을 다녀오면 대우를 받으면서 취업하는 것이 일반적이었지만 지금은 그러한 사람들이 너무나 많기 때문에 과거와 같은 대우를 기대하기 어려울 뿐더러 오히려 높은 스펙으로 인해 취업을 못 하는 일도 있습니다. 그뿐만 아니라 자격증 역시 과거에 비해 그 가치가 많이 낮아진 것이 현실입니다. 수기의 주인공 역시 국가 기술 자격증을 7개나 땄고, 2000명 중 1등으로 전체 수석 졸업을 했지만 사회에 나와서는 원하는 만큼 돈을 벌기가 어려웠습니다. 이제는 단지 공부나 자격증만으로 경제적 미래를 보장받던 시대는 끝났다고 볼 수 있습니다. 그러므로 많은 사람들이 추가적인 수입을 얻기 위해 재테크에 관심을 두게 되는 것입니다.

그런데 재테크에 관심을 두는 시기가 너무 늦어지면 노후를 준비할 수 있는 시간이 너무나 짧아집니다. 발등에 불이 떨어져서 불을 끄려고 하면 당황해서 엉뚱한 행동을 할 수 있듯이, 급하게 노후준비를 하려고 하다 보면 실수하는 일도 많습니다. 즉, 높은 수익률에 현혹되어 사기를 당하거나 장밋빛 전망만 믿고 투자했다가 투자금을 손해 보는 경우도 많습니다.

물론 소득수준이 매우 높거나 부모님에게 물려받을 것이 많다면 굳이 미리부터 재테크를 하지 않아도 됩니다. 하지만 보통의 경제활동을 하는 사람이라면 반드시 재테크를 일찍 시작해야 할 것이며, 노후 준비 역시 미리미리 해야 경제적으로 편안한 미래를 맞이할 수 있을 것입니다. 현실이 불안하고 장래가 어둡다면 당장 어떠한 조치를 해야 합니다. 그것이 부동산이 되었든 다른 수단을 통한 재테크가 되었든 더 나은 삶, 행복한 삶을 원한다면 바로 '실행'에 돌입해야 할 것입니다.

처남과 함께 월세를 받고 있습니다

우리가 계획한 삶을 기꺼이 버릴 수 있을 때만,
우리를 기다리고 있는 삶을 맞이할 수 있다.

-조세프 캠벨

월세, 전세, 내 집 마련, 분양, 대출, 주식, 펀드, 종잣돈 관리….

이런 것들에 대해서는 모든 직장인들이 사회에 입문하면서 생각하기 시작하는 것 같습니다. 저 또한 이런 단어들을 입에 달고 살기 시작했고, 노후 대비, 부가적인 수익구조를 통하여 향후 안정적인 삶을 누리고자 하는 게 현재의 목표입니다. 아마도 직장인 절반 이상은 이와 같은 생각을 하지 않을까 싶습니다. 이런 목표를 실현하고자 많은 이들이 주식이든, 개인 투자든 하지만 욕심과 허황된 광고와 유혹에 빠져 그동안 모았던 잉여금을 한순간에 잃게 되는 아픈 경험을 하게 되는 일도 많을 겁니다.

저도 이와 같은 직장인이 아닐 수 없을 것이고 그렇게 손실과 피해를 경험하면서 살아왔던 것 같습니다. 그래서 이제는 직접보고 듣고 생각하며 확인 후 접근하는 방식으로 진행하게 되었습니다. 부끄럽지만 짧게나마 제 이야기를 해보려고 합니다. 첫 월세, 첫 단추를 꿰게 된 건 올해 중순부터 시작되었고, 이번 기회로 앞으로의 가게 자산 증식에 시동을 걸어볼 생각입니다.

2016년 여름 어느 날, 주변 지인으로부터 아파트형 공장을 매매한다는 얘기를 들었습니다. 아파트형 공장? 처음엔 이해도 쉽지 않았습니다. 그런 부동산이 저 같은 직장인에겐 낯설기만 하고 쉽게 접근할 수 있는 곳이 아니겠다 싶어 한 귀로 듣고 흘려버렸습니다. 며칠 시간이 지나 사무실 주변을 걷던 중 '아파트형 사무실'이라는 문구가 눈에 들어와서 며칠 전 말하였던 지인의 부동산 얘기가 생각났습니다. 도대체 아파트형 공장과 아파트형 사무실이란 것이 무엇인지 궁금했고 어떤 곳인지도 궁금하였습니다.

인터넷 검색을 통하여 확인한 결과 용도의 차이이며 사무실 매입 후 임대를 할 수 있는 곳이라는 걸 알게 되었습니다. 저는 지인에게 해당 아파트형 공장에 대하여 정보를 요청하여 소재지와 규모 매매금액을 듣고 직접 그곳으로 찾아가 권리 분석을 시작하였습니다. 아무 지식이 없던 권리 분석에 주변 공인중개소를 찾아 문의도 하였고 마치 내가 살집인 것처럼 분석을 시작하였습니다.

[권리 분석]

No	항목	상태	평가
1	아파트형 공장 사무실 상태 (구조, 위치, 청결)	중	창문 밖에는 건물 전체 실외기가 앞에 있음
2	건물 상가 활성화	상	직장인 및 건물 상가인 활성
3	주변 사무실 임대현황 및 공실현황	중	같은 사무실 위치 공실 일부 있음
4	건물 주변 교통 상태	상	교차로 및 고가도로로 차량 많음
5	시세 대비 매매 비교	하	주변시세 대비 조금 높은 가격
6	직장인들의 유동 인구	상	산업단지 지역으로 중소기업 및 직장인 많음

위의 권리 분석 항목처럼 최종 분석을 마치고 아파트형 공장을 매입하기 위한 자금을 고려해 보았지만, 수중에 가진 자산은 집 대출 상환으로 여유 자금이 전혀 있지 않았습니다. 어쩔 수 없이 담보 대출을 알아보았고 나머지 부족 금액에 대해서 어떻게 만들 수 있을지 고민하였습니다. 그러던 중 일전에 처남도 부동산 투자에 관심이 많다는 걸 생각하여 직접 찾아뵙고 본 아파트형 공장 분석 내용과 수익률에 대하여 공동 투자를 제안하였습니다. 잉여금에 대하여 확인이 필요하여 며칠 답변을 기다렸습니다. 평소에 신뢰를 많이 쌓았던 저로서는 처남의 투자에 대해 확신을 갖고 기다렸습니다. 예상처럼 처남은 저의 제안을 흔쾌히 받아주었고 공동명의로 진행하는 것으로 결론을 내

린 후 지인의 아파트형 공장에 대하여 매매를 진행하였습니다.

우선 (수중에 현금을 보유하고 있는) 처남의 자금으로 2016년 6월 8일, 계약을 하였고 나머지 자금은 저의 대출(담보/신용 대출) 실행으로 잔금 확보 후 2016년 7월 25일, 계약을 마무리할 수 있었습니다.

그다음 저희에게 남은 과제는 공실이었습니다. 어떻게 비(非) 공실을 만들 수 있을지 막막하였습니다. 거주하는 집처럼 도배며 장판을 바꿀 수 있는 것도 아니고 대체로 깨끗이 청소되어있던 사무실은 다른 손을 쓸 필요도 없었습니다. 옆에서 고민을 같이하던 아내는 직접 발품을 팔아야만 공실률을 줄일 수 있다고 하여 주변 3~5km에 있는 공인중개소를 찾아 임대 거래 요청 및 부탁을 하였습니다. 하지만 한 달간은 연락이 없었고 가끔 걸려오는 사무실 확인 전화는 저의 간절함이 있었지만 쉽게 계약이 되지는 않았습니다. 곧 있으면 관리비, 대출이자가 지출되기 때문에 더없이 걱정할 수밖에 없었습니다. 잘못된 선택이었는지 저는 지인에게 보통 공실은 얼마나 있었는지 문의하였고 주변 공인중개소에 가서 다시 문의를 시작하였습니다. 보통 2~3개월의 공백은 있을 수 있다며 기다리라고 하였습니다.

'1개월만 더 참아 보자'라는 생각에 신경을 안 쓰고 기다렸습니다. 그리고 약 3개월이 지나는 시점인 어느 날 회사에서 업무를 보던 중 아파트형 공장 건물 1층 공인중개소에서 계약이 될 것 같다며 연락이 오는 게 아니겠습니까. 계약이라는 말에 너무도 고맙고 기쁠 수가 없었습니다. 이럴 때일수록 심사숙고하여 임대인이 원하는 사무실 주인이 되어야겠다는 생각을 잠깐 하였습니다. 그리고 며칠 뒤 '계약하자'는 임대인의 요청에 공인중개사는 급하게 연락하였고 일부 요구 사항 (바닥 왁스 작업)에도 저는 계약만 된다면 무조건 가능하다며 사무실 계약 성사를 알렸습니다.

그다음부터는 고민과 걱정을 조금 내려놓고 앞으로의 나머지 잔금까지 잘 마무리될 수 있도록 공인중개사의 노고에 고마움을 표시하고자 직접 찾았습니다. 계약서를 작성하던 중 공인중개사는 갑자기 제가 알지 못하는 얘기를 늘어놓기 시작하였습니다. 그것은 산업단지의 아파트형 사무실은 사업자가 산업단지 신고와 실사 및 허가를 받아야 한다는 것이었습니다. 평범한 직장인으로서 해볼 수 있는 경험은 아니었기에 좀 당황스럽기도 하였습니다.

도대체 무슨 사업자를 내야 하고 앞으로의 세금 관계는 어떻게 해야 할지 더 많은 고민과 짐을 어깨에 잔뜩 싣고 시간이 될 때면 인터넷을 뒤져가며 사업자등록, 산업단지 신고 방법 등을 확인하고 차근차근 서류를 준비하였습니다. 그리고 처남과의 공동명의로 개인사업자 신고를 하였으며 기타 부분도 신속하게 서류를 마무리하였습니다.

이런 기회는 누구에게도 배울 수도 없고 알려줄 사람도 없는 내용인 것 같습니다. 정말 좋은 기회로 많은 부분을 알게 되어 처음엔 당황하였지만 보람이 있었습니다. 2016년 9월 8일, 임대 계약은 이상 없이 잘 되었고 임대인 입주는 10월 1일로 계약을 마무리하였습니다. 지금은 어떻게 사무실 구조가 변경되었는지 전혀 알지 못하지만 그렇게 한 달쯤 되었을 때 임대인 사무실에서 세금계산서 발행 요청을 하였고, 저는 개인사업자 전자세금계산서로 임대료 청구를 하였습니다.

물론 전자세금계산서 또한 처음 발행해보는 거라 당황했지만 검색하고 찾아보아 10월 28일 청구하여 말일인 10월 31일 첫 월세를 입금받았습니다. 월세를 받고 나니 기분이 좋기도 했지만, 지금부터 시작이라는 생각이 먼저 들었습니다. 받은 월세는 처남과 투자 비율로 나눠 수익분배를 정확히 하였고 이런 결과에 부인과 처남 모두 고마워하며 앞으로의 두 번째, 세 번째 월세를 생각하며 월세 받은 첫날을 보냈었습니다.

모두 투자를 하게 되면 오피스텔, 아파트, 빌라, 주택…. 등등 거주형으로 투자를 먼저 선택하지만 이런 아파트형 공장에서의 시작은 저에게 기회와 경험을 가져다주었던 것 같습니다. 앞으로 이런 기회가 다시 주어진다면 더 많은 수익을 가져다줄 수 있을 거라는 확신이 들었습니다. '시작이 반'이라고 하듯이 앞으로 부동산 월세! 계속 늘려 부동산의 신이 되어보도록 노력하겠습니다. 감사합니다.

부동산이 우리에게 낯선 진짜 이유

우리는 살면서 부동산에 관련된 이야기를 아주 많이 듣습니다. 매스컴을 통해 부동산 가격이 오르고 내렸다는 이야기부터 지인들이 부동산을 사서 돈을 벌었다 혹은 손해를 봤다는 이야기 말입니다. 그리고 집을 구하면서 듣게 되는 전세, 월세, 매매에 관한 이야기들뿐만 아니라 매일매일 부동산과 떼려야 뗄 수 없는 생활을 합니다. 집에서 자고 회사에서 일하며 식당에서 밥을 먹고, 편의점 마트 등을 다니는 것 역시 모두 부동산을 빼고는 논할 수 없는 부분입니다. 이처럼 부동산을 매일 접하지만 깊은 관심을 두지 않기 때문에 본인이 직접 부동산에 관한 결정을 내릴 때 부동산을 낯설게 느끼게 되는 것입니다.

이번 수기의 주인공은 주변 지인으로부터 아파트형 공장을 매매한다는 얘기를 들었습니다. 이런 이야기는 누구나 한 번씩은 들어 보았을 것입니다. 하지만 대부분 수기의 주인공이 처음 그랬던 것처럼 한 귀로 듣고 흘려버리지요. 그런데 수기의 주인공은 며칠 후 다시 아파트형 사무실이라는 문구를 보고 호기심을 갖고 알아보기 시작했고 이후에는 부족한 돈을 처남과 함께 투자하면서 결국은 월세를 받게 됩니다.

부동산 투자라고 하면 마치 거창한 공부가 필요하거나 엄청나게 많은 돈이 필요할 것 같은 느낌이지만 그것은 말 그대로 느낌일 뿐입니다. 애초에 부동산 투자는 다른 것들과 마찬가지로 작은 호기심과 관심으로 시작됩니다.

궁금한 것을 찾아보고 관련된 책을 보면서 시작되는 것이 부동산 공부이고 투자입니다. 누군가는 공인중개사, 경매 공부를 해야지만 부동산에 대해 배우는 것으로 생각하지만 절대 그렇지 않습니다. 공인중개사는 부동산을 거래하는데 필요한 것을 배우는 것이고 경매는 부동산을 사는 방법의 하나를 배우는 것일 뿐입니다. 진짜로 그러한 것들이 부동산 투자를 하는 데 꼭 필요한 공부라면 그런 것을 전혀 모르는 건물주인, 부동산 부자가 있어서는 안 되겠지만 현실은 정반대입니다.

부동산에 있어서 정말 필요한 것은 '부동산을 보는 안목'입니다. 그 안목이라는 것은 해당 부동산의 적정 가격이 어느 정도인지와 앞으로의 가치가 어떻게 될지를 알아보는 것입니다.

그리고 그러한 것은 책이나 강의실에 앉아서 배우기는 매우 어려우며 실제로 부동산을 보고 가격을 듣고 장·단점을 파악하면서 배우게 되는 것입니다.

물론 부동산을 사기 전에 기본적인 것은 지식으로 배워야 할 것이며 이후에는 부동산을 직접 보는 과정을 거쳐야 합니다. 하지만 시간 투자를 집중적으로 하기 어려운 경우에는 부동산 분야의 멘토를 만나 도움을 받는 것이 좋을 것입니다. 공부도 독학할 수도 있지만 좋은 선생님에게 배우면 좋은 성적을 얻을 수 있는 것과 같은 이치이지요.

그 사람들은 운이 좋아 부동산 투자에 성공했다고 생각했다

사람들은 항상 자신의 현 위치를 자신의 환경 탓으로 돌린다.
이 세상에서 성공한 사람들은 스스로 일어서서 자신이 원하는 환경을 찾은 사람들이다.
만약 그런 환경을 찾을 수 없다면 그런 환경을 만든다.
-조지 버나드 쇼

한 달 사이 2건의 부동산 계약을 마쳤다. 처음 계약한 연남동 빌라를 보러 갈 때만 해도 내 통장 잔고는 350만 원이 전부였다. 부동산은 돈이 없어도 살 수 있었고, 현금 흐름을 만들어 냈다. 《평범한 월급쟁이 월세 1000만 원 받는 슈퍼직장인들》을 읽고, 매물만 보고 오자 했는데 다음날 계약까지 해 버렸다.

수익형 부동산에 대해서 알게 된 것은 2010년쯤인 것 같다. 인터넷 서점에 입사해 일하다 보니 온종일 다양한 책들과 함께했고, 누구나 월세를 받을 수 있다고 자신이 직접 체험한 경험을 정말 하나도 안 숨기고 알려주는 책도 읽었다.

그러나 이건 말도 안 된다며, 그 사람들은 운이 좋아 부동산 투자에 성공했다고만 생각했고 현실성이 떨어진다고 여겼다. 그 책을 읽고 부동산에 투자한 사람들은 모두 성공했을리 없다고 단정지었다. 또한, 대출에 대해 무작정 거부감만 들었다.

1년 뒤인 2011년, 이때 부동산 투자에 억지로 입문했다. 어머님이 아파트 상가에서 자영업을 하시는데 바로 옆의 집합상가를 사서 가게를 넓혀드린 것이 계기였다. 매매가 2800만 원에 취득세, 수리비, 포스기까지 약 3500만 원을 넘게 투자했다. 그런데도 이때 부동산 투자에 전혀 눈을 뜨지 못했다. 임대료 0원, 기회비용 3500만 원, 일 년에 두 번 재산세까지 내기 때문에 지금도 엄청난 마이너스 수익률을 기록하고 있다.

2018년 초반, 직장에서 일하던 중 갑자기 《평범한 월급쟁이 월세 1000만 원 받는 슈퍼직장인들》이란 제목이 눈에 꽂혔다. '꽂혔다'는 표현 말고는 다른 어떤 말로도 표현할 수 없다. 업무가 항상 많아 평소 책을 보고도 그냥 지나치는데, 그날은 이상하게 바로 집어 들고 쭉쭉 읽어나갔다. 2010년도와는 달랐다. 갑자기 '돈도 없는 나도 부동산 투자를 할 수 있겠다'는 근거 없는 자신감이 생겼다.

퇴근하고 네이버 부동산 애플리케이션을 다운받아 집 근처를 검색했다. 높은 월세도 잘 나오고, 시세 차익도 기대할 수 있는 그나마 저렴한 지역인 연남동을 선택했다. 그중 신축 빌라이고, 세입자까지 중개업소에서 책임지고 구해준다는 매물을 다음 날 아침에 바로 보고 왔다. 그리고 주말에 매도인과의 약속이 잡혔다.

매도인 부부는 전업 부동산 투자자였다. 아는 빌라 업자가 신축하고 나면 싸게 분양을 받아 곧바로 다른 사람에게 매도하는 듯했다. 부동산 계약 시 매수인은 통상 매매금액의 10%를 계약금으로 걸어야 하는데 지금 가진 돈이 없으니 계약금을 4%로 해달라고 했다(부족한 계약금은 변액보험 담보 대출을 받았다). 억지를 부리는 상황이었는데도 흔쾌히 알겠다며, 올해 주택 담보 대출 비율(LTV) 조건이 나빠지기 전 이미 1금융권에서 받아 놓은 1억4천만 원을 대출 승계해 주겠다고도 했다. 지금 생각해보니 매도인이 투자자가 아니었다면 계약은 이뤄지지 않았을 가능성이 크다.

대출금액 및 금리 비교를 위해 주거래 은행에 계약서를 들고 갔더니 3%대 변동 금리에 1억1천만 원이 최고 대출 금액이라고 했다. 같은 1금융권인데도 대출 금액이 무려 3000만 원이나 차이가 났다. 매매가 2억1천만 원에서 대출 승계 금액 1억4천만 원과 보증금 3000만 원, 나머지 필요한 실제 투자금은 취득세까지 신용대출을 받았다. 이 연남동 빌라를 사면서 내가 들인 돈은 0원이다.

전액 대출을 받고도 월 25만 원의 현금흐름이 만들어졌고, 같은 평수의 분양가보다 1000만 원 싸게 샀기 때문에 시세 차익도 벌써 1000만 원이 났다. 매도인이 워낙 싸게 샀기 때문이다. 수익률은 무한대가 됐다. 이때부터 지금까지 나의 모든 관심은 온통 부동산뿐이다. 하루라도 더 빨리 부동산을 늘리고 싶었고 재미있었다. 수익형 부동산 관련 책을 하루에 한 권씩 읽어 나갔다. 부동산 투자를 하고 책을 읽으니 의사들이 자신의 전문 분야가 있듯 부동산 투자자들도 자신들의 전문 분야가 있다는 것을 알게 됐다. 자신이 주로 매매하는 부동산 유형, 매매 방법, 주특기가 있는 것이다. 또한, 월세만 고집하지 않았고 전세도 잘 이용했다.

나는 인기 있는 역세권 부동산 급매 투자자가 되기로 했다. 바로 3호선 화정역 역세권 소형 아파트 급매 투자를 알아봤다. 화정역 근처 부동산 중개업소에 전화를 걸어 3000만 원 정도 금액으로 갭 투자를 하고 싶다는 의사를 전했다. 사장님께서 시간은 급할 거 없으니 나중에 급매물이 나오면 연락을 주시기로 했다. 그 이후 안부 전화 겸 좋은 매물이 없느냐고 먼저 전화를 걸어 상황을 주시했다.

정확히 일주일 뒤 퇴근 시간 전 급매물이 있다는 전화가 왔다. 연금보험을 손해 보고 해지했는데도 급매물을 계약한 덕분에 오히려 300만 원 수익이 났다. 작년부터 경남지역 투자자들이 수도권으로 몰려 내가 계약한 아파트를 보지도 않고 사들이는 중이라고 했다. 그런데 나에게만 연락을 준 이유는 계속 전화로 문의를 해 진짜 투자자라고 생각했다는 것이다. 이 부동산들을 장기보유하면서 시세 차익이 아닌 임대수익 차익을 노리기로 했다. 임대 수익은 나에게 새로운 소형 아파트를 가져다줄 것이다. 어제와 똑같은 오늘을 살면서 내일이 바뀌기를 어떻게 바라겠는가! 부동산 역시 노력하면 하는 만큼 성과가 따라오는 분야임이 틀림없다.

부동산과 대출 그 참을 수 없는 가까움

많은 이들이 부동산 투자를 꺼리는 이유 중 하나로 대출에 대한 부담감, 불안함을 듭니다. 큰 빚이 생기면 갚을 생각부터 들어 부담스럽고, 혹시 투자했다가 잘못되기라도 하면 평생 커다란 짐을 안고 살까 봐 불안해지는 것입니다. 사실 부동산 투자를 하다 보면 담보 대출은 아주 흔하게 접하는 일이며, 당연하게 여기게 되는 사항입니다. 그런데 부동산 투자를 해 본 적이 없는 분들은 대출 자체에 상당한 부담감을 느끼고 부동산 담보 대출이 없는 것을 자랑스럽게 여기기도 합니다.

하지만 부동산 투자에 있어서 대출은 수영선수에게 물과 같은 존재라고 볼 수 있습니다. 아무리 수영을 잘하는 수영 선수도 물 없이는 수영할 수 없듯이, 돈이 많은 사람도 부동산 투자를 할 때 늘 대출을 활용합니다. 물론 갭투자는 애초에 대출이 필요 없지만, 월세 받는 부동산을 사면서 대출하지 않는 경우는 매우 드뭅니다.

그런데 부동산 투자를 처음 시작하는 사람들은 투자를 시작하기도 전에 대출에 대해서 미리 걱정합니다. 마치 수영을 처음 배우면서 물에 들어갔다가 물먹을 것을 걱정하는 것처럼 말입니다. 물 먹을 것에 대한 걱정이 크면 수영을 배우기는커녕 물에 들어갈 수도 없습니다. 마찬가지로 대출에 대한 걱정과 부담감이 크면 부동산 투자를 시작하지도 못하게 됩니다. 아무리 수영을 잘하는 수영 선수도 수영하면서 물을 먹게 되듯이, 부동산 투자를 많이 해본 사람도 늘 대출을 활용합니다.

이번 수기의 주인공은 부동산 투자를 하면서 담보 대출은 물론 신용 대출까지 받아서 본인 돈을 한 푼도 들이지 않았습니다. 누군가는 이런 이야기를 들으면 심하다고 생각할 수 있지만, 이번 사례는 사실 발품과 결단력이 있었기에 가능한 것이라고 보는 것이 맞을 것입니다.

무턱대고 대출을 활용해서 부동산을 사는 것은 수영도 잘 못 하는 사람이 처음부터 깊은 물 속에 뛰어드는 것과 같습니다. 무엇이든 단계가 있고 절차가 있듯이 그러한 것을 잘 살피고 행동에 옮겨야 합니다.

부동산을 사면서 대출을 활용해도 좋은 경우는 대출 이자 이상의 이익을 확실하게 얻을 수 있을 때입니다. 이번 수기의 주인공은 대출을 활용해서 부동산을 사고도 매달 25만 원의 현금 흐름이 생겼다고 했습니다. 그 의미는 월세를 받아 대출 이자를 내고도 매달 25만 원이 남는다는 의미입니다.

만약 이렇게 10개, 100개 할 수 있다면 본인 돈을 들이지 않고 250만 원, 2500만 원을 벌 수 있을 것입니다. 하지만 그렇게 되기는 어렵습니다. 그 이유는 대출을 그만큼 하기 어렵기 때문입니다.

그리고 한 가지 더 짚고 넘어가야 할 것은 해당 부동산의 월세 이익이 꾸준히 이어질 수 있을 것인지의 여부입니다. 대출 이자 이상의 이익을 얻을 수 있다고 해도 그것이 길게 못 간다면 곤란함을 겪을 수 있습니다. 따라서 그러한 이익을 지속해서 얻을 수 있는 지역을 선택해야 할 것입니다. 이러한 2가지 요건을 충족하는 지역에 부동산 투자를 한다면 대출은 아주 좋은 지원군의 역할을 하게 될 것입니다. 대출, 즉 빚에도 좋은 빚과 나쁜 빚이 있는데, 그것에 대한 내용은 연금형 부동산 연구소의 무료 강의(제14화 나쁜 빚 vs 좋은 빚)를 보시면 쉽게 이해할 수 있을 것입니다.

거제도에 사는, 39세 결혼 8년 차 평범한 주부입니다

비관론자들은 모든 기회에 숨어 있는 문제를 보고,
낙관론자들은 모든 문제에 감추어져 있는 기회를 본다.
-데니스 웨이틀리

안녕하세요. 저는 39세, 거제도에 사는 결혼 8년 차, 두 아이를 둔 평범한 가정주부입니다. 돈 많고 멋진 남자들과 연애만 열심히 하고, 돈은 진짜 없지만 콩깍지에 씌어 제 마음만 설레게 했던 정말 평범한 남자와 부모님 반대를 무릅쓰고 결혼했습니다. 물론 지금은 후회 없이 친구처럼 의리 있게 잘살고 있습니다.

하지만 결혼할 당시에는 둘 다 너무 가난했습니다. 신랑 돈 3000만 원을 가지고 전세 자금 대출을 받아 9000만 원짜리 전세를 얻었습니다. 물론 6000만 원은 전세 대출을 받았습니다. 그 날 이후 저랑 신랑은 아침, 점심, 저녁밥까지 회사 밥으로 연명하며 부지런히 돈을 갚아 나갔습니다. 그렇게 따뜻한 보금자리를 마련해서 1년 정도는 잘 살았습니다.

그런데 집주인이 사정이 생겨 집을 팔아야 한다고 저희한테 집 살 것을 권유하였습니다. 생각지도 못한 제안에 처음에는 '그럴 수 없다'고 대답했습니다. 그러던 찰나에 부동산 사이트를 우연히 보다가 저희 아파트를 어떤 분이 월세로 급히 구하고 계신 것을 알게 되었고, 그 분과 통화 후 고민하게 되었습니다.

그날 저는 제가 살고 있는 아파트를 매입해서, 월세로 세입자를 넣고 저희는 원룸으로 이사를 하기로 마음먹었습니다. 그리고 다음 날 바로 실천에 옮겼습니다. 이상하게 조금의 망설임도 없이 대담하게 실행하게 되었습니다. 1년 전세를 살면서 빚도 몇 천 정도는 갚았고, 집 담보 대출을 70%까지 받으니 겨우겨우 집을 살 수 있었습니다. 24평에 1억5천6백만 원을 주고 샀던 집은 바로 보증금 500만 원에 80만 원으로 월세를 주었고, 저희는 보증금 500만 원에 15만 원을 주고 허름한 원룸을 구해서 기분 좋게 이사를 하였습니다.

그때 태어나서 처음으로 월세를 받는데, 눈물이 날 정도로 기분이 좋았던 거로 기억합니다. 저도 월세 받는 아줌마가 되었기에 저 자신이 기특했고, 신랑이랑 술 한잔하면서 또 다른 목표를 세웠습니다. 바로 '월세 500만 원 받는 사람이 되자'였습니다.

당시에는 정말 허황된 꿈이라고 생각했지만, 마음 한편에서는 이룰 수도 있겠다는 의지가 생겨났습니다. 그리고 또다시 대출금을 갚기 위해 신랑이랑 아껴 쓰며 열심히 빚을 갚았습니다. 매달 들어오는 월세 80만 원이 종잣돈을 모으는 데 큰 역할을 해 주었습니다. 그렇게 3년 정도 시간이 지나자 아파트 대출금이 거의 다 갚아졌습니다. 그 3년이라는 긴 시간 동안 저는 첫째 딸을 낳아서 기르면서, 틈틈이 재테크 카페에 가입해서 많이 배우고 공부했습니다.

그리고 그때부터는 아파트 대출금을 갚은 돈을 다시 대출받아서 조선소 인근에 있는 기숙사로 월세를 받을 수 있는 비교적 저렴한 아파트를 급매로 70%씩 풀 대출을 받아서 몇 채를 구매했습니다. 제가 사는 곳은 거제도인데 이곳은 대형조선소가 두 개나 있어 회사 인근에 있는 아파트들이 기숙사로 월세를 받을 수 있는 충분한 가치가 있습니다.

이 글을 쓰는 지금은 본격적으로 종잣돈을 모아서 재테크를 열심히 시작한 지 어느덧 3년 6개월이 되는 시점이네요. 지금 조선소 경기가 많이 안 좋아서 월세가 100만 원 이상 줄었습니다. 그래도 제가 원하는 목표를 달성했습니다. 하지만 대출금 갚느라 제 손에 들어오는 돈이 거의 없어 실감은 별로 나지 않네요. 그래도 대출금이 착착 줄어들어서 행복합니다.

정말 저는 아무것도 모르던 평범한 아줌마였습니다. 돈이 없어서 재테크에 관심도 없었고, 0.1%도 저랑 관련된 일이라고 생각해 본 적도 없습니다. 돈 싫어하는 사람은 세상에 없을 듯합니다. 저도 예외는 아니어서 지금은 재테크에 대해 공부하고, 실행하며 월세를 받는 일이 제 천직이라 여겨질 정도로 너무 즐겁고 행복합니다.

조선소 경기가 어렵다, 어렵다 하여도 회사가 문을 닫지 않는 한 회사 인근에 허름한 아파트들은 지금도 기숙사로 인기가 많습니다. 지금은 대출이 너무 많아서 사실 추가로 부동산을 더 사는 것은 꿈도 못꾸고 있습니다. 추후 경기에 따라 있는 것을 되팔고, 다른 아파트를 사는 방식으로 방향을 잡고 있지요. 이에 항시 대비하여 재테크 공부는 쉬지 않고 하고 있습니다.

매 순간 애 둘 키우느라 정신이 반쯤 나가 있는 듯하지만, 항상 잠들기 전에 한 시간은 재테크 카페에 들어가서 세상 돌아가는 사정에 관심을 가지려고 노력 중입니다. 그 시간이 저한테는 참 소중합니다.

아무것도 모르고, 결혼해서 거제도란 곳에 처음 와서 집을 얻었습니다. 저한테 많은 기회를 주고, 행복한 경험을 하게 해 준 곳이어서 제가 사는 이곳 거제도가 너무 좋습니다. 대출금 갚느라 사실 물질적인 여유는 없지만, 우리 부부의 노후가 조금은 풍족하고 자식들에게 조금이나마 여유 있는 삶을 줄 수 있다고 생각하니 마음만은 진짜 부자가 된 것 같습니다.

돈이 절대 인생에서 최고는 아닙니다. 하지만 우리의 인생을 더 편안하고 여유롭고 행복하게 도와주는 큰 매개체는 된다고 생각합니다. 앞으로도 지금처럼 월세 받으며 살고 싶습니다. 머리로 공부하고 몸으로 직접 부딪히며 얼굴에 두꺼운 철판도 좀 깔고 살고 있습니다. 계속 열심히 노력하면서 월세랑 진짜 진정한 친구가 되고 싶습니다.

부동산을 대하는 보통사람들의 자세

보통 월세 받는 사람을 떠올리면 돈 많은 부자 혹은 돈 많은 부자의 자녀들을 떠올리게 됩니다. 그리고 보통사람은 월세 받는 일과는 거리가 멀다고 생각하게 되지요. 그렇기 때문에 부동산을 사서 월세를 받는 것에 대해 자신과는 상관 없는 '먼 나라 이야기'라고 치부해버리게 됩니다.

네, 그렇게 생각하는 분들에게는 분명히 먼 나라의 이야기입니다. 하지만 월세를 받겠다고 결심한 분들에게는 본인의 이야기가 될 수 있습니다.

이번 수기의 주인공은 누가 생각하더라도 보통 사람입니다. 어떻게 보면 결혼하면서 부모님의 도움이 없었으니 경제적으로는 힘든 시작이었다고 볼 수도 있습니다. 그런데 집주인이 집 살 것을 권유했던 그 일이 시발점이 되었습니다. 본인들은 허름한 원룸으로 이사하고 살던 아파트는 임대해서 월세 80만 원을 받게 된 것이지요.

'그때 태어나서 처음으로 월세를 받았는데, 눈물이 날 정도로 기분이 좋았던 거로 기억이 납니다.'

이 부분에서 수기의 주인공이 어떤 기분을 느꼈는지 충분히 공감할 수 있을 것입니다. 하지만 보통은 위와 같은 집주인의 권유를 받게 되면 대부분 2가지 중 한 가지 선택을 하게 됩니다.

첫 번째, 다른 전셋집으로 이사 해서 원래의 생활을 유지하게 됩니다. 누구에게나 변화는 두려운 일이며 살던 대로 사는 것은 편안함을 느끼게 해줍니다. 따라서 많은 사람들이 위와 같은 상황에 부닥치면 다른 전셋집으로 이사를 하게 되지요.

두 번째, 집주인의 권유를 받아들여 집을 사고 그 집에서 살게 됩니다. 이러한 경우도 사실 많지 않습니다. 전세자금 대출이 있는 상태에서 집을 산다는 것을 생각하는 것이 어려운 일이기 때문이지요. 따라서 사실 이러면 집을 사기보다는 다른 전셋집으로 이사하는 일이 많습니다. 아마도 주위에서 혹은 본인도 이러한 일을 겪은 적이 있을 것입니다.

자, 그렇다면 이번 수기의 주인공이 살던 집을 사서 임대하고 본인들은 허름한 원룸으로 이사한 것이 얼마나 큰 결단이었는지 알 수 있을 것입니다. 게다가 이후 수기의 주인공은 '월세 500만 원을 받는 것'을 목표로 세웠고 시간이 지나 그 목표를 달성했습니다. 부모님에게 많은 재산을 물려받은 것이 아니고 3000만 원으로 신혼살림을 시작해서 월세 500만 원을 받게 되었다니 참으로 대단하고 엄청난 일입니다.

이 수기의 주인공과 보통사람의 가장 큰 차이점은 무엇일까요? 그것은 바로 월세를 받겠다고 결심한 것입니다. 그러한 결심이 생겼기에 살던 집을 사서 임대할 수 있었고 허름한 원룸으로도 기분 좋게 이사할 수 있었던 것입니다. 그리고 그 결심이 결국에는 본인의 목표를 이루게 만든 것이 아닐까요? 물론 지금은 대출금을 갚느라 남는 돈이 적지만 시간만 지나면 매달 500만 원을 온전히 이익으로 얻게 될 것입니다. 즉, 월세를 받기 위해서 가장 먼저 해야 할 일은 '월세를 받기로 하는 것'입니다. 막연히 월세를 받겠다가 아닌 '매달 얼마의 월세를 받겠다는 것을 결심하는 것'이지요.

지금 바로 월세받을 것을 결심하고 아래에 '나는 얼마의 월세를 받겠다'라고 써보십시오. 이를 시작으로 월세를 받게 된다면 얼마나 좋은 일이겠습니까?

목표 월세액 _____

대기업에 다니던
남편의 실직 소식이 가져다준
새로운 기회

나를 믿어라.
인생에서 최대의 성과와 기쁨을 수확하는 비결은 위험한 삶을 사는 데 있다.
-프레드리히 니체

월세 받는 사람들의 이야기를 얼마나 많이 읽고 계신가요? 저는 부동산, 수익형 부동산, 경매, 일반 재테크 서적 등 수십 권의 책을 통해 수천 명의 이야기를 읽었습니다. 그런데 너무나 안정적인 성향의 저는 항상 남의 이야기라 여기고 '언젠가 돈이 많이 모이면 투자를 해봐야겠다.' 라는 마음만 먹고 있었습니다.

그런데 이런 제가 180도 바뀌게 되었습니다. 바로 2015년 1월, 갑작스럽게 전해진 남편의 실직 소식 때문(?) 덕분(?)입니다. 그 당시 남편은 대기업에 다니고 있었고 30대 중반이었으며, 저는 임신 7개월로 둘째를 맞이하기 3개월 전이었습니다. 전혀 예상하지 못했던 실직 통보에 하늘이 무너져 내리는 듯했습니다. 그 뒤로 반 년간의 실직 기간 동안 부부는 각자가 정말 많은 감정을 겪어 내었던 것 같습니다. 결국은 마음을 추스르며 서로의 상처를 보듬으며 정신을 차리게 되었고요. 지금 생각해보니 그리 할 수 있었던 것은 다름 아닌 '희망'이었던 것 같습니다.

그 희망은 우연히 황 소장님의 책을 접하면서 두게 되었답니다. '연금형 부동산'이라는 낯선 단어를 만나게 되었고 평범한 사람들의 성공 수기를 보면서 살짝 관심을 갖게 되었습니다. 그렇지만 지금 다 지는 부동산 시장에다가 어렵게 모은 1억을 투자한다는 것은 정말 힘든 일이었습니다. 그런데 연금형 부동산 연구소 카페에 가입하고 소장님의 강의들을 보다보니 소장님 생각이 일리가 있다고 여기게 되었고, 의문 나는 점은 질문하고 소장님 대답을 듣고 생각하며 공부하고 강의를 여러 번 돌려보고…. 그런 과정을 거치다 보니 조금씩 연금형 부동산이란 개념에 긍정적으로 다가갈 수 있었습니다. 그리고 저희 부부는 희망을 품게 되었답니다.

용기를 낸 저희 부부는 소장님과 상담 일정을 잡고 부부, 다섯 살 큰아이 이렇게 셋이 지하철을 타고 사무실로 갔습니다. 가는 도중 강남역에 내려 남편과 우리가 이렇게 강남에 집을 갖게 된다는 사실이 믿기냐며 신기하다고 이야기하며, 아이에게는 우리와 같은 삶이 아닌 좀 더 공격적인 투자가 가능한 기회를 주자고 다짐도 하였습니다.

황 소장님을 알게 되고 책을 읽고 강의를 들으면서 좀 더 부자들의 이야기를 듣고 그들의 생각을 읽을 필요가 있다는 걸 깨닫게 된 계기이니까요. 아직도 저희 부모님은 연금형 부동산에 투자한 사실을 모르고 계십니다. 한국 경제, 부동산 시장에 대해 매우 부정적이시거든요. 그래서 저희 부부는 중간에 고민도 많이 했습니다.

황 소장님 책, 카페 회원분들 말고는 저희를 지지해주는 자원이 없었거든요. 그렇지만 저희의 결론은 '그래서 현재 누가 부자로 살고 있는가?'란 질문을 해보자는 것이었습니다. 그리고 황 소장님과 성공 수기를 쓴 많은 분들의 사례를 보고 '부모님이 아닌 부자로 살 준비가 되어있는 사람들을 따라가 보자'는 결론을 내렸습니다.

그렇게 저희는 2번째 공동 구매에 참여하여 현재 강남 논현동에 원룸 한 칸을 갖게 되었습니다. 처음으로 큰 액수의 대출이란 것을 해보고 잔금 치르는 날 예상했던 것보다 큰 비용(취득세, 대출 가능 금액이 줄어들어 마련했어야 했던 800만 원, 법무사 수수료 등)을 마련해야 해서 노후대비 연금에서 중도인출도 받는 등, 있는 돈 없는 돈 다 그러모았습니다. 이 월세가 우리의 노후대비용이라 생각하고 해지하는 대신 중도인출을 받아두기로 했습니다. 그렇게 힘들게 현금을 그러모아 잔금을 치렀기에 현재는 수중에 현금이 전혀 없습니다.

그것이 너무나 불안하지만, 이 또한 저희 부부에게 깊은 가르침을 주었습니다. 현금이 전혀 없기 때문에 걱정할 것이 아니라 저희 부부는 둘이 함께 알뜰하고 간소한 삶을 살아가기로 했습니다. 없어서 못 쓰는 것이 아니라 있음에도 다음을 위해 절약하고 아끼는 삶을 살기로 말입니다. 한 번 투자하고 들어올 월세 순수익금(순수 이익금)을 보니 열심히 수익금을 모아 두 번째 연금형 부동산에 투자하고 싶다는 생각을 하게 되었거든요.

그래서 부부가 번 수입으로 최대한 알뜰하게 생활하여 자가 구입 시 진 빚을 2년 안에 갚았고 그 뒤론 그 패턴대로 저축을 열심히 합니다. 또, 6월부터 들어올 월세 순수익금은 절대 손대지 않고 모두 모아 두기로 했습니다. 그렇게 해서 5년(빚 상환 후 3년) 안에 또 1억을 모아 우리 집 2호 연금형 부동산에 투자하기! 이것이 저희 부부의 목표가 되었습니다. 목표가 생기니 '희망'을 갖게 되었고 즐거운 마음으로 절약하는 삶을 살아가게 되었습니다.

시작은 정말 어려운 것입니다. 특히 원래 내가 가지고 있던 사고 방식과 다른 삶을 시작하는 것은 너무나 어려운 일입니다. 평생 해보지 못하고 죽었을 수도 있었을 텐데 말입니다. 우연히 보게 된 책 한 권, 그 인연으로 만나게 된 한 사람. 그런 사람들이 모인 모임으로 인해 저희 인생의 방향이 바뀌게 되었습니다. 이렇게 계기를 만나는 것은 너무나 중요한 것 같습니다. 그래서 항상 감사한 마음입니다.

이런 마음으로 하루하루를 보내니 우리 가족에게 있었던 힘든 일들도 어찌 보면 이런 날을 위한 준비 단계가 아니었나 하는 생각이 듭니다. 그 또한 감사합니다.

지금 우리나라 경제가 상당히 어렵다고들 합니다. 저희 남편은 건설 쪽인데 특히나 어려운 것 같습니다. 중소기업으로 옮긴 지 1년이 다 되어 가는데 또 구조조정 이야기가 나온다고 합니다. 직원 중 4명이 그만두게 되었다고 이야기를 하는데 또 한 번 심장이 철렁했습니다. 그렇지만 가슴 한편엔 이런 생각이 듭니다.

'그나마 월세 들어오는 게 있어서 다행이네. 앞으로 월세 500만 원 받는 그 날까지 열심히 살아야겠다.'

앞으로 더욱더 어려워질 것 같은 우리나라에서 희망을 잃고 좌절 속에서 살기보다 저희는 그런 와중에도 '희망'을 찾아가면서 '소소한 행복'을 느끼며 살고 싶습니다. 그런 계기를 만들어 준 연금형 부동산 연구소 및 황 소장님께 고마운 마음을 전합니다. 어려운 상황에 있는 모든 분들도 희망을 품게 될 계기를 꼭 한 번 가져보실 수 있길 바랍니다.

부동산은 다수결의 원칙이다?

대기업에 다니면 연봉이 높고 대우도 좋습니다. 그래서 많은 사람들이 대기업 혹은 외국계 기업에 들어가고 싶어 합니다. 그런데 그곳에 들어가기만 하면 인생에서 경제적인 부분이 모두 해결될까요? 물론 평생 그곳에 다닐 수 있다면 경제적인 걱정을 할 필요는 없을 것입니다. 하지만 지금은 전문성을 갖춘 몇몇 부서를 빼고는 정년을 채우기는커녕 40대 중반만 되어도 퇴직 압박이 높은 상황입니다.

대기업에 들어가서 높은 연봉을 받지만 그 기간이 그리 길지 않다는 것이지요. 따라서 회사에 다니는 동안 확실한 준비를 해야만 합니다. 물론 미래에 대해 준비해야겠다는 필요성은 한창 회사에 다닐 때는 느끼기가 쉽지 않습니다. 하지만 수기의 주인공처럼 퇴직하게 되었다던가 혹은 퇴직 압박을 받게 되면 그 필요성을 절실히 느끼게 됩니다.

그런데 우리는 미래를 준비하기 위해서 누구의 조언을 받아들여야 할까요? 보통 친한 직장 상사, 동료, 부모님, 친구에게 조언을 구하고 TV나 신문을 통해 알게 된 이야기도 함께 고려하게 됩니다. 그렇다면 과연 이러한 과정이 맞는 것일까요?

제가 아주 좋아하는 책인 《해답(The Answer)》에 아래와 같은 구절이 나옵니다.

"내가 가고자 하는 길을 가본 적이 없는 사람은 내 앞길에 훈수를 둘 자격이 없다."

수영할 줄 모르는 사람에게 수영하는 방법을 물어보는 것이 과연 맞을까요? 아니면 수영 선수는 아니더라도 적어도 자유형 정도는 하는 사람에게 수영하는 방법을 물어보는 것이 맞을까요?

우리는 주위의 의견을 구할 때 항상 엉뚱한 논리의 함정에 빠지게 됩니다. 그것은 바로 '다수결의 원칙'입니다. 다수가 원하는 것이면 옳다고 판단하는 것인데, 그것의 전제는 다수가 해당 사안에 대해서 잘 알고 있을 때만 유용한 방법입니다. 만약 해당 사안에 대해서 잘 모르는 9명과 잘 알고 있는 1명이 있다면 그 1명의 의견을 들어야 할 것입니다.

이번 수기의 주인공 역시 주위에 본인들을 지지해 주는 분들이 없었습니다. 이런 경우 많은 분들이 부동산 투자를 포기하고 원래 살던 대로 살게 되지요. 그런데 이분은 "그래서 현재 누가 부자로 살고 있는가?"라는 질문을 스스로 하게 되었고 누구의 의견을 따라야 하는지 판단하게 되었습니다.

자기 스스로 혼란스러울 때 주위의 의견을 구하는 것은 좋은 방법입니다. 하지만 그것의 전제는 내가 혼란스러워하는 그 문제를 해결하고 앞으로 나아간 사람에게 의견을 구해야 한다는 것입니다. 주위에 그런 사람이 없다면 우선은 그런 사람을 찾는 것이 우선이며 찾아지지 않는다면 해당 분야의 전문가의 의견을 구하는 것이 훨씬 더 나은 선택일 것입니다.

주부들은 요리를 잘하는 친구에게 요리에 관해서 물어보고 남자들은 군대에서 잘 모르는 것은 이미 그것을 경험해 본 선임에게 물어보는데, 도대체 왜 부동산에 대해서는 잘 알지 못하는 주위 사람들의 의견에 좌지우지되는 것일까요? 안 풀리는 문제는 공부 잘하는 친구나 선생님에게 물어보듯이, 부동산 재테크 역시 부동산으로 돈을 벌고 있는 친구나 부동산 전문가에게 의견을 구하는 것이 당연할 것입니다.

놀면서 받는 30만 원은, 회사 다니며 받는 300만 원

인간은 바라는 것을 기꺼이 믿는다.

-율리우스 카이사르

이 글을 쓰기에 앞서 밝히는데, 난 정말 부동산에 관심조차 없던 사람이었다. 그냥 이렇게만 벌어서 먹고살면 충분히 잘 지낼 수 있을 것으로 생각했었고, 맞벌이니까 50세까지 즐겁게(?) 일하면 행복한 노후는 알아서 따라오는 것으로 생각했다. 용인 수지구 죽전동에 전세 살면서 집주인이 전셋값을 몇천만 원 가볍게(?) 올리더라도 '뭐 알아서 되겠지, 아직 돈의 여유가 있으니까' 이렇게 생각하며 살았다.

시아버님께서는 이런 나를 엄청 답답해하셨다. 수시로 위례나 판교신도시, 광교신도시 아파트 전단지들을 들이미셨고, 분당은 어떤지, 어디 보고 싶은 곳은 없는지 항상 물어보시곤 했다. 뭐 그래도 내 대답은 "애 아빠랑 상의해서 생각해 볼게요."였다.

　그러던 2015년 4월의 어느 날이었다. 전세 연장을 한번 하고 둘째를 낳고 휴직한 시점이었다. 산후도우미를 쓰면서 산후조리를 할 때, 아버님께서 지금 내가 전세 사는 곳의 옆 동이 얼마에 급매로 나왔는데 살 것인지를 물어보셨다. 그 시점에는 다행히 펀드도 환매가 잘 돼서 자금의 여유도 있었고, 애도 둘이 되니 어린이집 문제도 있어서 쉽게 움직이기 힘들 것 같았고, 신분당선 연장 구간 역 근처에 있는 곳이라 그냥 나쁘지 않겠지 싶어서 44평을 충동적으로(!) 사버렸다. 그때 같은 동네 아이 친구 엄마한테 대형평수는 어떤 것 같은지 물어봤더니 '대형 평수는 절대 안 오른대.'라는 답변을 받긴 했지만 아이들과 넓은 곳에서 살고 싶다는 바람과 더 이상 전세살이 하고 싶은 생각도 없어서 과감하게 질러버렸다. 전세 끼고 4억5천5백에 샀는데, 지금은 5억 가까이하는 집이 되었다.

　그 집을 사는데도 사연이 있었는데, 4억5천에 나온 매물을 그다음 날 산다고 해버리니 매도자가 그 자리에서 1000만 원을 그대로 올려버리는 거였다. 난리 난리를 해서 500만 원을 깎아서 계약했다. 사람이 매도하는 가격 그대로 사겠다고 하면 손해 보는 느낌이 들어서 그렇게 올리는구나 싶었다. 살 때도, 팔 때도 심리게임이니 잘 조절하며 사야 한다는 생각이 든다. 집값이 올라가는 시점에선 매도자 우위이고, 집값이 내려가는 시점에선 매수자 우위이니 그걸 잘 판단해서 해야한다. 그땐 매도자 우위여서 좀 더 그랬던 것 같다. 이런 경험을 하고 나기 남들이 안 살 때 부동산을 사야 하고 남들이 살 때 팔아야 하는 게 진리라는 것을 느꼈다. 그리고 지금도 늦은 게 아니니 부동산 공부, 돈 공부는 필수라는 생각이 들었다.

힘들게 집을 산 이후로 부동산에 대해 정말 많이 공부했다. 아이들이 일어나기 전 새벽에 부동산 관련 책을 스무 권은 더 사서 중요한 부분은 줄을 치며 읽어댔고, 부동산 관련 블로그 카페 등에서 정보를 얻는 등 나름대로 노력을 많이 했다. 그러다 알게 된 카페가 바로 연금형 부동산 연구소였다. 카페 내의 모든 게시물을 꼼꼼히 읽어보며 필요한 부분은 스크랩하며 정리하곤 했다.

그렇게 부동산 공부를 하다 눈에 띈 곳이 잠실의 모 아파트였다. 그때 부동산 투자자들에게는 1억으로 전세 끼고 살 수 있는 곳이라 과연 오를까 말까 투자자들도 논쟁의 대상으로 삼았던 아파트였다. 그 아파트를 사는 것이 어떤지에 대해 아버님께 질문드렸더니, 그 아파트에 아버님 예전 직장 동료도 살고 계셨고, 아버님도 관심을 가지는 곳이라 한번 알아봐 주겠다고 하셨다. 남편 직장도 본사가 잠실이고 나중에 애들 교육을 생각해서라도 잠실에 가는 게 답이라는 생각이 들었다.

2015년 9월, 잠실의 그 아파트도 엄청나게 투자자들이 관심을 두고 있었고, 부동산이란 부동산도 약간씩 들썩거리던 때였다. 내가 구매하려는 평수는 실거주도 할 겸 32평이었는데 정말 힘이 빠졌다. 8억 7천에 내놓았다가도 매도자들이 사겠다고 하면 전화번호를 수신 거부를 하고, 부동산에서 매수자가 있다고 부동산에 오시라고 하면 팔겠다고 하다가도 노쇼(No Show)를 해버리곤 했다. 그래서 몇 번 하려던 계약이 엎어지고, 저렇게 하면 그냥 안 사버리고 만다는 생각에 절로 욕이 나오며 짜증이 났다.

그러다가 우연히 나온 매물에 아버님도 곧바로(!) 잠실에 달려가셔서 그날 계약금을 보내버렸다. 전망이나 조경 모든 것이 마음에 들었고, 내가 생각하기보다 8억8천5백이라는 가격이 좀 비싸긴 했지만 1억에 전세를 끼고 살 수 있다는 장점에 무조건 계약했다. 사실 아파트를 사기 위해 마련한 돈도 나의 소중한 연금펀드 4000만 원을 해지한 것과 마이너스통장 4000만 원, 남편의 마이너스통장 2000만 원을 가지고 산 것이었다.

나중에 연금도 못 받고 어찌하나 싶었지만, '뭐 부동산이 내 노후를 보장해 주겠지, 주택연금도 있잖아?' 하는 심정으로 부동산을 구매했다. 지금 생각하면 미친 짓이었겠지만, 실제로 거주할 것이라는 장점과 나뿐만 아니라 다른 사람들이 살기에도 꽤 괜찮을 것 같다는 생각에 구매했는데, 결국은 잠실의 그 아파트도 2억이 올랐다. 정말 소가 뒷걸음쳐서 쥐 잡은 격으로 산 집들인데, 그게 그 정도 오를 줄은 생각도 못 했다.

집을 매도하신 분도 이사를 하시고 새로운 세입자를 최근에 받았는데, 아버님께서는 반전세로 돌리라고 하셨다. 하지만 집을 두 채 사면서 대출을 조금 받은 것도 있어서 갚아나가야 하기도 하고, 아직은 맞벌이 근로소득으로 버틸 만해서 그냥 못 돌리고 전세를 싸게 놓았다. 재산세를 낼 때마다 조금은 속이 쓰리기도 한데 그래도 집값도 내 예상외로 많이 올라서 그냥 그러려니 하려 한다. 운이 좋아서 전세 세입자도 잘 구했고, 시기가 잘 맞아서 다행이라고 생각하며 말이다. 부자는 주변 사람들이 만들어주는 것 같다. 전세 세입자 잘 구하고 부동산에서 잘 도와주는 것 등, 하나하나 감사하는 마음을 가지면 나도 어느 순간에 월세 받는 부자가 될 수 있지 않을까?

잠실 아파트를 사며 입지 좋은 부동산은 군이 팔 필요 없다는 것(정 안되면 자식 물려주면 되니까), 입지 좋은 역세권은 잘 안 떨어진다는 것, 경기도가 조금 오를 때, 서울은 몇 배 더 오를 수 있다는 것을 배웠다. 그리고 정말 좋은 상가나 좋은 부동산은 3대를 물려 줄 수 있을 것 같다. 좋은 매물을 합리적인 가격에 살 수 있는 안목을 갖춰야 한다는 생각도 들었다.

시세 차익형 부동산, 월세 받기 위한 부동산 등이 있겠지만 난 그렇게 구분할 필요는 없다고 본다. 전세 끼고 사서 전세가 오르면 일부를 반 전세를 돌려서 월세를 받으면 되고, 입지가 좋고 남들도 좋은 가치가 있는 물건이라면 시세 차익도 분명히 받을 수 있기 때문이다. 물론 시세 차익형 부동산의 수익률이 월세 받는 부동산에 비해 현저히 떨어진다지만, 놀면서 받는 30만 원은 회사 다니며 받는 300만 원의 가치를 가진다고 생각한다.

아직은 자금이 부족해서 월세를 못 받지만 나중에 돈의 여유가 생긴다면, 전세 보증금을 줄이고 보증금을 줄인 만큼 월세를 받을 수 있는 거니까 말이다. 그리고 사실 요즘은 월세 받는 다가구 주택에도 관심이 많아서 돈을 모으면 다가구 주택도 조금씩 생각해 보려고 한다.

결혼하고 애 키우며, 시간이 어느 정도 지나서 느껴보니 그 말이 맞는 것 같다. 내 집은 빨리 마련하는 것이 좋고, 조금 눈을 높이고 위험 부담을 고려할 수 있다면 약간 부담되는 선에서(집값의 30% 정도?) 대출을 껴서 구매하는 것도 맞다. 그리고 현재의 즐거움을 위해 소비하는 것도 좋겠지만, 조금 더 내 미래를 위해 노후를 위해 준비하는 것은 정말로 필요한 게 아닐까 싶다.

생각보다 인생은 길다. 내가 조금 놀랐던 것은 새 아파트 분양할 때 모델하우스에 가득했던 분들은 20대나 3~40대가 아닌 50대였다는 거였다. 50대인 분들이 이렇게 열심히 보려 다니시는데 젊은 사람들은 너무 안 보고 다니는 것 같다. 자금 사정이 안 좋은 건 맞겠지만 조금씩이라도 집에 관해 관심을 가지고 보러 다녀야 나중에 내 집도 마련할 수 있는 게 아닐까 싶다. 그리고 생각보다 내 정년도 생각보다 빨리 올 수 있다는 생각이 든다. 서른 중반인 나도 요즘 신입사원들의 스펙을 보면 어마어마하게 좋아서 놀라곤 한다. 세상은 내가 생각하는 것보다 더 빨리 움직인다. 3차 정보화 시대를 지나서 이젠 4차 산업혁명 시대가 왔다고 하니 말이다. 이럴 때야말로 내가 어떤 방향으로 나가야 할지 생각해 보아야 할 때라고 본다. 조금씩 부동산 투자하고, 월세 받는 부동산도 사면 어느 순간 경제적 자유를 얻을 것이란 생각이 든다. 이제부터라도 조금 더 노력해야 할 것 같다.

수기를 통해 살펴본 부동산에서 중요한 4가지 핵심

이번 수기에서 한번 눈여겨봐야 할 부분은 총 4가지이며 그것은 아래와 같습니다.

첫째, 맞벌이는 전세금 상승을 만만하게 본다는 점

둘째, 시아버지 역할의 중요성

셋째, 부동산을 안 사본 사람은 부동산 가격이 정찰제인 줄 안다는 점

넷째, 부동산을 파는 시점

그럼 지금부터 위의 것들에 대해 하나씩 알아보도록 하겠습니다. 첫째, '맞벌이는 전세금 상승을 만만하게 본다'는 점에 대해 이야기해 보겠습니다. 신혼집을 전세로 시작하는 분들이 많습니다. 물론 정해진 예산 안에서 좋은 집을 구하다 보면 전세로 구하게 되는 것이 당연할 수 있습니다. 그런데 도심지는 전셋값이 2년마다 오르게 됩니다. 사실 신혼부부는 그러한 일을 겪어 본 적이 없을뿐더러 2년 뒤의 미래보다 지금 좋은 집을 구하는 것에 큰 비중을 두다 보니 전세로 신혼집을 구하는 경우가 많습니다.

그리고 2년마다 전세금이 올라가면 첫 2년 차에는 저축한 돈 혹은

부모님의 도움을 받아 전세를 연장하지만 4년 차, 6년 차가 되면서 자녀가 태어나고 지출이 늘어나면서 전세금 상승을 감당하기 버거워서 자연스럽게 외곽으로 이사를 하게 됩니다.

물론 맞벌이를 한다면 전세금 상승보다 더 많은 돈을 모아 전세금을 올려주는 데 무리가 없을 수 있지만, 한 사람이 직장을 그만두거나 혹은 자녀가 태어나면 전세금을 올려주기 어려운 상황이 되기도 합니다. 또한, 전세금을 올려줄 여력이 된다고 해도 사실 그렇게 되면 재테크의 기회가 상실된다고 볼 수 있습니다. 저축한 돈을 2년마다 전세금 올려주는데 소진해 버리면 사실 재테크를 하기 어렵기 때문입니다.

따라서 신혼을 시작할 때 좋은 집에서 전세로 시작하는 것도 좋지만 그것보다는 덜 좋은 집이라도 자가로 시작하는 것이 재테크적인 부분에서는 훨씬 더 도움이 될 것입니다. 그리고 사정상 전세로 시작한 경우라면 적어도 4~6년 이내에 자가를 마련한다는 목표를 가지고 시작하는 것이 좋을 것입니다. 물론 집을 사더라도 아무것이나 사는 것이 아니라 당연히 꼼꼼히 따져 봐야 할 것입니다.

둘째, 시아버지의 역할입니다. 사실 이번 수기의 주인공은 시아버지의 역할이 없었다면 부동산 투자를 할 가능성이 매우 낮았습니다. 부동산 재테크의 길잡이 역할을 시아버지가 하셨다고 볼 수 있으며 아마도 그분은 부동산 재테크로 수익을 꽤 많이 얻었을 것입니다.

그러한 경우 가족에게 부동산 재테크를 적극적으로 알리게 되는데 듣는 둥 마는 둥 하는 사람도 있고 마지못해 듣는 사람도 있으며 아예 듣지도 않는 이들도 있습니다. 다행이 수기의 주인공은 시기가 적절히 맞아서 부동산을 사게 되었고 그로인해 이익을 얻게 되어 부동산 재테크에 적극적으로 관심을 가지게 됩니다.

'좋다'는 이야기에 모두 휘둘릴 필요는 없지만 확실한 사람이 이야기하는 것이라면 적어도 그 말이 맞는지 확인은 해봐야 한다고 생각합니다. 기회는 어느 날 문득 오는 것이 아니라 반드시 사람을 통해서 옵니다. 어떤 결정을 내릴 때는 그 일에 대해서 확실하게 알아본 뒤에 해도 늦지 않습니다. 알아보기도 전에 혹은 다 듣기도 전에 귀를 닫아 버리는 것은 기회가 오는 것을 막는 것이나 다름없습니다.

셋째, 부동산을 안 사본 사람은 부동산 가격이 정찰제인 줄 안다는 점입니다. 우리는 대부분 물건을 살 때 2가지 경험을 하게 됩니다. 첫 번째는 가격표가 붙어 있는 물건을 살 때와 두 번째는 가격표가 붙어 있지 않은 물건을 살 때입니다. 그리고 일상생활을 하면서 두 번째의 경험보다는 첫 번째의 경험을 훨씬 더 많이 하게 됩니다. 그러다 보니 부동산을 살 때도 정해진 가격을 주면 살 수 있다고 착각하게 됩니다. 그뿐만 아니라 가격이 오르면 거품이라고 생각하기도 하지요.

그런데 우리가 흔히 사는 물건은 공급이 항상 충분하지만 부동산은 그렇지 않습니다. 부동산은 공급이 적다고 해서 한두 달 만에 뚝딱하고 만들어 낼 수도 없으며 필요 없다고 해서 바로 없앨 수도 없습니다.

또한, 무한정 공급할 수도 없습니다. 그뿐만 아니라 보통의 물건은 중고가 되거나 구형이 되면 가격이 당연히 떨어져야 하는데 부동산은 그렇지 않습니다. 가격이 정해지는 메커니즘이 일반 상품과는 전혀 다르다는 것입니다.

그런데 부동산을 처음 접하다 보면 그런 메커니즘을 이해하지 못합니다. 지금까지 일반 공산품을 살 때와 똑같은 마음가짐으로 부동산을 대하게 되지요. 부동산 역시 정해진 가격이 있고 그 가격을 주면 언제든지 살 수 있어야 한다고 생각하는 것에서부터 부동산을 대하는 방법이 잘못 되었다고 볼 수 있습니다.

넷째, 부동산을 파는 시점입니다. 그렇다면 부동산을 파는 시점은 언제여야 할까요? 막연히 가격이 몇 % 오르면 팔아야 할까요? 그런 기준이 있을까요? 만약 본인이 현재 타고 있는 차를 팔아야 한다면 그 시점은 언제가 될까요? 몇만 킬로미터가 되면 혹은 몇 년이 되면 무조건 차를 팔아야 할까요? 아니면 개인 상황에 따라 모두 다를까요?

차를 파는 시점이 각 개인의 상황에 따라 다르듯이 부동산을 파는 시점 역시 각 개인의 상황에 따라 다릅니다. 개인의 상황을 전혀 고려하지 않고 부동산을 팔지 말지를 결정한다는 것은 환자의 상태도 모르고 약을 처방하는 것과 다르지 않습니다.

우선 부동산을 파는 시점에 관해 이야기하기 전에 부동산을 사는 목적에 대해서 먼저 생각해 봐야 합니다. 물론 부동산을 사는 목적은 내 집 마련을 빼고는 대부분 재테크가 목적일 것입니다. 돈을 벌기 위해서 부동산을 사는 것인데, 부동산으로 돈을 버는 방법은 크게 시세 차익과 월세 수익으로 나눌 수 있습니다.

시세 차익형 부동산은 팔았을 때 이익을 얻을 수 있으며 월세 수익형 부동산은 보유하고 있는 동안에 수익에 생기는 것이라고 볼 수 있습니다. 즉, 시세 차익형 부동산은 팔기 위해 사는 것이며 월세 수익형 부동산은 보유하기 위해 사는 것입니다. 그러므로 시세 차익형 부동산은 애초에 팔릴만한 것을 사야 하며 월세 수익형 부동산은 월세가 잘 나오고 오래 가지고 있고 싶은 것을 사는 것입니다.

자, 그렇다면 이렇게 산 부동산을 파는 시점은 언제일까요? 앞서 말했듯이 똑같은 부동산을 같은 시기에 샀다고 하더라도 각 개인의 상황에 따라 팔아야 할지 말아야 할지가 다릅니다. 개인의 상황을 모르고 '부동산을 팔아라, 말아라' 하는 이는 본인의 입장에서만 생각하는 사람이거나 부동산에 대해서 문외한이라고 볼 수 있으니 그런 이의 이야기는 안 들은 것으로 생각해도 좋을 것입니다.

매월 7일에 한 번
25일에 두 번,
총 세 번의 월급을 받습니다

의심은 배반자이다.
의심하면 시도하는 것이 두려워져 얻을 수 있는 좋은 것을 얻지 못하게 만든다.
-윌리엄 셰익스피어

저는 현재 소위 말하는 '4학년 8반'으로 대학교 재학 중인 자녀 두 명을 둔, 결혼 22년 차 맞벌이 직장여성입니다. 직장 관계로 저는 경남 거창군에, 남편은 경남 진주시에, 애들은 서울에서 학교에 다니는 한 가족 세 지붕 생활을 하고 있습니다. 1995년 결혼 당시에는 1500만 원짜리 방 두 칸 주택 전세로 시작했지만, 맞벌이를 했던 관계로 만 3년이 되기 전에 두 아이의 엄마가 되어 있었고 더불어 내 집 마련을 할 수 있었습니다. 무엇보다 아이들에게 안락하고 쾌적한 주거공간을 제공했다는 기쁨이 가장 컸습니다. 그런데 5년 뒤 30평대 아파트로 갈아탄 이후부터 돈이 모이질 않았습니다.

이상하게 시댁 쪽으로 돈이 자꾸만 흘러 들어가기 시작했는데 제가 마음이 여리다 보니 강하게 반대를 못 해서 막을 수가 없었습니다. 남편은 자기 핏줄이 돈 때문에 힘들어하는 걸 못 보는 성격이라 매번 빚을 내어 주다보니 종잣돈이 만들어지질 않았습니다. 2002년도부터 맞벌이 부부 '10년 10억 모으기'라는 다음 카페를 알게 되어 회원가입을 하고 열심히 눈팅도 했지만 나아지는 게 없었습니다.

열한 살에 아버지를 여의고 홀어머니 슬하에서 경제적인 어려움으로 열일곱 살부터 사회생활을 했던 탓에 '넉넉한 부자가 되고 싶다'는 마음은 강했지만 방법을 몰랐습니다. 계속 맞벌이를 해서 월수입이 꽤 되는데도 늘 마음은 허전했고 자산은 빈약했습니다. 결혼 20여 년간 우리 집 경제 사정은 크게 나아지질 않았습니다. 돈이 새끼를 쳐서 데려와야 자산이 늘어날 텐데, 아파트도 땅도 주식도 펀드 투자도 어느 것 하나 돈이 되질 않았습니다.

부자가 되고 싶은 마음이 강했고 책 읽기를 좋아하던 저는 재테크 관련 책을 많이 읽었다고 자부하지만 실천이 따르지 못하다 보니 손에 쥔 건 별로 없었습니다. 남의 말만 믿고 투자한 부동산은 개발계획이 취소되는 바람에 묶이는 재산이 되어 버리고 말았습니다. 허송세월하다가 2015년 초, '올해는 재테크를 한번 잘해보자'는 계획을 세우게 되었고 4월에 우연히 읽은 《월세 300만 원 받는 월급쟁이 부동산 부자들》을 통하여 황 소장님을 알게 되었지요. 연금형 부동산 연구소 카페에 가입하여 눈팅을 하다가 '이거다'라는 확신이 들었고 카페에서 1대1 상담 후기 및 실전 스터디 후기 등을 통하여 황 소장님에 대한 신뢰를 쌓을 수 있었습니다. 상담료를 지불하더라도 훌륭한 멘토가 옆에 있어야만 부동산 투자가 가능하다는 믿음이 생겨 불안하기도 했지만 '실천해야겠다' 싶어 용기를 내어 진행하기로 했습니다. 황 소장님의 유료 동영상 강의도 신청하여 몇 번을 반복하여 듣고, 유튜브에서 부동산관련 강의도 들으면서 수익형 부동산에 대하여 관심을 가지게 되었습니다. 대기자가 많아 7월에 실전스터디를 하게 되었는데 3군데 정도를 둘러본 것 같습니다.

강남구 논현동 소재 완공을 한두 달 앞둔 원룸들을 둘러보았지만 지식이 얕은 저로서는 제대로 된 판단을 할 수가 없었습니다. 망설이는 저를 위하여 소장님이 이제 막 시작한 공동 구매 중인 논현동 신축 건물을 추천해주셨고 완공이 6개월 뒤라는 단점이 있었지만, 소장님이 진행하시는 건물이라는 믿음이 있어 계약서에 서명하고 계약금을 송금했습니다. 신용 대출, 담보 대출을 활용하면 2개도 가능할 것 같은 판단에 공동 구매 신청서를 제출하고 내려왔습니다.

주기적으로 공동 구매한 건물 공사 진행 사항을 카톡으로 보내주셔서 궁금증이 해소되곤 했습니다. 11월에 갑작스럽게 연락을 받고 상경하여 공동 구매 2호를 계약했고 계약금과 중도금을 차근차근 납부했네요. 공동 구매 1호 잔금 지급 날짜가 올해 1월 7일로 정해지고 대출 진행이 되면서 안 가 봐도 된다고 했지만 잔금 날 상경하여 잠깐 둘러보고 왔습니다. 공동 구매 1호 부동산의 월세는 잔금 일에 바로 월세를 받지 못하고 일주일 뒤 위탁관리인으로부터 연락을 받고 1월 18일에 첫 월세 85만 원을 받았습니다.

물론 계산은 7일부터 계산해서 받았습니다. 임차인 관리를 위해 제가 별도로 신경 쓸 건 없다고 했고 일 년짜리 위탁계약서도 팩스로 주고받았습니다. 1호 부동산은 2억짜리 원룸을 투자금 1억과 대출금 1억(우리은행 5년 거치 변동금리로 3.85%)으로 이루었습니다. 대출규제 강화로 대출금 한도도 50% 및 대출금리 인상으로 실제수익률은 낮아졌지만 어쨌든 첫 1호 부동산을 등기완료하고 나니 가진 건 없어도 부자가 된 기분이 들었습니다.

직장은 25일이 월급날인데 이젠 7일에 월세가 들어오고, 25일에도 또 하나의 월세(타 지역의 아파트)가 들어와서 한 달에 총 3번의 월급을 받는 사람이 되었습니다. 공동 구매 2호에서 7일 날 월세가 들어오면 총 4번의 월급을 받게 되며, 월세를 합치면 신규 공무원의 월급과 맞먹을 정도의 수준이 됩니다. 아직은 투자금 대부분이 대출을 활용하여 이루어지다 보니 월세의 3분의 2가 대출이자로 나가는 상황입니다만, 시작도 안 했다면 어디에서 이런 소득이 생기겠습니까? 근무시간만 일하고 퇴근 후엔 취미활동 하면서 즐겁게 생활하는데 가만 앉아서 월급 이상의 월세가 들어온다고 상상해보세요! 절로 입이 귀에 걸립니다.

2호 부동산과 관련하여 처음에 분양 계약할 때 대출금을 제외한 잔금 부분에 있어서 약간은 무리라고 생각했었는데, 몇 달의 시간이 흐르는 가운데 엉뚱한 곳에서 여윳돈도 생겼고 대출금도 생각보다는 많이 나와서 잔금 치르는데 전혀 무리가 없었습니다. 처음부터 100% 준비되지 않더라도 시작하면 덜 준비되었던 부분들이 희한하게 채워지는 경험은 저 혼자만의 것은 아니겠지요.

말하는 대로 이루어지고 간절하게 바라는 바가 이루어지는 경험을 한두 번씩은 하셨을 겁니다. 지금은 비록 현실성이 전혀 없어 보이는 꿈이고 목표일지라도 꼭 글로 적어서 보고 또 보고 되뇌다 보면 어느새인가 그것이 현실이 되어 있을 것입니다.

월급만 받아 생활하다 추가 수입이 생기니 마음도 넉넉해져서 씀씀이가 헤퍼지는 경향도 있으나, 지금 바꾸지 않으면 계속해서 욕망을 연기한 채 아무것도 못 하고 살 것 같아 작은 것부터 하나씩 욕망 충족도 하면서 살아가려고 노력합니다. 나 자신을 위하여 작은 사치도 부려봤습니다. 늘어나는 주름살 때문에 피부재생 크림도 망설임 없이 샀고, 올해 4월 말에는 남편과 단둘이서 제주도 여행을 다녀왔습니다. 남편과 단둘이서 떠난 여행은 17년 전에 가보고 처음이었습니다. 이렇듯 인생을 조금씩 즐기며 살게 된 것입니다.

5년 뒤 월세 1000만 원 받는 것을 꿈꾸며, 그 꿈이 이루어지면 '미워도 다시 한번'인 남편에게 007 가방 가득 5만 원 짜리 지폐 2000장과 남편이 그토록 갖고 싶어하는 외제차를 선물하겠노라 선언했습니다. 저의 과감한 투자를 썩 달가워하지 않는 남편이지만, 현금 1억과 외제차에 혹했는지 지금은 저에게 알아서 하라고 합니다.

첫 공동 구매 1호를 계약한 후 적은 돈이나마 사회 환원하는 마음으로 유니세프에 매월 일정액 기부금 신청을 하였고, 올해 1월 초에는 청소년 공동가정에 정기후원금 신청을 했습니다. 제가 이 세상에 태어난 사명감이 뭔지 아직 확실하게 알지 못하기에 이름 없는 여인으로 살다 가도 좋다고 생각하지만, '사회를 위해서 의미 있는 한 가지라도 하고 갔으면' 하는 마음이 자꾸만 자라고 있어 한 걸음 한 걸음 실천하다 보면 좋은 방법이 생길 것 같습니다.

누구나 부자가 되고 싶어 하고 그래서 배우고자 하는 마음으로 책을 보고 동영상 강의를 듣고 세미나에 참석하지만 불안한 마음에 선뜻 행동으로 옮기지 못합니다. 몇 년 전 황 소장님을 믿고 투자를 하셨던 '나는야 워킹맘' 님, '부동산에 눈떠' 님 등의 체험담과 카페의 글들로 동기부여 받으시면서 믿고 투자해보시길 권해드립니다. 저도 주변 지인들에게 이런 게 있다고 정보를 주어도 저처럼 달려드는 사람을 아직 만나지 못했습니다. '성공하면 그때 할게' 하는 분들이 대다수에요. 저도 정년퇴직 후 사무실을 열어 황 소장님처럼 재테크든 인생사든 도움을 주는 멘토 역할을 하고 싶습니다.

| 사례자 분이 계약한 5차 건물사진

일 대 일 상담 시에는 없던 꿈들이 1호, 2호를 계약하면서 그리고 시간이 지나면서 점점 자라서 지금은 20억짜리 건물을 지어 계속 월세를 받아 일부는 사회 환원하고 봉사하는 생활을 꿈꾸고 있습니다. 2~3년 전에 강남 논현동에 원룸을 취득한 회원님들의 사례나 소장님 말씀처럼, 지금 당장 1억이라는 큰돈이 없다면 4000~5000만 원 정도의 돈을 투자하여 원룸을 사서 처음에는 전세로 돌렸다가 2년 뒤 저축한 돈과 전세 차익금으로 보증금을 내리고 월세로 돌리는 방법도 괜찮겠다는 생각을 해 봅니다.

올해 목표를 실제 가능 금액보다 좀 더 높은 월세 400만 원으로 잡아봅니다. 말하면 이루어진다고 하니 먼저 선언을 해보는 것입니다. 꾸준히 카페의 정보와 독서를 통해서 불안하고 흔들리는 마음을 다잡

으시고 부동산 관련 공부를 틈틈이 하서서 마음의 준비가 되셨다면 바로 실행을 하셔야 본인 것이 됩니다. 그런다면 몇 년 뒤에는 지금보다 훨씬 나은 경제력으로 노후대비도 충분히 하실 것입니다. 즐겁고 행복하게 미래를 준비하는 마음으로 종잣돈을 모으시고 꾸준히 공부하셔서 기회가 오면 꼭 실천하여 목표를 달성하시길 바라며 저의 후기를 마칩니다.^^

맞벌이로 월 소득이 꽤 되는 사람들이 잘 빠지는 함정

상담을 하다 보면 월 소득이 꽤 되는 분들을 가끔 만나게 됩니다. 부부 소득의 합이 수천만 원인 경우도 있고, 개인의 소득이 수천만 원이 넘는 분들도 있습니다. 그런데 이런 분들이 정작 돈을 모으는 비율이 현저히 낮은 경우가 많습니다. 물론 그 이유는 현재 버는 돈이 충분하니 현실적으로 거리낄 것이 없기 때문이기도 하며, 소득이 높기 때문에 일에서 받는 스트레스를 거리낌 없는 소비로 해소하는 일도 많기 때문입니다.

그리고 이러한 분들과 상담하다 보면 "저희가 명품을 사는 것도 아니고 그렇게 과소비를 하는 것도 아닌 것 같은데…."라는 이야기를 공통으로 합니다.

사실 이분들의 지출이 많은 이유는 매달 명품을 사고 사치를 부려서가 아닙니다. 잦은 외식 그리고 이왕이면 괜찮은 곳에서 좋은 음식을 먹게 되는 것으로 인해 식비 지출이 높으며 야식과 생활비 등의 소소한 지출에도 너그럽기 때문입니다. 그리고 1년에 두세 번 정도 해외여행을 여유롭게 다녀오면 월 지출은 뺄 것 없이 높아지게 됩니다. 물론 자녀 교육비와 양육비도 뺄 수 없는 부분이며 가끔 사고 싶은 것 한두 개를 사면 월 카드 대금이 월 소득에 육박하게 되는 것이지요.

부동산 재테크는 쉽게 생각하면 좋은 부동산을 잘 사는 것이라고만 생각할 수 있지만, 사실 부동산 투자를 할 수 있는 종잣돈을 모으는 것부터가 그 시작으로 보는 것이 맞습니다. 또한, 단순히 한번 종잣돈을 모으는 것만이 아니라 꾸준히 돈이 모일 수 있는 생활 습관을 갖는 것이 재테크의 시작점이라고 할 수 있습니다.

제 지인들 중에도 본인이 돈을 많이 벌어서 여러 부동산을 사서 보유했었지만 통제할 수 없는 소비와 엉뚱한 투자로 재산을 탕진하는 것을 수차례 보았습니다. 부동산 재테크의 시작은 종잣돈을 모으는 생활 습관을 갖는 것이며 이후에는 자산소득으로 여유로운 생활이 되게 하는 것이 최종 종착지가 되어야 합니다. 이번 수기의 주인공이 "계속 맞벌이를 해서 월수입이 꽤 되는데도 늘 마음과 자산은 빈약했습니다." 라고 이야기했던 것을 다시 한번 되새겨 보시길 바랍니다.

"돈만 있으면 ○○○를 할 거야!"

"여건이 되면 그때 가서 ○○○를 하면 돼!"

"돈이 있어야 ○○○를 하든지 말든지 하지!"

이런 이야기를 자주 들어 봤을 것입니다. 그런데 과연 그런 이야기를 하는 사람 중에 실제로 그러한 ○○○을 하게 되는 사람을 본 적이 있으신가요? 여건, 상황 그리고 돈이 준비되면 부동산 재테크를 시작한다는 사람들이 있습니다.

저는 그런 경우를 단 한 번도 보지 못했습니다. 모든 일을 상황과 여건 탓으로 돌리면 본인 마음은 편할 수 있지만 결코 그 시점을 맞이할 수 없습니다. 앞서 말한 것처럼 재테크는 '종잣돈을 모으는 생활습관'에서부터 시작합니다. 그러한 기본이 없으면 절대 목돈이 모이는 일도 없으며 재테크를 시작하는 것 역시 기대할 수 없습니다. 많은 돈을 물려받았다고 해도 버는 방법을 모르고 쓰는 방법만 안다면 그 돈은 머지않아 당연히 남의 주머니로 들어갈 것입니다. 여건과 상황이 되어서 재테크를 시작하는 것이 아니라 재테크를 할 수 있는 여건을 만들어나가는 것이 재테크의 시작입니다.

지금의 소득과 지출을 5년, 10년 계속 이어나간다고 가정했을 때 본인의 자산이 늘어날지 그대로일지 혹은 줄어들지를 따져보고 그 미래가 마음에 들지 않는다면 본인의 소득과 지출 습관을 반드시 바꾸어야 합니다. 개인 자산의 미래는 절대 막연하지 않으며 조금만 계산해 보면 명확하게 알 수 있습니다. 어쩔 수 없이 지출을 줄여야 하기 전에 미리 지출을 줄여 종잣돈을 만들고 그 돈이 돈을 벌 수 있게 만들어 주는 것이 훨씬 더 나은 선택이 될 것입니다.

우리 아기가 가져다준 부동산이라는 선물

내가 가장 불신하는 이들은 우리의 삶을 향상하고자 하면서도
단 한 가지 방법밖에 모르는 사람들이다.
-프랭크 허버트

2014년 12월, 크리스마스 무렵이었습니다. 만삭이었던 저는 예정일을 며칠 남겨두고 해를 넘겨서 낳아보려고 무진장 애를 쓰던 때였습니다. 퇴근한 신랑과 저는 무엇에라도 홀린 양 무작정 강남의 한 분양 사무실로 향했습니다. 비가 섞인 눈발이 날리던 저녁 퇴근길은 많이 막혔습니다.

우리는 차 안에서도 '과연 잘하고 있는 건지' 확신이 서지 않아서 계속 의논하면서 갔습니다. 분양받는 일 자체도 처음이었지만, 최대 대출한도를 다 이용하는 것이어서 부담이 상당히 컸습니다. 게다가 어리숙하게 사기꾼들한테 당하고 오는 건 아닌지 걱정이 앞섰지만, 우

리 부부는 '일단 가보자, 가서 집부터 보자, 얘기나 들어보자.'라는 결론을 내렸고 직진하기로 했습니다.

분양에 눈을 돌리게 된 건, 사실 임신 중반부터 찾아온 조기진통으로 병원에 2달간 입원하게 되면서 직장을 쉬게 되었기 때문입니다. 퇴원 후에도 집에서 몸조리해야 했기에 인터넷으로 재테크에 관한 뉴스를 많이 접할 수 있었습니다. 그러다 강남구 논현동에 도시형 생활주택의 회사보유분 분양 소식에 관심을 가지게 되었고 매일매일 검색하고 관련 뉴스를 찾아 정보를 수집했습니다. 그리고 남편한테 신경쓰고 한번 살펴보라고 넌지시 한마디 했지요. 평소에도 수치에 밝던 신랑은 현재 우리가 동원할 수 있는 현금과 대출이자 등을 꼼꼼히 계산했습니다.

가진 돈이 많이 부족했기 때문에 다소 무리라는 판단을 했습니다. 맞벌이에서 외벌이로 변한 가계상태가 너무 힘겹게 느껴지기도 했습니다. 태어날 아이를 키우려면 최소 1~2년은 더 쉬어야 하는데, 외벌이 수입으로는 한계가 있겠다 싶어서 우리 부부는 큰 결심을 했던 것입니다. 다만 '몇 푼이라도 월세를 받자.'라는 생각과 생활비에 조금이나마 보탬이 될 수 있을 것이라는 기대감으로 그렇게 그 궂은 날씨에도 분양사무실로 향하게 되었고, 친절한 상담사의 설명을 듣고는 더욱 마음이 끌렸습니다.

당시 28가구 중 8가구만 남아있는 미분양 상태였고, 살짝 조급한 마음에 덜컥 계약하고 돌아왔습니다. 한 번 더 고려하다가 좋은 물건 놓치게 될까 봐서요. 그렇게 순식간에 계약서에 도장을 찍고 집으로 돌아오면서도 우리는 '사기당한 거면 어떻게 하느냐'고 큰 걱정을 했답니다. 같이 저지른 일이니 서로 원망하지 말자며 다 잘 될 것이라고 아무 일 없을 것이라고 되뇌면서도 매일을 불안감에 초조해하곤 했지요. 그래도 바로 담당 은행 직원을 만나 대출을 받고 모든 일이 일사천리로 진행되었습니다. 미리 지정된 담당 은행을 통함으로써 따로 감정평가에 걸리는 시간을 단축할 수 있었고 손쉽게 대출이 이루어졌습니다.

평수가 작은 도시형 생활주택으로 취, 등록세 면제를 위해 신랑은 임대사업자 등록 절차를 차례로 진행하였고, 대신 세입자 관리를 해주고 월세가 들고 나감에 있어 전혀 신경을 쓰지 않아도 되는 대행업체와도 계약을 체결하였습니다. 이렇게 세금과 부동산수수료를 아낄 수 있었습니다.

그리고 해가 바뀌어 1월 2일, 전 출산을 위해 병원 분만실에 입원 중이었고, 제가 수술대에 올라있는 동안에도 남편은 마무리 서류처리를 위해 시청에 다녀오느라 누구보다도 정신없는 하루를 보냈다고 합니다.

저희는 그 집을 '우리 아기가 가져다준 선물'이라고 생각합니다. 첫해에는 약 90만 원의 월세를 받았고 올해에는 약 80만 원의 월세를 꼬박꼬박 받고 있습니다. 처음 저희가 투자한 금액은 7000만 원이 전부였고, 나머지 전액 약 1억6천만 원을 대출받아서 매달 들어오는 월세에서 약 55만 원의 돈을 원리금으로 갚아나가고 있습니다. 원리금을 제외하면 약 30만 원 정도의 수입이지만 '우리는 강남에 월세 주는 사람이야' 라는 든든한 자부심을 가지고 살게 되었답니다.

신랑은 지금도 가끔 농담으로 "나 강남에 월세 받는 김 사장이야~" 하고 너스레를 떱니다. 얼떨결에 계약했다고 생각했지만 돌이켜보면 저는 한 두어 달 꾸준히 정보를 모았고 신랑은 신중히 계산기를 두들겨서 이뤄낸 성과였습니다. 주변에도 부러운 시선으로 바라보는 친구들이 많습니다. 어디서 그런 정보를 얻고 실행에 옮겼는지 자세하게 물어보며 본인들도 투자할 데 있으면 알려달라고 하기도 하고 심지어는 같이 하자고 조르는 이도 생길 정도로, 한때 너도나도 부동산 재테크에 관심을 가지도록 본의 아니게 독려하기도 했습니다.

물론 대출 기간이 30년으로 앞으로 갚아야 할 날이 어쩌면 살아 있을 날보다 많을지도 모르지만, 그 월세를 받아서 아기 기저귓값, 간식값으로 큰 보탬이 되고 있습니다. 그리고 중도상환 수수료가 면제되는 대출 후 3년이 지나면 저도 다시 복직하게 되는 시점이니 오롯이 한 사람의 월급은 전부 원리금을 갚는 데 주력하려는 계획입니다. 조금이라도 더 빨리 온전히 내 것으로 만들어서 우리 부부의 든든한 노후자금이 되어주길 희망합니다.

부동산 사기꾼들의 4가지 특징

많은 분들과 상담하다 보면, 적절한 재테크 시기를 놓쳐서 안타까운 상황이 여러 번 있습니다. 아예 부동산에 관심이 없었던 분들은 그나마 괜찮습니다. 처음에 아무것도 모르는 상태에서 주변의 권유나 잘못된 정보에 귀를 기울였다가 큰 손해를 보고 아예 부동산에서 고개를 돌린 경우가 허다합니다. 그렇게 부동산과는 담을 쌓고 살다가 다시 관심이 생겨 저를 찾는 분들도 적지 않습니다.

사실 아무것도 모르는 분야에 관심을 두고 투자하려고 하면 두려움이 앞섭니다. 더군다나 '큰돈'이 오간다면 더욱 그럴 수밖에 없지요. 하지만 그러한 두려움을 감수한다고 해도 부동산 투자는 매력적입니다. '내 친척, 내 이웃, 내 동료가 부동산으로 큰돈을 벌었다'는 이야기가 여기저기서 들려오는데 어떻게 가만히 있을 수 있을까요?

그런데 문제는 여기서 발생하게 됩니다. 어느 날 갑자기 부동산에 관심을 갖고 급한 마음이 앞서다 보면 엉뚱한 결정을 하게 되는 일이 허다합니다. 지인이 부동산 회사에 다닌다는 말을 듣고 갔다가 계약을 하고 보니 전혀 쓸모없는 땅을 사게 된다거나, 앞으로의 개발 계획을 듣고 부동산을 샀는데 알고 보니 계획은커녕 허무맹랑한 이야기인 경우도 있습니다.

이번 수기의 부부는 어쩌면 경험 대비 잘 풀린 경우라 볼 수 있습니다. 다 잘될 거다, 아무 일 없을 거다라고 되뇌면서도 매일매일을 불안과 초조함 속에서 보내는 그 심정은 당연합니다. 아무리 잘 알아보고 확인해도, 치밀한 계획에 의해 사람들을 속이고 울리는 사기꾼들은 반드시 있기 때문입니다.

처음 부동산에 투자할 때, 단번에 사기꾼을 알아보기는 쉽지 않습니다. 하지만 몇 가지 기준과 원칙을 잘 따진다면 분명 멀리해야 할 사람이나 업체가 명확히 눈에 보입니다. 그러면 사기꾼들의 주요한 특성에 대해 알아보겠습니다.

첫째, 회장과 같이 거창한 직함을 내세웁니다. 회장은 규모가 일정 수준 이상의 회사와 계열사를 거느릴 정도가 되어야 합니다. 요즘은 차 한 대만 가지고 있어도 자신을 회장이라고 하는 사람들이 너무나도 많습니다. 평범한 사람들이 권위에 약하다는 점을 이용해 상대방의 신뢰를 얻으려는 것이지요.

둘째, 직함과 더불어 화려한 인맥 관계를 들먹입니다. 성공사례 등을 언급할 때 보면 자신의 이야기보다는 크게 성공한 이들의 사례를 앞세우고 이들과의 친분을 과시합니다. 하지만 속을 들여다보면 정작 그들과 별로 관계가 없습니다. 이 역시 화려한 인맥을 내세워 고객의 환심을 사려는 것입니다.

셋째, 큰 단위의 사업과 금액을 대수롭지 않게 이야기하고 더불어

'수익이 100% 보장된다'고 큰소리칩니다. 만일 그렇게 장밋빛 미래가 보장된 사업과 투자라면 이미 정보에 훤한 재력가들이 선점했을 것입니다. 그에 대해 명확한 근거도 없이 숫자만 부풀리고, 근거 없이 확신하면 반드시 의심해 봐야 합니다.

넷째, 말이 앞뒤가 안 맞고 그럴싸하게 포장하려고만 합니다. 틀린 부분을 지적하면 횡설수설하면서 다른 이야기로 넘어가려고 하고 재차 물어보면 화를 내는 일도 있습니다. 그런 상황이라면 그 사람이 했던 이야기는 거짓일 가능성이 매우 높습니다.

물론 이렇다고 해서 모두가 사기꾼은 아닐 것입니다. 하지만 돌다리도 두들겨 보고 건너랬다고, 조심해서 나쁠 일은 없겠지요. 특히 업자나 업체를 거쳐 수익형 부동산에 투자하고자 한다면 더욱 신경 써야 하겠습니다.

저도
꼬마 빌딩을
갖고 싶어요

모두를 믿지 말고, 가치 있는 이를 믿어라.
모두를 신뢰하는 것은 어리석고, 가치 있는 이를
신뢰하는 것은 분별력의 표시이다.
-데모크리토스

사람 일은 모른다더니 나를 두고 한 말인 것 같다. 부동산 계약서도 못 써서 어리둥절하며 멀뚱멀뚱 앉아있던 내가 몇 년 만에 부동산을 여러 채 소유한 임대인이 되어 있으니 말이다.

정확히 2012년 봄, 우연한 기회에 부동산 경매를 배우게 되었다. 발단은 이랬다. 큰아들 교육 문제로 지방으로 이사를 하였었는데 특수 목적 고등학교, 일명 특목고에 합격하면서 다시 이사를 오게 되었다. 갑자기 이사하는 바람에 어디로 거처를 정해야 할지, 어디를 사야 할지 몰라 우선 용인의 친정 근처에서 전세로 살기로 하였다.

지방에서 이사하다 보니 그 지역에서 처리할 일이 남아 있어 남편이 남아서 정리를 하고 내가 먼저 용인으로 와서 잔금을 치르고 계약서를 받고 확정일자를 받는 등 일 처리를 해야 했다. 그런데 마흔이 다 되도록 남편 바라기인 나는 처음 해보는 일이라 막막했다. 그야말로 나이만 먹었지 엄마 심부름을 처음 나온 아이와 다를 바가 없었다. 여기저기 물으며 간신히 확정일자를 받고서야 정신이 들었다. 마음이 안 놓여 계약서를 들고 부동산에 가서 확인했는데 참 어이없다는 듯 바라보시던 사장님 표정이 떠오른다. ㅎㅎㅎ

그날 이후로 너무 생각 없이 살아온 나 자신을 반성하며 남편 도움 없이 내가 할 수 있는 일은 스스로 할 수 있도록 세상(?) 공부의 필요성을 느꼈다. 그렇게 계속 평범한 생활을 하던 어느 날, 둘째 아이를 학원에 데려다주고 오는데 현수막 하나가 눈에 띄었다. 바로 부동산 경, 공매 강의 관련 내용이었다.

집 근처의 문화센터에 붙어있던 그 현수막을 보고 망설임 없이 핸들을 틀어 들어갔다. 안내데스크로 가서는 "밖에 광고 중인 강의에 부동산 계약서 쓰는 법이랑 확정일자 같은 거 배우나요?"라고 물어보았다. 데스크에 앉아있던 나이 드신 두 여자분은 서로를 바라보다 한 분이 "계약서는 모르겠고 확정일자 같은 건 배울 것 같은데요."라고 답하셨다. 나는 바로 지갑을 열며 "저 등록할게요! ㅋ….'라고 외쳤다.

이것이 나의 부동산 투자에 대한 첫걸음이었다. 기초 공부를 하며 지방에 구입해 두었던 전원주택 부지의 땅을 매도해 4000만 원의 자금을 마련하였다. 일명 총알(?)이다. 갓 경매 초급 강의를 들은 겁 없는 아줌마는 장전한 총알로 같은 달에 물건 두 개를 낙찰받았다. 누군가 무식하면 용감하다고 했던가…? 지금 생각하면 참 겁이 없었던 것 같다.

그 두 건의 낙찰로 난 '한 달에 내 맘대로 쓸 수 있는 돈 50만 원만 있으면 좋겠다'는 소망이 한 번에 이루어져 버렸다. 그리고 그게 다가 아니다. 지금은 대출이자를 갚고도 50만 원의 몇 배가 넘는 돈이 매달 통장에 꽂힌다. 그 재미는 꽂혀 본 사람만 안다. ㅎㅎㅎ 총알 4000만 원으로 시작한 쾌거였다.

그 뒤로 부동산 사무소에 자주 드나들며 같은 위치에 있는 급매 물건을 하나 더 매수했고 흥이 난 무식한(?) 아줌마의 부동산 공부는 계속되었다. 전문 경매 학원에까지 등록해 심화 반 수업을 받았다. 4년여가 흐른 지금 내 책꽂이엔 지식산업센터, 아파트, 빌라, 땅, 재개발을 바라보는 주택의 등기권리증과 임대차 계약서가 꽂혀있다. 거기에 건축 중인 호텔과 레지던스의 계약서도 있다. 지인들은 '왜 물건이 그렇게 버라이어티 하느냐'고 묻는다. 난 물건 하나하나를 통해 다양한 경험을 했다. 내 총알이 들어가면 애착을 가지고 발생한 문제를 해결하게 되었고 그 자체로 공부가 되었다.

물론 통장에 들어오는 월세도 많이 늘었다. 이미 경제적 자유인은 되었다. 하지만 꿈이 있어 오늘도 공부한다. 작은 규모의 멋진 호텔 하나와 꼬마 빌딩을 갖게 되면 투자를 멈추고 유기견관련 일과 영아원 봉사를 하며 여생을 보내고 싶다. 상상만 해도 행복하고 즐겁다.

연륜과 부동산(1)- 나이와 부동산 투자 능력은 과연 비례할까?

흔히 '나이를 먹으면 연륜이 생긴다'고 합니다. 그런데 그것은 반은 맞고 반은 틀립니다. 연륜이 쌓이는 것은 본인이 경험한 분야만 그런 것이지, 해보지 않은 일을 단지 나이를 먹었다고 해서 알게 되는 것은 아닙니다.

'그런데 마흔 살이 다 되도록 남편 바라기인 나는 처음 해보는 일이라 막막했다. 그야말로 나이만 먹었지 엄마 심부름을 처음 나온 아이와 다를 바가 없었다.'

수기의 이 부분에서 알 수 있듯이, 해보지 않은 일에 대해서는 아무리 나이를 먹는다고 해도 알 수가 없습니다. 그런데 분야와 상관없이 나이를 먹으면 많아지는 것이 있는데 그것은 바로 '겁'입니다. 오랜 시간 동안 해보지 않은 것 혹은 접해보지 않은 것을 하려면 겁이 나게 마련이고 나이가 많을수록 겁은 훨씬 더 늘어나게 됩니다.

젊을 때야 무서운 것 없이 행동할 수 있지만, 나이가 들면 변화보다는 현재 상황을 유지하는 것을 훨씬 더 선호하게 됩니다. 물론 만족스럽고 앞으로의 미래도 보장되어 있다면 현재 상황을 유지해도 상관없을 것입니다. 그렇지만 만약 현재 생활을 유지한다고 했을 때 미래가 불안정하다면 분명히 변화가 있어야 하며 새로운 것을 받아들여야 할 것입니다.

수기의 주인공은 처음에는 확정일자에 대해서도 몰랐었지만, 문화센터의 강의를 들으면서 부동산에 대해 배우게 되었고 지금은 매달 몇백만 원의 월세를 받는 상황이 되었습니다.

사실 처음부터 몇백 만 원의 월세를 바로 받으려고 한다면 엄두가 나지 않았을 것입니다. 알아야 할 것들도 많고 투자금도 많이 필요하기 때문이지요. 수학을 배우는 아이가 처음 접하는 것은 더하기 빼기이며 이후 시간이 지남에 따라 처음에는 생각지도 못했던 미분, 적분을 알게 됩니다. 이와 같이 부동산에 대한 공부 역시 처음에는 가벼운 마음으로 쉬운 내용부터 시작해야 합니다. 새로운 것을 받아들이고 공부할 때 가장 중요한 것은 그것에 대해 호기심을 갖는 것, 그리고 쉽게 시작해서 부담감을 없애는 것입니다. 연금형 부동산 연구소의 무료 동영상 강의는 중학생도 이해할 수 있는 내용으로 설명되어 있으니 부동산 공부를 쉽게 시작하는 데 도움이 될 것입니다.

회사에서는
정년을 보장해 주지
못하잖아요

항상 전문가의 말에 귀를 기울여라.
그들은 할 수 없는 것과 이유를 말할 것이다. 그러면 그것을 해라.
-로버트 하인 라인

평범한 직장인입니다. 누구나 그렇듯 저와 아내는 전세대출과 함께 신혼생활을 시작했습니다. 전세 대출 이자 비용이 너무나 아까웠지만… 뭐… 누구나 다 이렇게 사는 거니까요.

신혼생활을 즐기며 열심히 돈도 벌고 빚도 갚아 나아가기 시작한 3년 즈음하여, 저희 부부의 2세가 생겼습니다. 처음 이 소식을 들었을 때 기쁜 마음과 함께 어깨를 짓누르는 책임감이란… 아무래도 한 집안의 가장이 된다는 것의 의미를 이때 가장 크게 느꼈던 듯합니다.

뭐… 대한민국 대부분의 사람들이 겪는 일이겠지만 일반 회사에서는 정년을 보장해주지 않잖아요. ㅠㅠ 계산해보니 아이가 대학교 들어갈 때쯤, 저는 이미 명예퇴직을 했을 것 같더라고요. '그럼 이 아이를 어떻게 학교를 보내고, 또 노후는 어떻게 준비해야 하나?'라는 생각으로 마음고생을 하고 있을 때 황 소장님의 《월세 300만 원 받는 월급쟁이 부동산 부자들》을 알게 되었습니다. 책이 워낙 읽기 쉽게 되어 있어 단숨에 다 읽고 그날 바로 관련 온라인 카페에 가입하게 되었죠. 거기에서 이런저런 글을 읽어 보았지만, 선뜻 투자에 나서기는 어려웠습니다. 잘 모르는 분야였고 또한 돈이 많이 들기에 그랬습니다. ㅜㅜ

아내와 의논을 거듭해보고 일단 황 소장님을 만나보기로 하고 2015년 가을, 드디어 소장님을 만나게 되었습니다. 여러 가지 질문을 늘어놓았지만, 그래도 소장님께 듣고 싶었던 말은 어쩌면 "괜찮을 거예요. 한번 시작해보세요."라는 경험자의 확신에 찬 말이 아니었을까 싶네요. 결국 저희는 그날 바로 공동 구매에 참여하게 되었습니다.

사실 저희는 책과 카페를 통해 알게 된 실전 투자 현장답사에 관심이 더 많았었는데, 소장님과의 일 대 일 상담에서 막 완공된 공동 구매 1호의 사진들을 보게 되었지요. 하나하나 세심하게 황 소장님의 손길이 닿은 완성도 높은 방들을 보니 공동 구매의 매력에 빠져들었죠. 운좋게도 저희는 그날 공동 구매 2호 잔여물건을 바로 계약할 수 있었어요. 소장님께서 직접 방문하고 찍어 오신 사진들을 종종 카톡 문자로 받아보며 하루하루 완공되길 기다렸습니다.

마지막으로 완성된 집 사진을 보니 세를 놓기 아까웠고 제가 직접 들어가 살고 싶은 마음이 들더라고요. 저와 아내는 처음 투자이다 보니 계약 후에도 궁금한 점들이 많아 황 소장님께 자주 연락드려 의문점들을 해소했습니다. 아마 소장님이 저희 때문에 귀찮으셨을 텐데 항상 친절히 답변해주셔서 감사합니다. ^^

드디어 2018년 5월 말일에 잔금을 치르고 등기가 완료되었습니다. 임대관리업체와도 계약서를 작성하고 6월에 월세를 선입금 받게 되었답니다. 가장의 의무감이 살짝 줄어든 느낌입니다. 이제 매월 7일은 저희의 두 번째 월급일이 되었습니다. 직장인이다 보니 세입자 및 원룸 관리가 신경 쓰이고 번거로울 수 있었습니다. 그런데 임대관리업체에서 세세한 부분은 다 알아서 해결해주고, 혹시라도 발생할 공실에도 저희에겐 아무 지장이 없다는 점이 소장님을 통해 계약한 또 하나의 장점이기도 하네요.

저는 신용 대출과 주택 담보 대출을 최대한 이용해서 공동 구매 주택을 샀습니다. 요즘 금리가 워낙 낮아서 그런지, 이자를 제외하고도 수익률이 6% 가까이 나오더라고요. 물론 수익률이야 변할 수도 있지만, 그런데도 매우 뿌듯한 기분입니다. 공동 구매를 하고 나서 이제 저의 목표는 매년 한 채의 부동산을 사는 것입니다. 그러기 위해 오늘도 열심히 일해서 돈 벌고, 아끼고, 빚을 갚는 중입니다. 카페 회원 여러분도 성투(성공투자)하세요. 이 글은 저희 남편이 쓴 글이에요. 공동 구매 주택 명의는 제 것이지만요. ㅎㅎ

자녀 출산과 부동산

저에게 상담을 신청하시는 분들 중 직장인이 많은 편입니다. 잘 모르는 사람들이 볼 때는, '한창 직장 생활에 몰두해야 할 시기에 부동산 투자를 위해 전문가를 찾는다면 대기업에 다니거나 벌이가 괜찮은 자영업자가 아닐까' 하는 생각이 들 수도 있습니다. 그러나 대다수가 평범한 직장에 다니고 있으며, 모아 놓은 종잣돈이 많은 이는 매우 드뭅니다. 단지 미래에 대한 불안감 때문에 무언가라도 해야겠다는 생각으로 상담을 신청합니다.

또한, 부부가 함께 오시는 경우도 많습니다. 다른 한 분이 부동산 투자에 관해 관심이 없거나 부정적이라도, 방문할 때 같이 와서 상담하다 보면 부동산에 관심이 생기거나 긍정적으로 바뀌기도 합니다. 무엇이 그분들에게 불안감을 느끼게 할까요? 젊은 부부들이 불안감을 느끼는 계기는 바로 '2세의 출산'입니다.

전 세계에서 가장 낮은 출산율 때문에 우리나라의 미래가 불안하다는 기사를 본 적이 있을 것입니다. 하지만 아이를 낳고 키운다는 게 얼마나 힘든 일인지를, 자녀가 있는 분들이라면 잘 알고 계실 것입니다. 아이는 본인들의 인생에서 가장 소중한 선물이지만 무거운 책임감도 함께 느끼게 됩니다.

'과연 우리 아이가 성인이 되어 독립할 때까지 잘 키울 수 있을까? 그 이후에는 어떻게 하지? 과연 노후 대비나 할 수 있을까?'

2세가 생기면 다들 이런 생각을 하게 됩니다. 3, 40대의 젊은 부부들 사이에서 안정적 수익이 보장되는 수익형 부동산의 인기가 높아지는 이유도 여기에 있습니다.

사실 수익형 부동산 자체는 다른 재테크 수단에 비해 번거로운 편입니다. 은행상품이나 보험, 연금 상품 등은 투자 이후 별도의 관리가 필요 없지만, 부동산은 중간중간 신경 써야 할 일이 많습니다. 우선 공을 들여 수익률이 좋은 부동산을 찾고, 좋은 세입자를 구해야 합니다. 세입자 관리 또한 쉽지 않으며 언제 생길지 모를 공실에도 대비책이 있어야 합니다. 이외에도 눈과 손이 가는 부분이 한둘이 아닙니다.

그래서 수기의 주인공 부부처럼 연금형 부동산 연구소를 찾으시는 분들이 많습니다. 이들 부부가 처음 만남 직후 바로 공동 구매에 나선 이유는 '직장인이다 보니 세입자 및 원룸 관리가 신경 쓰이고 번거로울 수 있는데, 임대관리 업체에서 세세한 부분은 다 알아서 해결해주고 혹시라도 발생할 공실에도 저희에겐 아무 지장이 없다는 점'이었습니다. 주택 담보 대출에 신용 대출까지 최대한 더하여 투자를 감행했음에도, 매달 대출 이자를 제외하고도 수익을 낼 수 있기에 수익형 부동산은 그만큼 매력적입니다.

다만 임대관리를 통한 수익형 부동산의 인기가 높아지자 문제점도 발생합니다. 근래에 들어 관리는 물론이거니와 높은 수익률을 보장했던 여러 분양 현장에서 문제가 생겨, 애초 얘기했던 것보다 수익금을 적게 주거나 아예 주지 않아 소송이 오간다는 이야기가 심심치 않게 들려옵니다. 심지어는 문을 닫게 된 상황에서 소유주들이 운영비를 내어 주는 곳이 있다고 합니다. 왜 자꾸 이런 일이 발생할까요?

수익률을 보장해 준다는 광고들을 보면 대부분 보장 기한이 정해져 있습니다. 그리고 그 기한 동안은 세입자가 있든 없든, 월세가 적게 들어오건 말건 상관없이 수익률을 보장해 줍니다. 문제는 거기에서 발생하는 손해비용을 관리회사에서 부담하는 것이 아니라, 애초에 분양가를 높게 잡아 그 안에서 월세 지급 금액을 확보한다는 데 있습니다. 한마디로 손해가 발생하면 내가 낸 돈을 조금씩 나눠 받는 형태가 됩니다. 그래서 대부분의 수익률 보장은 기한이 정해져 있고 이후부터는 수익률이 처음과 크게 차이 나는 일이 생기는 것입니다.

반대로 임대관리의 기한이 정해져 있지 않으면서도 안정적으로 실제 수익을 보장해 주는 업체들도 분명 존재합니다. 어떻게 이런 일이 가능한지는 다음 장에서 설명하겠습니다.

가슴 떨리던
첫 월세,
90만 원의 설렘

난 위험에 대해 그리 많이 생각지 않는다.
난 그저 내가 하고 싶은 것을 할 뿐이다. 앞으로 나아가야한다면, 나아가면 된다.
-릴리언 카터

안녕하세요, 얼마 전에 황 소장님 통해 강남 수익형 부동산 공동 구매 신청하고 온 아들 둘을 둔 엄마랍니다. 2년 전 강남 1호를 하고도 소심한 성격 탓에 후기도 댓글도 안 남기고 있다가 이번 상담 끝에 소장님이 '이런 건 얘기를 해달라'고 말씀하셔서 용기를 냈네요.

정말 돌이켜 보면 저도 카페에서 눈팅만 하면서 망설이다가, 실제로 투자하고 편안히 월세 받고 계신 분들의 후기를 보면서 많은 도움을 받았었거든요. 이제라도 이런 후기를 통해 보답도 하고 저의 부동산 투자 상황도 정리해볼 겸 조심스레 적어봅니다.

저희 부부는 2007년에 결혼하면서 24평 아파트 전세로 시작했습니다. 그 후로 두 번의 이사를 하면서도 '언제쯤 내 집을 장만할 수 있을까?' 하는 막연함에 고민만 할 뿐, 이렇다 할 계획도 없이 한 해 한 해 살고 있었죠.

그런데 세상이 정말이지 제 월급 빼고 다 오르더군요. 그중에서도 가장 빠른 속도로 상승하는 전셋값, 집값을 보면서 허무한 생각도 들었어요. 첨엔 전세, 2년 후엔 월세 15만 원, 4년 후엔 월세 40만 원을 달라고 하더군요. 전세 시세는 처음 계약 당시보다 1억5천만 원이 올라 있었고요.

'이제는 집을 사야겠구나'라고 생각하고 20년 넘은 아파트 시세를 봤더니 20년 동안 빚만 갚아야 하겠다는 생각에 눈앞이 캄캄해졌습니다. 그러다가 부동산 매물에서 우연히 오피스텔 시세를 봤는데 생각보다 너무 저렴해서 '이건 뭐지?' 하는 마음에 갑자기 심장이 두근거리기 시작했습니다.

'이걸 사서 월세를 받으면 어떨까?' 하는 생각이 든 거죠. 지금 생각하면 어쩜 이리 기특한 생각을 했는지 저 자신을 칭찬해 주고 싶습니다. 궁디 팡팡ㅋㅋㅋ

'오피스텔 월세는 공실이 문제라는데…'라는 키워드로 폭풍 검색을 하다가 "오~ 데스티니~~!" 운명적으로 만나게 된 것이 바로 황 소장님의 연금형 부동산 연구소 카페였답니다. 카페를 알게 돼서 며칠 동안 모든 글을 다 읽어보았고, 소장님 책도 신청해서 하루 만에 독파하면서 남편에게 엄포했죠. "나 말리지 마. 무슨 일이 있어도 나 이거 하고 말 거야!" 그랬더니 남편도 그러라고 하더군요. 지금은 "그때 강남 1호 하길 참 잘했어." 한답니다. 참 쓸데없는 말이 길어졌네요. ^^

이렇게 알게 된 연금형 부동산 연구소에서 소장님께 상담을 받았는데 저희 재무 사정에서 어떻게 하면 가능할지 계획을 제시해 주시더군요. 그러면서 마이너스 수익을 내고 있던 펀드를 비롯하여 금융상품을 대부분 정리했답니다. 그리고 부동산에 문외한이던 제가 공부를 해보겠다고 4주 코스 스터디 모임에도 참석했죠. ㅋㅋ 지금 남아있는 지식은 없지만 제가 말씀드리고 싶은 건 '꼭 내가 가진 부동산 지식이 많아야 성투하는 건 아니다'라는 메시지입니다. 자신이 혈압이 높고 당뇨가 있어서 질환에 대해 아무리 공부를 많이 한다고 해도 의사 대신 진료를 할 수는 없는 거잖아요? 자기가 잘 모를 때는 전문가에게 맡기는 방법도 있다는 거죠. ㅎㅎ 답은 통장으로 확인하시면 되는 거니까요.

이렇게 해서 2014년 5월, 투자금 1억에 대출 8000만 원으로 논현동 1호를 계약했습니다. 처음으로 집 매매계약도 해보고 부동산 담보대출을 받아보는 거라서 두려움도 많았지만, 그저 소장님이 안내해 주시는 대로 하다 보니 꿈이 현실로 바뀌더라고요.

떨리던 첫 월세 90만 원의 설렘도 점점 일상이 되면서 저희는 계속 반 전세에 살면서 2호를 준비해야겠다는 계획을 잠시 잊고 살았습니다. 그러면서 아무 생각 없이 대출도 일부 갚고 @.@ 줄어든 이자에 야무지게 월세만 챙기면서 신도시 미분양 아파트를 계약했죠. 그런데 전세 집주인 아저씨가 아파트를 판다고 하시더군요. 그러면서 '어디에 살아야 하나 다시 전세에 살고 싶지는 않은데…' 하는 마음으로 폭풍 고민을 했습니다.

그러다가 TV에서 우연히 연 매출 8억인 중국집 사장님 이야기를 보게 되었습니다. 그분이 허름한 두 칸짜리 빌라에 사는 걸 보고 '뭣이 중헌지' 깨닫는 바가 있어 같은 동네 신축 빌라를 분양받았답니다. 이제 이사한 지 2주 되어가고요. ^^ 짐이 다 치워지기도 전에 저희 집 담보로 대출을 조금 더 실행해두었던 걸로 공동 구매 신청서에 도장, 아니지 지장을 꾹 찍고 왔답니다. 이렇게 고민 안하고 진행할 수 있었던 건 1호에서 월세가 잘 들어오고 있었고, 중간에 공실이나 부동산과의 문제가 생겼을 때 연금형 부동산 연구소에 전화 드렸더니 바로 해결 주시는 소장님에 대한 신뢰가 바탕에 있었기에 가능했답니다.

그런 중에 오랜만에 카페에 들어와 보니 연금형 부동산 연구소에서 공실이나 수수료 문제 제로의 공동 구매라는 걸 하고 계신다는 말에 '오잉? 나만 빼고? 근데 어떻게 이게 가능해?' 이런 마음으로 바로 묻지도 따지지도 않고 상담 신청을 하게 된 거죠.

공동 구매 상담은 실장님과 하게 되었는데 2년 만에 다시 방문을 해 보니 연금형 부동산 연구소의 시스템이 얼마나 더 발전했는지 어렴풋

이 느낄 수 있었답니다. 그리고 차근차근 임대관리에 대한 설명을 해 주시는걸 들어보니 강남 1호와는 태생부터가 다르다는 것, '하기만 하면 난 정말 신경쓸 게 없겠구나' 하는 생각이 들었습니다.

상담받고 신청하는데 한 달 정도가 걸렸는데 그사이 공동 구매 부지도 선정이 되었다고 하니 신도시 아파트 분양권이 매도되면 중도금하고 내년 중반이면 강남 2호 월세를 받아볼 수 있을 것 같습니다. 2007년에 결혼해서 강남 1호를 장만하는데 7년 걸렸는데, 2호는 얼떨결에 3년 만에 가능해지네요. 3호는 좀 더 체계적으로 전략을 세워봐야겠습니다. 아자!

| 현장 아시바 사진

요즘 매일매일 소장님의 블로그에서 공동 구매 건축일기 보는 새로운 재미가 생겼어요. 제가 사는 집도 빌라이다 보니 자재나 구조 등의 부분에서 아주 아쉬운 부분도 있는데, 소장님이 인테리어나 자재 등에 세심하게 신경 쓰시는 모습을 보면서 나중에 소장님한테 우리가 살 집도 설계 좀 부탁하면 좋겠다는 생각을 했습니다. 지난 주에는 건너 블록에서 신축 빌라 올라가는 공사를 보면서 남편한테 "자기, 저 천으로 감싸 놓은 게 뭔지 알아? 바로 아, 시바야~ 발음 주의 ㅋㅋ" 요렇게 아는 척하는 깨알 재미도 있답니다.

원래도 명품가방 하나 없는 소심한 맞벌이 주부지만 목표가 생기니까 지출을 더 조절하게 되고 요즘 유행하는 미니멀 라이프스타일로 변하게 되네요. 마음은 굴뚝같은데 너저분한 살림은 수습이 안 되는 게 함정이네요 ㅡ.ㅡ;

마무리를 어떻게 해야 할지…. ㅎㅎ 다들 사는 게 다르고 가치관도 다르니 내 생각과 다르다고 너무 나무라지 마시고요. 이상하게 돌아가는 세상에서 조금 더 잘 살아보려고 노력하는 평범한 직장인의 이야기로 가볍게 읽어주시면 감사하겠습니다. 늘 건강 잘 챙기시고 마음만은 포근한 하루 되세요. ^^

임대료를 보장(?)해주는 임대관리회사가 있다?

이전 글에 이어 이번에는 '임대관리 기한이 제한되어 있지 않고 안정적으로 꾸준히 임대료를 보장해주는 업체'에 대해 알려드리도록 하겠습니다. 우선 임대료 보장 기한이 정해져 있는 것은 그 기한이 끝나면 수익률이 낮아지는 때가 많다고 앞서 이야기했었습니다. 임대료 보장 기한이 정해진 경우는 신문이나 매체의 분양 광고를 통해 많이 접해 본 적이 있을 것입니다. 하지만 기한이 정해져 있지 않고 매년 갱신할 수 있으며 꾸준한 이익을 얻을 수 있는 임대관리에 대해서는 다소 생소할 수 있습니다. 사실 그러한 시스템이 만들어지고 운영된 지는 이미 17년 정도가 되었으니 아는 분들에게는 이미 당연하고 모르는 분들은 이상하게 생각할 수도 있습니다. 우선 임대료를 지속해서 보장해주는 업체가 운영되기 위해서는 3가지 조건이 필요합니다.

첫 번째 요건은 임대수요가 충분해야 하며 앞으로 그 수요가 줄어들 가능성이 현저히 낮거나 없어야 합니다. 임대수요가 일시적으로 넘치는 곳 혹은 임대수요가 많지만 그 수요가 한두 회사로 인해 생기는 것이라면 그곳에 임대료를 보장해주는 임대관리 업체가 자리 잡기는 어렵습니다.

임대수요가 많았다가 회사가 이사 가는 바람에 수요가 확 낮아져 임대에 어려움을 겪는 경우는 매스컴을 통해 본 적이 있을 것입니다. 또한, 해당 산업의 쇠락으로 일자리가 줄어 임대수요가 빠져나가는 일도 있습니다. 자, 따라서 임대수요가 많다고 해도 그 수요가 다양한 회사로부터 생기는 곳, 해당 산업이 쇠퇴할 가능성이 현저히 낮은 지역에만 임대관리 회사가 안정적으로 운영될 수 있습니다.

두 번째 요건은 임대주택이 집중적으로 몰려 있어야 합니다. 임대관리 회사가 제대로 관리를 하기 위해서는 임대관리 주택, 즉 월세를 받는 부동산들이 넓지 않은 지역에 몰려 있어야 합니다. 만약 강남에 10개 강북에 10개, 강서에 10개가 있다면 관리를 꼼꼼하고 확실하게 진행하기가 쉽지 않을 것입니다. 유지관리 비용이 많이 들어가 운영이 어려울 수밖에 없기 때문입니다.

예를 들어, 강남에서 임대가 되는 주택의 수는 약 12만 가구 정도 됩니다. 그리고 그중에 단기임대가 약 6만여 가구 정도입니다. 또한, 강남에서 임대관리를 하는 업체 중 가장 많은 호실을 관리하고 있는 곳이 약 2000가구 이상입니다. 단지 강남에서만 말입니다. 그로 인해 공실, 월세 연체 걱정 없이 편안하게 월세 받는 분들이 이 업체에만 최소 1500명이 넘습니다(여러 개를 소유한 분들도 있기 때문).

자, 그럼 세 번째 요건은 과연 무엇일까요? 앞의 요건들도 역시 중요하지만 이 세 번째 요건이 빠지면 말짱 헛일일 수 있습니다. 앞의 2가지 요건은 충분한 임대수요 그리고 임대관리의 효율성에 관한 것이었습니다. 그렇다면 남은 한 가지는 무엇일까요? 바로 '임대료 연체'에 대한 요건입니다. 충분한 임대수요, 임대주택의 밀집이 되어 있다고 하더라도 월세 수준이 낮으면 월세가 연체되었을 때 해결하기가 매우 어렵습니다. 즉, 월세 금액이 높은 지역이어야 한다는 것입니다. 월세를 30만 원 내는 사람이 월세를 연체했을 때는 내보내기가 몹시 어렵고 시간도 오래 걸리며 심지어 보증금을 다 공제하고도 이사비용을 줘서 내보내는 일도 있습니다.

집주인의 처지에서 생각하면 어이없고 화나는 상황이지만, 잠시 세입자의 처지를 생각해 봅시다. 과연 월세 30만 원을 연체한 세입자의 경제 상황은 어떨까요? 월세를 못 내는 그 세입자의 마음은 천하태평일까요?

절대 그렇지 않습니다. 월세 못 받는 사람이 화가 나는 것이 당연하듯이 월세를 못내는 사람 역시 불편하기 그지없습니다. 집주인이 전화하면 마음이 불편하고 이번에는 무슨 변명을 할까 하고 고심합니다. 집주인 눈에 안 띄기 위해 살금살금 다니고 집에 찾아오면 집에 없는 척 조용히 있어야하고… 등 불편할 따름입니다. 그런데 왜 그 세입자는 월세를 안내는 것일까요?

당연히 돈이 없어서입니다. 왜 돈이 없을까요? 그거야 당연히 돈벌이가 안 되기 때문이지요. 게다가 월세 30만 원보다 낮은 월세의 집이 거의 없기 때문에 월세를 줄여서 이사 가기도 어렵습니다. 고시원도

30만 원 정도 하므로 갈 곳이 없어서 버티는 것입니다. 즉, 월세 수준이 낮으면 연체 시 해결하기가 매우 어렵습니다.

월세가 적어도 70만 원(1인 가구 거주 시) 이상인 곳은 세입자의 상황이 어려워지면 월세가 낮은 곳으로 옮겨 갈 수 있기 때문에 월세가 연체되더라도 해결이 비교적 쉽습니다(물론 사람에 따라 애를 먹이는 일도 있지만 월세가 낮은 집과는 비교하기 힘듦). 이러한 3가지 요건을 완벽하게 갖추고 있는 곳만이 임대료를 지속해서 보장해주는 업체가 운영될 수 있는 지역이라고 볼 수 있습니다.

늘 통장 잔액이
넉넉했던
부모님의 비밀

명확히 설정된 목표가 없으면, 우리는 사소한 일상을 충실히 살다
결국 그 일상의 노예가 되고 만다.
-로버트 하인 라인

노후를 든든하게 해준 친정 부모님의 월세

친정 부모님께서는 평생 직장 생활을 하시며 한 푼 두 푼 은행 예·적금을 통해 돈을 모으셨다. 내가 대학교 2학년쯤, 연립주택에서 3층짜리 단독주택으로 이사를 갔었다. 당시에는 그냥, 엄마가 3층 주택 안주인 정도를 원해서 이사를 가는 줄 알았었다. 그런데 그게 아니라 엄마는 전세를 끼고 주택을 구입 후, 돈을 모으면 월세를 돌리는 식으로 재테크를 하셨던 것이다. 그 집에서 10년을 살았었는데, "아빠 월급에, 월세에 항상 통장 잔액이 넉넉해."라고 엄마가 말씀하시곤 했다. 그땐 그게 바로 '수익형 부동산' 덕분이었다는 사실을 몰랐었다. 돈에

대한 관념도 개념도 별로 없던 내겐 그냥 그런가보다, 그런 식이었으니 말이다!

그러다가 친정아빠가 여기저기 고장이 나서 고쳐주기 귀찮고, 단독주택이라 집값도 안 오르니 팔자고 하셔서 아파트로 이사를 하였다. 처음 살아보는 아파트는 정말 신세계였고, 단독주택처럼 여름에 덥지도, 겨울에 춥지도 않아 정말 너무 좋았던 기억이 난다. 그런데 들어오던 월세는 없어지고, 안 내던 관리비는 늘어나는 등 수입보다 소비가 더 늘어난 셈이었다. 물론, 아빠의 수입이 있기에 쪼들리는 생활을 한 건 아니지만, 지금 생각해보면 참 아쉽다는 생각이 든다.

지금은 자식들 다 출가시키셨으니 아파트는 팔고 평수는 줄여서 이사하셨고, 나머지 돈은 월세가 잘 들어오고, 주변 호재로 시세 차익까지 낼 수 있는 똘똘한(?) 수익형 부동산을 구입하셔서 노후를 대비하고 계신다. 아빠가 내년이면 퇴직을 하시지만, 수익형 부동산에서 받는 월세와, 연금으로 노후 걱정이 없으셔서 너무 다행이라고 생각한다. 월세가 아니었다면, 부모님이 연금으로는 부족한 생활을 하셨을 수도 있다. 하지만 부족하지 않은 노후를 누리실 수 있게 해준 수익형 부동산이 너무 고맙다.

부동산 땜에 허리 졸라맨 신혼 초

내가 처음으로 부동산에 입문한 건, 9년 전 신랑을 만나고 나서부터

이다. 신랑은 이미 결혼하면 살 집으로 경기도에 27평 아파트를 분양 받아놓은 상태였었다. 경제 관념이 투철한 신랑은 용돈으로는 20만 원을 쓰면서, 나머지는 모아 계약금 치르고, 중도금을 치르면서 그렇게 자산을 일구고 있었다. 전세 세입자가 들어있어, 결혼하면서 우리가 들어가 살게 되면 전세자금을 빼주고, 대출해야 하는 상황이었는데 빚을 지는 대신 허름한 빌라에서 신혼생활을 시작하기로 했다.

결혼 직전, 신랑은 시어머님의 권유로 주상복합 한 채를 추가로 덜컥 계약해 놓은 상태였고, 다가오는 중도금을 맞춰야 했다. 정말 신혼 초에는 쓰고 싶은 거 맘대로 써보질 못했던 것 같다. 심지어는 친정엄마가 시집 잘못 갔다고 대놓고 말씀하실 정도였으니까.

결혼 전에는 돈 벌면 아쉬움 없이 다 쓰고 살았던 딸이 결혼해서는 쩔쩔매며 사니, 친정엄마 입장에서는 참 안타까우셨을 법도 하다. 하지만 결국 그게 옳았단 생각이 든다. 그렇게 아끼며 사는 생활이 몇 년 거듭되다 보니, 난 짠순이 두 아이 엄마가 되었다. 물론, 아직도 더 절약하는 사람들을 보면 갈 길이 멀지만, 흥청망청 소비하는 삶을 살았던 나에게는 굉장히 큰 변화였다고 해야 하나? 그렇게 맨날 절약하며 1년 2년 그렇게 지나다 보니, 우리 자산은 조금씩 불어나 있었다. 물론, 분양받았던 아파트들이 경기침체로 하락했지만, 그 덕분에 안 쓰고 절약해서 모을 수 있었던 계기가 되어 후회하지 않는다.

그 두 집은 작년 부동산 경기가 상승하면서 팔았다. 밑지고 팔긴 했지만 어떤 집을 사야 하는지(그 집을 통해서 안 팔리는 집은 어떤 것인지 알게 되었다고나 할까?), 어디에 집을 사야하는지, 또 나쁜(?) 세입자는 어떻게 관리해야 하는지 등 많은 공부를 하게 되는 계기가 되었다(수업료가 비쌌지만 배우는 것도 많았다).

부동산으로 꿈꾸게 된 미래

작년은 우리 부부에게 엄청난 터닝 포인트가 되었던 해이다. 절약하고 아끼며 중도금 내느라 힘들었던 그 아파트 두 채를 팔고, 정말 내가 원하고 살고 싶었던 곳에 와서 살 수 있게 되었으니 말이다. 비록 손해 보고 팔았지만, 그 두 아파트가 아니었다면 그토록 중도금 내느라 아끼며 절약하며 살지도 않았을 테고 그럼 지금 원하는 곳에서 아이들을 키우며 살 수 없었을 것 같다.

지금은 원하는 곳에 살면서, 여러 부동산으로 이익(월세 +시세 차익)을 얻고 있다. 우선 신랑과 함께 도움이 되는 부동산관련 서적들을 열심히 읽으며 공부했고, 부동산도 열심히 다니면서 발품도 팔고 다녔다. 아직 초보수준에 불과하지만 이젠 손해는 보지 않을만한 부동산을 보는 눈이 생겼고, 수익형 부동산을 구입해야 할 곳과 시세 차익형 부동산을 구입해야 할 곳을 보는 눈도 조금씩 생기고 있는 것 같다. 지금은 구입한 모든 부동산이 매매가보다 올랐고 (물론, 지금은 서울, 경기 부동산이 호황이라 그렇겠지만) 월세수익 또한 안겨준다. 정말 이게 바로 황금 알을 낳는 거위가 아닌가 싶다.

수익형 부동산의 매력은 바로 월세 수익인 것 같다. 부동산 시세는 어차피 올랐다 내렸다 반복한다. 그냥 '월세받는다'고만 생각하면, 집 값이 내렸다고 걱정할 것도 없다. 어차피 또 올라가게 되면 팔면 되고, 올라가지 못한다고 해도 월세 수입이 나오니 그다지 걱정할 일은 아닌 것 같다. 부동산에 부정적인 사람들을 보면 집값 떨어질 걱정부터 하는데, 그건 정말 구더기 무서워서 장 못 담그는 격인 것 같다. 지금은 관리해야 하는 부동산이 몇 개 있지만, 그렇다고 내 소비생활이 바뀐건 아니다(물론, 아이들 교육비가 늘어나긴 했다). 교육비 지출 외에 늘어난 건 없다. 여전히 절약하고 모으고 있고 또 다른 수익형 부동산을 구입하기 위해 준비를 해야 해서이기 때문이다.

지금은 몇 채 안되지만 한 채, 한 채 늘리다 보면 나도 다른 사람들처럼 월세 1000만 원 버는 사람이 될 거라 생각한다. 그리고 그 생각을 하면 입 꼬리가 절로 올라간다. 신랑 나이 이제 40대 초반인데, 백 채를 목표로 열심히 일하고 모으면서 늘려나갈 생각이다.

내가 좋아하는 말 중에 "그는 할 수 있고, 그녀도 할 수 있는데 왜 나라고 안되겠어 (He can do it, she can do it, why not me)?" 라는 말이 있다. 나처럼 평범했던 그들이 월세 1000만 원 버는 사람들이 되었다면, 나라고 못 하란 법이 있을까? 지금처럼 아끼며 살면서 모으면 월세 1000만 원 버는 날 반드시 오리라 믿는다. 우리의 목표는 신랑 50세에 은퇴해서, 둘이 해외여행 다니며 여유로운 노후를 보내는 것이다. 신랑이 프러포즈할 때 "앞으로 80년 동안 행복하게 살자."라고 했었다. 이제 9년 차 부부이니, 앞으로 10년 정도만 더 열심히 모으고, 나머지 60년은 멋지게 사는 것이 목표라면 목표이다. ^^

얼마 전, 친정엄마가 나를 붙잡고 진지하게 말씀하셨다. 생전 꾸미지도 않고 옷 한 벌도 제대로 안 사 입고, 아끼며 사는 딸을 안타깝게 여기셨던 것 같다. 여기저기 부동산 투자를 한다는 걸 아시고 그래서 늘 돈이 없어 쩔쩔매는 걸 아시니까. "그렇게 아끼고만 살면 나중에 허무해. 좀 쓰고 살아!"라고 말이다.

그 말을 듣고 "엄마, 나는 하나도 안 힘들어. 오히려, 처녀 때는 버는 대로 다 써버리고 나니까 마음이 공허하고 그랬는데, 내가 돈 절약하고 지금은 좀 쪼들리게 살지만, 절약하는 것도 습관이 되어서 스트레스도 받지 않아. 내 미래를 위해 투자하고 있는 거라 생각해서, 너무 든든하고 또 신나."라고 말씀드렸더니 이해하시는 눈치였다. 성실하고 가정적인 신랑이 내 곁에 있고, 두 아이가 밝고 건강하게 잘 자라고 있으며 게다가 내 미래도 든든하게 준비하고 있어 실제로 난 누구보다 행복한 사람이라고 생각한다.

신랑 직업이 전문직도 아니고 언제 잘릴지 모르는 평범한 직장인인데, 미래 대비도 없이 그냥 버는 대로 쓰고 있었다면, 오히려 미래에 대한 불안함 때문에 더욱 스트레스 받고 힘들었을 것 같다는 생각이 든다. 하지만 직장에서 무슨 일이 생긴다 해도, 우리에겐 우리 대신 돈을 벌어줄 수익형 부동산들이 있어 믿음직스럽고 든든하다. 물론, 앞으로 가야 할 길은 멀다.

부동산이 아니었다면, 평범한 직장인이 경제적 자유를 꿈이나 꿀 수 있을까? 부동산이 있기에 든든한 미래를 꿈꾸게 되었고, 양가 부모님들께 용돈 척척 드리는 멋진 모습을, 또 여유롭게 두 손 꼭 잡고 여행 다니는 우리 부부의 미래를 그릴 수 있게 되었다.

부동산 부자를 상상만 하는 이유

"그도 했고, 그녀도 했다, 왜 나라고 안되겠어(He can do it, she can do it, Why not me)?"

그도 부동산으로 편안하게 월세를 받고, 그녀도 편안하게 월세를 받고 있다. 그런데 왜 나는 아직 부동산을 사지도 못하고 월세 받는 상상만 하고 있을까?

솔직히 말해 부동산으로 편안하게 월세 받고 싶지 않은 사람이 있을까요? 전세나 월세를 전전하다 보면 내 집이 왜 필요한지 절실하게 느끼게 됩니다. 경제적, 심리적으로 안정을 찾는 게 커다란 이유이지만 집주인들이 세를 받아 부를 늘리고 편안하게 살아가는 모습이 무척 부럽기 때문입니다.

그런데 희한한 일이 하나 있습니다. 누구나 다들 부동산으로 돈을 벌어 부자가 되고 싶어 하는데, 정작 TV나 영화에서 표현되는 부자의 모습은 졸부, 투기꾼 등 부정적으로 묘사되곤 합니다. 그리고 그들이 몰락해 가는 과정에서 시청자와 관객들은 통쾌함을 느낍니다. 이렇게 매번 부동산으로 돈을 버는 사람들을 투기 세력으로 치부하고 깎아내리지만, 성실하고 정당하게 번 돈으로 부동산을 사서 월세를 받는 사람들까지 함께 깎아내리는 것이 맞는 일일까요? 실제로 부동산은 부자들만의 재테크가 아닙니다. 평범한 사람이 좀 더 행복하고 여유 있는 생활을 할 수 있게 돕는, 아주 유용한 재테크 수단입니다.

　그런데 왜 우리는 부동산을 멀게만 느끼고 어렵게 생각할까요? 그 이유는 바로 주변에서 부동산 투자를 잘하고 있는 사람을 쉽게 접하지 못하기 때문입니다. 이 수기의 주인공은 어린 시절부터 어머니가 월세를 받는 것을 지켜봤었지만 그게 수익형 부동산이라는 사실도, 그로 인해 집안 형편이 넉넉했다는 사실도 몰랐습니다. 이후 행복한 꿈에 부풀어 결혼생활을 시작하지만, 시어머니의 권유로 남편이 덜컥 계약해 놓은 주상복합 때문에 매일 허리띠를 졸라매는 짠순이 엄마가 되어야 했습니다.

　친정어머니께서 대놓고 "시집 잘못 갔다."라는 말을 하실 만큼 경제적으로 많은 행복을 포기해야 했지만, 이러한 노력 덕분에 절약이 습관이 되고 자산은 점점 불어나 새로이 부동산 투자에 나설 계기가 마련됩니다. 그리고 수익형 부동산을 통해 늘 통장 잔액이 넉넉했던 부모님처럼, 이제는 다양한 수익형 부동산으로 월세의 규모를 늘려나가며 월세 1000만 원이라는 목표를 향해 한 걸음씩 나가고 있습니다.

　아무것도 미래를 보장해 주지 않는 시대, 평생을 회사에 매달려야 하는 평범한 직장인이라면 더욱 불안할 수밖에 없습니다. 은행 예·적금의 매력은 사라지고, 다른 재테크 수단은 위험이 크고 어렵고…. 부동산이야말로 우리네 평범한 가정에서 가장 효율적으로 활용할 수 있는 재테크입니다.

문제는 부동산에 대한 부정적인 시각을 걷어 내고 투자에 대한 두려움을 극복하는 일이 관건입니다. 수기의 주인공은 부모님이 수익형 부동산에 투자하고 있었음에도 부동산 투자에 대해 처음에는 알지도 못했고 관심도 없었습니다. 이렇듯 부동산 투자로 제대로 성공한 사람을 만나기도, 조언을 얻기도 쉽지 않습니다.

만일 주변에 부동산 투자로 자산을 불린 사람이 없다면 이 책의 수기를 더 주의 깊게 읽고 본인도 할 수 있다고 확신하길 바랍니다. 그리고 평범한 사람이지만, 월세를 받아 행복하게 살 수 있는 길을 스스로 열어 나가기 바랍니다. 이에 관한 더 많은 이야기와 도움되는 정보는 연금형 부동산 연구소에서 얼마든지 얻을 수 있습니다.

아파트를
2100만 원에
살 수 있다?

모든 성공의 비결은 자신을 부인하는 법을 아는 것이다.
스스로를 통제할 수 있음을 증명하면 당신은 교육받은 사람이고,
그렇지 못하면 다른 어떤 교육도 쓸모가 없다.
—R. D. 히치콕

월세를 받기 위해서는 부동산을 사야 하고 그러기 위해서는 자본금이 필요했다. 그 자금을 준비하기 위해 2000년, 여윳돈 2000만 원을 가지고 17년간 재테크로 현재, 다섯 채 아파트 소유의 신화를 이룬 나의 이야기를 지금부터 이야기해 보려 한다.

바야흐로 2000년, 결혼 날짜를 잡아 놓고 신혼 생활할 집을 찾았다. '집을 사야 하나 아님 전세를 얻어야 하나?' 하는 고민에 빠졌는데 둘의 생각이 서로 엇갈렸다. 나는 전세로 사는 게 좋다고 생각했기에 아내를 설득하기 위해 3가지를 지적했다. 첫째, 그 당시 몇 백만 원을 취득세로 지불해야 하고 둘째, 매년 재산세를 내야하고 셋째, 집값이 떨

어지면 손실이 난다는 이유였다.

전세금은 2년 후 보증금을 고스란히 받으니까 2년 동안 공짜로 사는 게 아니냐는 논리였다. 아내는 전세를 얻는다고 하니까 그리 달가워하지 않으면서도 워낙 내가 완강히 밀어붙이는 터라 나의 의견을 따르기로 했다.

직장이 고속버스 터미널 근처였기 때문에, 7호선 라인 주변을 찾던 중 전세 3000만 원에 상도동 단독 주택에 대한 계약서를 쓰고 계약금 송금까지 마쳤는데, 아내가 "이런데서 못 살겠어!"라면서 우는 것이 아닌가! 결국 해약하고 중동 신도시까지 와서 17평 아파트를 6900만 원에 사는 것으로 합의했다. 이렇듯 아내가 행복해 하는 집에서 신혼 생활이 시작되었다.

그때부터 내 집이 있어 든든했고 하루가 멀게 가격도 올랐다. 그래서 집 앞에 있는 부동산에 가서 내 집 값을 물어보는 게 자연스러워졌고 자주 가게 되었다. 그런데 어느 날 부동산 사장님이 "전세 끼고 하나 사세요."라고 권하시는 것이 아닌가?

처음엔 그 말을 이해하지 못했다. 나는 돈이 있어야 집을 살 수 있다고만 여겼던, 부동산 투자에 대하여 우매한 사람이었기 때문이다. 이 때부터 나는 부동산 투자에 대하여 조금씩 눈이 뜨였다. 사장님이 소개해 주신 24평 아파트를 매매가 1억1700만 원, 전세 8400만 원으로 대출 1200만 원을 승계하고 내 자본금 2100만 원이 필요했던 것이었다. 1억1700만 원 아파트를 2100만 원에 살 수 있다는 것이 신기하기만 했다.

이 아파트 또한 사면서 가격이 올랐고 2년 후 전세가가 내가 산 가격만큼 올라서 투자에 대한 흥미를 갖게 되었다. 다시 부동산 사장님께 투자 상담을 받아 2003년, 파주 금촌 주공 아파트 분양권을 두 채를 각각 2600만 원과 2550만 원을 주고 샀고 이 분양권은 6개월 후 한 채는 피 5500만 원에 팔았고 한 채는 2008년 1억3천만 원의 양도 차익을 내고 팔았다.

그리고 그 후 본격적으로 월세를 받기 위한 집을 사기 위해 독산동에 세입자 5세대가 사는 다가구 주택을 전세를 끼고 샀다. 전세 만기에 맞추어 오른 전세만큼 월세로 전환하고 한 달 월세는 48만 원 정도 받기 시작했다. 하지만 단독 주택이고 25년 정도 된 집이라 수리비, 보일러 교체비 등이 만만치 않았고 월세 또한 원하는 만큼 받지 못해 2014년 양도 차익 3600만 원에 팔고 부천 미리내 마을 32평 아파트를 두 채, 반달마을 32평 아파트 한 채를 전세 끼고 샀다. 1년 후에 세 채 중 두 채를 각각 3200만 원과 2600만 원에 각각 차익을 내고 매도했고 다시 포도마을 32평 아파트를 샀다.

포도마을 아파트 32평은 그동안 투자 자본금을 위해 24평에서 전세로 10년간 살았는데 이제는 우리 가족을 위해 필요하다고 생각해서 작년 가을에 이사했다. 우리 가족은 너무 행복해하면서 나의 부동산 투자 덕분에 이렇게 좋은 집에서 살게 됐다'고 고마워하였다. 이런 얘기를 들으니 그동안 노력한 보람을 느끼게 된다.

이렇게 투자한 이유는 2014년 부동산이 조금씩 오르는 시점이었고 국회에 계류 중이던 부동산 3법(주택임대차보호법과 상가임대차보호법, 집합건물관리법 등 부동산 민사특별 3법)이 대기 중이었기 때문이다. 2015년 10월, 청라 국제도시에 분양권을 다시 매입했다. 이유는 7호선 연장에 대한 확신과 여러 호재가 잠재해 있었고 주거 환경이 너무 좋았기 때문이다. 특히 커넬웨이와 호수 공원 그리고 편의 시설이 많이 갖춰져 있어 매력적인 모습에 투자를 결정했다.

2017년과 2018년, 미리내 마을 아파트 한 채를 다시 4100만 원 차익을 내고 매도하고 소형 아파트 두 채를 샀다. 소형 아파트를 사기 시작한 것은 부천에는 아파트를 지을 땅이 없기 때문이었다. 있다 하더라도 20평 이하는 짓지 않는다. 결국 앞으로 소형 평수의 희소성과 월세 받기에 이만큼 좋은 게 없다고 판단해서이다. 원래 상가를 사서 월세를 받을 계획이었지만, 상가는 한 번에 목돈이 들어가고 취득세도 비싸고 금전이 필요할 때 환금성이 아파트에 비해 낮다. 처음엔 갭 투자로 사고 추후 전셋값이 오르면 한 채씩 월세를 받기 위해서다.

사실 갭 투자는 적은 자본으로도 살 수가 있다는 장점이 있다. 요즘 은행 금리가 낮아 아파트를 월세로 전환했을 때 보통 3.4~4.5%까지 나오기 때문에 대출해서 월세로 돌려도 수익이 발생하게 된다. 단 대출은 자기 연봉의 두 배가 적당하다고 생각한다. 만일 월세가 밀렸을 때는 고스란히 이자에 대한 부담을 떠안아야 하기 때문이다.

부동산에 투자하지 못하는 사람들의 특성이 있다. 부동산 지식과 경험이 부족하기 때문에 TV 뉴스에 민감하고 부동산 가격이 현재가 최고점이라 생각한다. 더불어 원금에 대한 손실을 두려워한다. 즉, 안정적인 수익을 원한다는 것이다. 요즘처럼 저성장, 저금리 시대에도 물가는 꾸준히 오르고 내수 경제를 살리기 위해 한국은행은 화폐를 발행함으로써 화폐 가치는 떨어지는 인플레이션이 일어난다. 이럴 땐 금이나 부동산 같은 실물 자산을 보유하는 것이 인플레이션에 대한 리스크 헷지 효과를 얻을 수 있다고 생각한다.

정부는 항상 서민을 위한 부동산 정책을 발표하지만 한계가 있고 부동산이 오르기 시작할 때도 늘 거품이니 일시적이니 하면서 집을 살 때에는 조심하라고 당부한다. 부동산 투자를 결정하는 사람들은 서민보다 일부 부동산을 잘 안다는 사람이나 부자들의 몫이라고 치부해 버리는 경향이 있는 것 같다.

그러나 난 그렇게 생각하지 않는다. 내가 부동산에 처음 입문할 때 돈이 있어서 투자한 것이 아니듯, 누구든지 부동산에 관심을 두고 부동산 전문가와 상담을 받음으로써 투자할 수 있는 역량이 생길 것이다. 더불어 정부의 부동산 정책 방향을 읽을 줄 알면 누구나 부동산 투자로 재산을 늘릴 수 있고 노후에 월세 받는 부동산을 보유할 수 있을 것이다. 잘 사놓은 부동산은 당신이 자는 사이에도, 아파서 병원에 입원했을 때도, 부득이하게 직장을 그만 뒀을 때도 당신에게 끊임없이 한 달에 한 번씩 월세를 주기 때문에 직장에서도 당당하고 여유로운 생활을 하게 될 것이다. 이런 게 또 하나의 행복이 아니고 무엇이겠는가?

배후지 좋고 수익률 좋은 상가도 좋겠지만 요즘 수익률 좋은 상가를 찾기가 쉽지가 않고, 가격도 만만치 않다. 취득세 또한 주택의 4배이므로 환금성 좋고 월세가 잘 나가는 소형 아파트에 투자하는 것도 월세 받는 방법의 하나라고 생각한다. 앞으로 차근차근 여섯 채의 소형 아파트를 구입해서 월세 300만 원 이상 받는 날이 머지않아 현실이 될 것이라 믿고 꾸준히 부동산에 투자할 것이다. 이 글을 읽는 모든 이들이 월세 받는 그 날까지 부동산에 관심을 가져줬으면 좋겠다. 월세 받는 사람이 남이 아닌 나이기를 바라면서 말이다.

연륜과 부동산(2)-나이가 많으면 부동산 경험도 많을까?

이전 글에서 '연륜'에 대해 이야기했었는데 이번에는 그것에 대해 조금 더 깊게 이야기해볼까 합니다. 예를 들어 어떤 아이가 초등학교 1학년만 10년을 다닌다면 그 학생을 중학교 3학년으로 생각해야 할까요? 아니면 초등학교 1학년으로 생각하는 것이 맞을까요? 당연히 후자일 것입니다. 그 아이는 초등학교 1학년 과정에 대해서는 아주 잘 알겠지만 2학년 혹은 그 이상의 과정에 대해서는 전혀 모를 것입니다.

우리의 인생도 마찬가지입니다. 아무리 나이를 먹는다 해도, 한 번도 접해 보지 않은 분야에서는 초등학생 혹은 유치원생도 안 되는 수준일 뿐입니다. 연륜은 '여러 해 동안 쌓은 경험에 의하여 이루어진 숙련의 정도'를 뜻합니다. 경험이 없다면 연륜이 쌓이는 게 아니라 그저 나이만 먹는 것에 불과합니다.

특히 우리 삶과 밀접한 분야에 대해서는 더욱 많이 접하고 관련 지식을 쌓아가려는 노력이 필요합니다. 몸으로 직접 부딪히고 거기에서 얻어지는 경험과 지식이, 현재보다 더 나의 삶을 위한 바탕이 되기 때문입니다.

그런데 참으로 신기하게도, 세상에 그 누구도 부동산과 동떨어져 살수 없는데 부동산에 대해 전혀 관심을 두지 않는 사람들이 아주아주 많습니다. 이번 수기의 주인공 역시 부동산 사장님이 '전세 끼고 집을 사라.'고 하는 이야기를 처음에는 이해하지 못했었습니다. 사실 이 부분은 부동산에 조금만 관심을 기울이면 아주 쉽게 이해할 수 있지만, 이미 집을 한 채 가지고 있는 수기의 주인공조차 이해하지 못했다면 이 글을 읽고 있는 이들 중에도 모르는 사람이 제법 된다는 의미일 것입니다. 우선 그 부분에 대해 간단히 그림으로 설명하겠습니다.

매매 가격 - 전세 가격 = 부동산을 살 때 지불할 가격

$$100 \quad - \quad 70 \quad = \quad 30$$

자, 이러한 내용은 부동산에 대한 지식 중 아주 기본적인 부분입니다. 물론 부동산에 관한 지식은 이외에도 더 많고, 깊이가 깊은 내용도 있습니다. 하지만 초등학교를 졸업한 사람이라면 누구나 쉽게 공부하고 이해할 수 있는 내용이 대부분입니다.

공부에서 가장 중요한 것은 본인의 의지이듯, 부동산 투자 역시 투자자의 의지가 가장 중요합니다. 〈TV 유치원〉만 본다고 유치원을 졸업한 효과를 얻을 수 없듯이, TV를 비롯한 매스컴에서 떠먹여 주는 정보만으로는 부동산 재테크에 성공할 수 없습니다.

보통 사람이 부동산에 대해 접하는 대부분의 정보는, 단편적이거나 이슈성이 강한 것뿐입니다. 또한, 그러한 것들은 사실 긍정적인 내용보다는 부정적인 내용이 주를 이룹니다. 그러므로 부동산 재테크를 제대로 하기 위해서는 스스로 책을 읽고 공부하며 정확한 정보를 찾아내고 발품 파는 노력을 해야 합니다.

이러한 과정은 사실 학교나 직장을 다닐 때 그곳에 적응하기 위해 누구나 겪는 일입니다. 그러한 것을 부동산 재테크에서도 겪는다면 수기의 주인공처럼 성공적인 투자에 다다를 수 있습니다. 하지만 일이 바쁜 직장인이나 육아와 집안일로 정신없는 주부가 재테크 공부에 집중하기는 현실적으로 어려울 것입니다. 직장인들은 시간이 나는 주말에 그간 못 잔 잠을 자거나 여가 활동을 하기에도 빠듯하며 주부 역시 마찬가지일 것입니다. 따라서 발품을 팔기 위해 부동산을 다니려고 해도 한 달에 한, 두 번 정도 돌아다니는 것이 최선일 수 있습니다.

그러므로 부동산뿐만 아니라 그 무엇을 처음 시작할 때는 이미 경험해본 사람의 도움을 받는 것이 훨씬 더 효율적이며 확실할 것입니다. 물론 그러한 사람이 주변에 있다면 가장 좋은 상황이 될 것이며, 그렇지 않다면 객관적으로 검증된 전문가나 업체의 도움을 받는 것이 좋을 것입니다.

그깟 퇴직금 몇 푼, 안 되는데
부동산에
투자할 수도 없잖아

세상에는 두 종류의 사람들이 있다.
자신이 할 수 있다고 생각하는 사람과 할 수 없다고 생각하는 사람이다.
물론 두 사람 다 옳다. 그가 생각하는 대로 되기 때문이다.

─헨리 포드

"평생을 죽으라고 직장에 다녔어도 벌어 놓은 돈은 없고 나이는 먹어 한 달 후면 이제 직장도 떠나야 하니 늘그막에 걱정만 앞서는구나."

죽마고우였던 우리 셋이 만나 술 한 잔을 하게 되었는데, 모두가 술을 마시기보다는 그냥 부어 놓은 술잔만 바라보며 말을 잊고 있었다. 신세 한탄을 하는 내 말에 이어 모두가 한숨을 내쉬었다. 그러면서도 한편으로 다행이라고 생각했다. 우리 셋은 모두 일찍부터 국민연금에 가입해 두었기에 그랬다. 그래서 당장 퇴직을 하더라도 국민연금으로 100여 만 원 이상의 돈을 타서 쓸 수 있다는데 위안을 삼고 있었다.

"지금처럼 은행의 이자율이 제로인 상태인데 예전에 일찍 국민연금에 가입하지 않았으면 어찌 살 뻔했는가?"

모두가 위안이라도 된 듯 빙그레 웃으며 술 한 잔씩을 부딪쳤다. 오래전 국민연금에 가입하게 된 것도 지금처럼 술을 먹으며 같이 생각해 낸 것을 상의를 거쳐 셋이 똑같이 행동했기에 가능했던 것이었다. 이처럼 우리 셋은 어떤 판단의 기로에 서있을 때 술 한 잔을 마시며 서로 의견을 교환하여 토의한 후 결정했던 일이 여러 번 있었다. 그렇기에 우리는 남이지만 형제처럼 지내는 고향의 동갑내기 친구이다.

"평생을 뼈가 빠지게 일해서 애들 공부 가르치고 결혼시켜 내보내고 나니 우리 부부들 살 길이 정말 막연하구나."

친구 재만이는 얼근하게 취했는지 또 신세 한탄을 하고 나섰다. 나 역시 그랬다. 애들 짝을 찾아 모두 내보내고 나니 가진 것은 국민연금으로 받는 몇 푼과 집 한 채가 전부였다. 퇴직금으로 받는 돈이 좀 있다고는 하나 요즘 같은 금리에 무작정 은행에 맡겨둘 수도 없다. 그렇다고 적은 돈으로 부동산에 투자할 수도 없는 입장이다. 또 무턱대고 아무 곳에나 투자했다가 다 날리면 닭 쫓던 개 지붕 쳐다보는 격이 아닐 수 없다. 그러니 이러지도 못하고 저러지도 못하는 실정이다.

"그깟 퇴직금 몇 푼 안 되는데 부동산에 투자할 수도 없잖아."

모두가 술에 취하고, 세월에 취했는지 기력이 하나도 없어 보였다. 그때 영수가 입을 열었다.

"야, 우리 셋의 퇴직금을 모두 합하면 쪼그만 건물 하나는 살 수 있지 않을까? 그러면 그곳에서 세를 받아 나누면 되잖아. 혼자서는 돈이 안 돼 건물을 살 수 없지만 셋이 합하면 가능할 것도 같은데….”

술을 먹다 말고 갑자기 재테크 이야기로 돌아가는 분위기였다. 그도 그럴 수밖에 없었다. 벌어 놓은 돈은 없지, 국민연금에서 나오는 돈이라고 해야 겨우 100만 원 남짓이지, 그것으로는 노후의 삶이 빠듯할 것은 두말할 나위도 없었다. 우리 셋은 각자 머릿속으로 나름대로 미래를 상상하고 있었는지 갑자기 말수가 적어졌고 술도 줄어들지 않았다.

“그래, 영수 말대로 퇴직금과 집에 있는 돈을 모두 긁어보자. 그래서 조그만 건물 하나라도 사두고 월세라도 받으면 우리 생활이 좀 낫지 않겠어? 각각 가진 돈으로 따로따로 투자하려면 돈이 적어 마땅하게 투자할 곳이 없지만, 셋의 돈을 모으면 조그만 건물 하나는 살 수 있을 거야.”

이렇게 시작된 우리들의 부동산 투자 프로젝트는 하루, 이틀이 지났다. 그리고 한 달이 지나면서 구체화되기 시작했다.

“그래, 돈을 다 모으면 4억3천은 된다고?”

영수가 머리를 굴리며 계획을 세우기 시작했다.

“그래도 돈이 나올 수 있는 상가를 사야 해. 그래서 월세를 받아서 연금과 합하면 그런대로 쓰면서 노후를 버틸 수 있을 거 아니야?”

예전부터 말로만 듣던 퇴직 후 나날이 시작되었다. 직장에 다닐 때는 달력의 빨간 날이 그리 좋을 수가 없었다. 그러나 이제는 검은 글자의 달력도 모두 빨간 날처럼 생각하고 생활해야 한다. 처음에는 좋았다. 그러나 놀면 돈이 들어오지 않는다고 생각하니 무슨 일이라도 해보고 싶었다. 그러나 젊은이들도 펑펑 놀고 있는 요즘 상황에 나이 먹은 사람에게 일자리를 줄 곳은 없었다. 그렇다고 잡일을 다닐 형편이 되지 못했다. 생전 어려운 일을 해보지 않고 살았으니 아무 일이나 하다가 병이 나면 돈이 더 들기 때문이다.

"4억3천을 잘만 운영하면 월세를 받아서 쓰고 살 수도 있다고…."

영수는 값이 싸고 월세가 많이 나올 수 있는 상가를 둘러보러 다니고 있었지만 어디 그런 부동산이 흔하게 있겠는가? 모두가 제값을 짊어지고 있는 것이 부동산이 아니던가? 더구나 월세를 받아야 하는 상가는 그리 많지 않았다. 예전부터 하는 말이 있었다. 집을 사고 땅을 사기가 제일 어렵다고…. 한마디로 재산을 불리기가 어렵다는 것을 표현한 말일 것이다.

"지금까지 돌아다녀 본 결과, 대전 시 원동에 있는 조그만 건물이 우리 실정에 제일 잘 맞는 것 같아. 건물 안에 슈퍼도 있고, 떡 방앗간도, 미용실 등 여러 상가가 같이 있으니 세도 꽤 나올 거야."

그랬다. 3층 건물인데 뒤쪽에 나대지(지상에 건축물이나 구축물이 없는 대지)가 있어 돈이 있다면 건물을 더 올릴 수도 있었다. 더욱 매력적인 것은 현재 여러 상가를 운영하는 사람들이 보증금을 적게 낸 대신 월세를 더 주고 있다는 것이었다. 월세를 다 합하면 360만 원으로, 우리의 목돈인 3억3천만 원을 은행에 예금하는 돈으로 따진다면 연 10% 정도 되었다. 그렇다면 월세를 셋으로 나눈다면 한사람에 120만 원은 되었다.

"등기부등본에는 이상이 없는지 잘 살펴봐."

우리는 토지대장과 건물대장의 이상 유무도 꼼꼼히 살핀 후 계약을 했다. 한마디로 우리 셋이 건물의 주인이 된 것이다. 물론 건물 안에서 우리가 영업은 할 수 없었다. 경험도 부족하고 업종 자체가 할 수 있는 일이 아니었기 때문이었다. 다만 우리가 가지고 있는 돈을 놀릴 수 없어 월세를 받으려는 방편으로 매입한 것뿐이었다. 또 앞으로 그 동네가 재개발에 들어갈 가능성이 있었기에 거기에 희망도 걸었다.

"이제 우리도 건물의 주인이다. 한마디로 사장이라고."

모두가 흥에 겨워 한마디씩 하며 밝은 미래를 예상하였다. 국민연금에서 100만 원 좀 넘게 나오고, 건물의 월세로 개인당 100만 원 넘게 나온다면 노후는 그런대로 걱정 없이 살 수 있을 것 같았다.

"건물이기 때문에 화재보험에 가입해야 해."

우리는 한사람 앞에 월 10만 원씩 내어 보험에 가입할 수밖에 없었다. 안전이 최우선이었기 때문이었다. 그리고 영업을 하는 사장에게 화재 안전에 온 힘을 다해 줄 것을 당부하는 것도 잊지 않았다. 건물의 등기를 내는 것도 우리 세 사람 앞으로 지분등기를 내었다. 그러니 사기를 당할 일도 없고 고향 친구끼리 영원히 우정을 나눌 수 있으니 그 기쁨이 두 배도 넘었다.

"매월 말일은 월세를 받는 날이니까 그 날은 모여서 한 잔을 해야지."

술을 좋아하는 재만이가 경리를 보고 영수는 우리 건물의 대표가 되었다. 그리고 다달이 들어오는 돈 100만 원 남짓으로 기쁨을 누렸다. 이는 우리 부부만 느끼는 즐거움이 아니라 우리 친구 모두가 느끼는 기쁨이었다. 그뿐만이 아니다. 우리 건물이 있는 동네가 재개발된다는 소문으로 건물가격이 오른다는 소리를 들으면 왠지 갑부가 된 기분이었다. 더구나 우리 건물은 깔고 앉은 터가 넓어 많은 사람들의 이목을 받는다는 소리를 들을 때면 희망의 싹이 쑥쑥 자라는 느낌이 든다.

부동산이란 워낙 금액이 커서 우리 같은 보통 사람들이 혼자 구입하기란 여간 어려운 일이 아니다. 그런데 우연찮은 기회로 친구들과 돈을 모아 부동산을 구입하게 된 것이다. 물론 예전부터 동업이라는 게 그리 쉬운 것은 아니라고 했다. 그러나 우리처럼 건물을 산 후 영업활동을 하지 않고 남이 영업을 하니 그리 어려운 일은 아니다. 그냥 건물에서 나오는 세를 받아 나누면 될 뿐이다. 그러니 우정에 금이 갈 일도 없다.

더구나 요즘같이 은행의 금리가 낮은 때 얼마 안 되는 돈은 마땅히 갈 길이 없다. 그럴 때 친구들과 힘을 모아 세가 나오는 건물을 사 두면 년 10% 이상의 이자는 순수익으로 거둘 수 있는 것이다. 또한, 우리 같이 정년을 마친 사람들에게는 월세가 나오는 건물이 꼭 필요한 재테크 수단이 되는 것이다. 이제 나도 국민연금을 받고 월세를 받아서 쓰니 사장님 소리를 들어서 좋다.

돈이 돈을 번다고? 진짜?

우리가 흔히 듣는 이야기 중 '돈이 돈을 버는 거야.'라는 말이 있습니다. 즉, 원래부터 돈이 많은 사람들, 원래부터 부유한 사람들만 계속 돈을 벌어들인다는 이야기인데 과연 사실일까요?

저는 '돈이 많은 사람은, 그만큼 잃을 수 있는 돈이 많은 것'이라고 생각합니다. 단지 돈이 많다는 사실만으로 또 돈을 버는 일은 없다는 말입니다. 만일 그런 일이 가능하다면, 부자가 망하는 일은 절대 일어나지 않을 것입니다.

하지만 남들이 보기에 분명히 돈이 많아 보이는 사람이 그 많은 재산을 탕진하는 일도 심심찮게 볼 수 있습니다. 하루아침에 날리는 일도 있고요. 왜 그런 일이 벌어질까요? 돈이 많은 사람 주변에는 그 돈을 호시탐탐 노리는 사람들도 많이 있습니다. 은근슬쩍 달라붙는 사기꾼부터 시작하여, 대놓고 돈을 빌려달라는 사람, 황당하기 짝이 없을 만큼 정체를 알 수 없는 상품이나 이익이 거의 없는 상품을 마치 매력적인 것처럼 위장하여 유혹하는 이들까지…. 함정은 늘 주변에 도사리고 있습니다.

사실 냉정하게 생각하면 '돈이 돈을 버는 거야.'라는 말은, 돈을 벌지 못하는 사람들의 핑계이거나 돈을 많이 번 사람의 노력에 대한 폄하일 뿐입니다. 제 생각은 이렇습니다. 돈은 돈으로 버는 것이 아니라 '의지와 노력'으로 버는 것입니다.

수기의 주인공은 '몇 푼 안 되는 퇴직금으로 뭘 할 수 있을까' 하는 고민에 빠져 있었습니다. 그러다가 생각해 낸 묘안이 '친한 친구 둘과 돈을 합쳐 건물을 사자.'였습니다.

어떠신가요? 만일 이 책을 읽고 계신 여러분이 비슷한 상황에 처했다고 할 때, 과연 수기의 주인공처럼 친한 친구들과 힘을 모아 건물을 사겠다는 생각을 할 수 있을까요? 아마도 그런 생각을 쉽게 하기는 어려울 것입니다. 대부분의 사람은 이러한 상황에서 건물을 산다는 생각을 하지 않습니다. 또한, 그런 생각을 한다고 해도 '살 수 있다면 좋겠다.' 정도이지 정말 건물을 사겠다고 마음먹는 경우는 거의 없습니다.

하지만 수기의 주인공은 건물을 산다는 목표를 정하고 '어떻게 하면 될까?'를 생각하다 보니 친구 셋이서 돈을 합쳐 사는 방법을 생각해 냅니다. 그리고 본인은 물론이거니와 친한 친구 모두 사장님 소리를 들으며 안정적인 노후를 만끽하고 있습니다.

사실 이 책을 읽는 이들 중에는 '이건 나도 할 수 있겠는데.'라고 생각하는 분들도 있을 겁니다. 그런데 말이 쉽지, 실제 행동으로 옮기기란 쉽지 않습니다. 아무리 친한 사이라 해도 함께 돈을 모아 건물을 살 수 있을까요? 일을 진행하는 과정에서 걱정과 의심이 생겨나고, '혹시 모르는 뭔가 있지 않을까?' 하는 생각에 진행은커녕 시작조차 못 하게 되는 일이 대다수일 것입니다. 하지만 그러한 어려움을 이겨낼 수만 있다면 반드시 성공확률은 높아지게 됩니다. 그 과정이 어렵다는 이유로 남들이 잘 가지 않는 길이기 때문입니다.

　모든 일에는 항상 장·단점이 함께 있습니다. 그런데 누군가는 장점을 먼저 생각하고 단점을 보완하려고 합니다. 하지만 반대로 누군가는 단점을 먼저 생각하고 걱정에 걱정을 반복하면서 깊은 고민에 빠져 결국 아무것도 하지 못하고 긴 시간이 지나서 '그때 그걸 할 걸….'이라며 후회합니다. 재테크가 되었든 단순히 돈을 버는 일이 되었든 그 무슨 일이든 어려움은 반드시 존재합니다. 다만 그것을 넘어서려는 명확한 의지와 실행력이 성패를 결정하게 될 것입니다.

7년간의
고등고시 실패 후
시작한 부동산

들은 것은 잊어버리고, 본 것은 기억하며, 직접 해본 것은 이해한다.
—공자

서론

요즘은 부동산 정보의 홍수 시대이다. 갭 투자, 재개발, 분양권 투자 등 각종 투자처는 셀 수 없이 여기저기서 정보가 흘러나온다. 물론 관심 가지고 공부하는 이들에게는 유용한 정보가 될 수 있으나, 어설픈 지식은 독이 될 수도 있고 투자 아닌 투기가 되어 가산탕진 후 노숙자의 삶을 살 수 있는 지름길이 될 수도 있다. 그만큼 투자는 신중해야한다.

감히 말한다. 큰돈을 벌고 싶다면 무수히 공부하고 도전 후 실패해보라고. 그러면 오기가 생겨 더 큰돈을 벌 수 있다. 단, 월급 200만 원에 울고 웃는 나 같은 소시민에게 과감성이란 두려움만 주는 단어이다. 과감한 투자 후 실패를 경험하게 되면 재기할 의욕보다는 학습된 무기력(큰 실패 후 뭐든 해도 안 된다고 믿어버리는 부정적 신념)만 쌓여 자신을 실패자로 낙인찍을 수 있는 만큼 더욱 조심스럽게 부동산에 접근할 수밖에 없다. 그리고 이하의 글은 나 같은 소시민들도 2~3년 내에 월세 수입자가 될 수 있다는 확신을 주고 싶어서 감히 펜을 들게 되었다.

나를 돌아본다. 무수한 정보들로 인해 보약을 마셔왔는가, 독약을 마셔왔는가. 인생 여정에서 큰 실패 후 재기하기를 6년째, 1년은 마음 다지는 시기, 2년은 종잣돈 마련 시기를 보내고 3년간 투자하여 월세 190만 원(대출 빼면 140만 원)을 받는 현 시점에서 과거를 돌아보고자 한다.

본론

대기업에 입사해 돈을 모르던 시기가 있었고, 과감히 사직 후 고등고시를 준비하던 시기가 있었다. 이때까지는 철저히 교육된 노동자 마인드로 주어진 일을 열심히 수행하며 돈의 가치를 크게 여기면 천박한 이로 여기고 맡은 바 온 힘을 다하면 올바르게 사는 것인 줄로만 알았다. 버는 돈은 모두 은행에 저축해야 하고 투자 등은 사기꾼들의 전유물로만 여기며 이 가치가 최선의 것이라 믿고 정말 알뜰하게 돈을 모았다(큰돈을 모으지 못한 건 비밀 아님).

포부를 가지고 시작한 7년간의 고등고시. 그리고 실패. 남은 것은 무일푼 통장과 실패자의 모습. 더하여 재취업이 쉽지 않은 서른을 훌쩍 넘긴 과년한 나이.

실패 후 측은하게 여기는 부모님 밑에 얹혀 살며 죽음만 기다리고 있었다. 지금 생각하면 한심하지만 그 당시에는 서른 초중반의 친구들을 보면 가족, 자산(집·현금·부동산), 직위 등을 갖추고 사는 모습과 비교하며 나는 실패자라는 생각에 삶마저 포기하고 있었다. 영혼 없는 껍데기의 모습으로 시간만 보내며 살다가 얼핏든 생각이 있었다.

'내가 떠날 때 떠나더라고 수년간 뒷바라지 해 주신 부모님에게 단돈 몇 푼이라도 남겨드리고 가자.'

그때부터 푼돈을 주는 직장이라도 다녔고 주말엔 닥치는 대로 아르바이트며 돈을 모았다. 삶에 의지가 없으니 나를 위해 쓰는 돈은 거의 없었고, 오로지 부모님에게 일부나마 돌려드리고 싶어 벌고 모으고를 반복했었다. 2년간 나는 돈 버는 기계나 다름없었다. 1년이 지나니 통장엔 2500만 원 정도의 돈이 모여 있었다. 매월 200만 원씩 돈이 저축된 것이다. 당시 연봉 3000만 원 정도의 수입, 이 모든 돈을 고스란히 은행에 저금했다. 주거비·식비는 부모님과 함께 살며 충당되었고 외식비, 의류비, 여가비 등은 일절 사용하지 않았다. 그래 봐야 1년이었다. 정확히 말하면 난 '삶의 의지를 내려놓아 아무것에도 관심이 없었다.'가 맞다. 나는 이때까지도 부동산에 관심이 없었다. 그저 월급=은행 공식만 성립하던 시절이었다.

'하늘은 스스로 돕는 자를 돕는다.'고 했던가.

어느 날 우연히 기회가 왔다. 어느 날 엄마 친구 분이 집에 놀러오셨다가 본인이 오피스텔을 사려고 한다는 이야기를 하시는 것을 듣게 됐다. 돈은 7000만 원이 필요한데, 월세는 40만 원이 나오며 위치가 너무 좋아 공실이 아예 없는 곳이라고 했다. 부동산에 '부'자도 모르던 나는 금리, 월세 수익률, 공실이 뭔지도 모르던 상태였고 그저 머릿속을 스치던 생각은 단 하나, '아! 월세를 받도록 해드리면 더 오래 돌려드릴 수 있겠구나.'하는 마음뿐이었다. 부족한 돈은 4500만 원, 당시에는 대출받는 방법도 몰랐다. 무작정 지인을 찾아가 자초지종을 설명하고 1~2년 이내에 갚겠다는 다짐과 여태 모은 재산이 담긴 통장, 향후 수입 등을 다 공개하고 갚을 수 있음을 설명했다. 감사하게도 차용증 한 장만 받고 쉽게 돈을 빌려주셨다(물론 못 갚을 시 오피스텔을 양도한다는 내용을 넣었고 이자는 대출이자보다 저렴하게 진행).

내 인생에 빚은 수치라고 느꼈었기에 그 때부터는 주말도 쉬지 않고 닥치는 대로 아르바이트를 했다. 월세 40만 원의 위력은 컸다. 월 이자를 갚고도 남아 자산에 더해져 갔다. 오른 월급 + 월세 + 아르바이트 비 + 소비제로의 삶은 11개월 만에 4500만 원 + 이자를 갚고도 남게 되었다. 물론 돌이켜보아 2500만 원이면 갭 투자로 더 많은 수익을 얻을 수도 있었겠지만 그때는 수익이 목적이 아닌 월세 세팅이 목적이었던 만큼, 지금부터 안정적인 투자와 삶을 원하는 분들에게 저렴하게 투자하는 하나의 방법이 아닌가 싶다.

오피스텔 투자관련 팁
더블 역세권, 역과 도보 거리 3~5분 내 위치할 것, 층·향 상관없이 같은 임대료 책정, 너무 작지도 크지도 않은 평수, 주변에 관공서, 병원 등 상업지역 밀집

임대 부동산이 아예 없는 사람은 있어도 하나만 가진 사람은 없다고들 한다. 월세 40만 원이 쏠쏠해짐을 느끼자 다시 재투자의 기대가 샘솟기 시작했다. 1년 11개월이 지나 빚 없는 7000만 원이라는 자산이 주어지니 자신감이 붙었다. 이젠 반년을 모으니 2500만 원이 모였다. 물론 서서히 삶도 즐기기 시작했다. 모임에도 나가고 취미생활, 소비생활도 재미가 붙었다. 다시 한번 같은 분께 더 높은 이자로 빚을 내었고 이젠 월세가 80만 원이 되어 월급 외 연 1000만 원가량의 부가수입이 들어오자 재산은 더 금방 모이기 시작했다.

3년 반 정도 지나자 나머지 빚을 다 갚게 되어 빚 없는 오피스텔 두 채를 소유하게 되었다(두 번째 것은 엄마 친구분이 내가 열심히 사는 것에 감동하셔서 200만 원을 저렴하게 파셨던 것이라 더 금방 갚을 수 있는 계기가 되었음). 3년이 지나자 가격이 올라 7700만 원짜리가 8100만 원이 되었다. 지금은 8500만 원. 오피스텔은 정말 잘 고르면 효자가 되는 것

같다. 단, 정말 잘 골라야 한다. 가격이 내려가고 공실이 허다한 불량 물건들도 많다는 걸 나중에 알게 되었다.

재산이 생기고 자신감이 붙자 결혼에 대한 마음도 다져졌다. 연애, 결혼, 늦은 나이었지만 부지런히 삶의 영역을 확장해 갔다. 월급과 월세는 결혼 준비에도 많은 도움을 주었고 평안한 가족을 꾸릴 수 있게 되었다. 2년 반은 죽어라 돈을 모았고 투자, 안정된 가정 꾸리기 등이 잘 이루어진 후, 이제는 살만한 삶이 시작되는 가운데 새로운 가족(아이), 나이 드신 부모님이 눈에 보이기 시작했다. 그래서 이제는 공부라는 걸 시작하게 되었다.

바로 연금형 임대 부동산 세팅이다. 시간 없고 일에 쫓기는 직장인들은 투자를 본업으로 하기 힘든 만큼 지속적인 관심을 가지고 정보를 수집한 후 월세 세팅을 맞춰놓는 것이 언제 그만둘지 모르는 불안한 직장인들의 마음에 위안을 가져다주는 것임엔 두말할 것이 없다.

5년째 되던 해, 상가에 대해 공부하기 시작했다. 그러나 상가의 벽은 높았다. 높은 가격, 세금, 불안한 임차 관계 등이 문제였다. 이미 생긴 연금형 부동산에 대한 확신은 위의 모든 불안을 잠재우기에 충분했다. 신도시 위주로 상가 형성 지역은 주말마다 발품을 팔았고 상가 세금 등에 대해 세무사님께 수시로 질의하며 지식을 쌓기 시작했다. 그리고 하나의 오피스텔을 매도 후 항아리 상권의 저렴한 상가 한 채를 분양받았다(학교 앞, 6000세대 주변). 이제는 당당히 은행 대출도 받았다. 더는 빚이 무섭지 않았다.

월세는 150만 원에 맞춰지고 이자는 50만 원대를 지급하게 되니 이제부터 시작이라는 마음이 들었다. 지금은 나머지 오피스텔 한 채를 다시 내놓았고 세종시 상가를 보러 다니며 부단히 발품을 팔고 있다. 곧 상가 두 채를 소유할 수 있을 것이다.

상가 투자관련 팁
분양 상가를 잘 분석하고 신도시 상가를 눈여겨 본다. 항아리 상권, 역세권 상권을 잡고 주변 단지의 세대수를 확인한다. 주변의 상가 수 및 업종과 학교 근처인지 살피고, 근처라면 고층 상가도 학원 임대가 잘 맞춰진다.

우선은 여기까지가 연금형 부동산 수익을 내기까지 차곡차곡 지내온 여정이었다. 고시 실패-무작정 종잣돈 모으기(1년) - 오피스텔 구매(+무서웠던 빚) - 빚 갚기, 다시 종잣돈 모으기 - 오피스텔 구매(+다소 괜찮은 빚) - 삶의 정착 - 상가 구매(+이젠 자산이라 느껴지는 빚)

결론

나는 똑똑하지 않다. 그리하여 쏟아지는 정보를 습득하지 못했다(이제부터 해 볼 요량이며 공인중개사 공부도 준비 중). 그러나 단 한 가지, 열심히 살고 싶었다(처음엔 부모님께 받았던 갚아드릴 마음으로, 나중엔 자신감 붙은 나를 위해, 그리고 지금은 새로 생긴 내 가족을 위해).

이 글은 똑똑하고 정보를 많이 알고 있으며 요령이 많으신 분들께는 하찮은 내용일지도 모른다. 그러나 나처럼 투자를 무서워하고 소심하면서 실패에 쓰러져 있는 분들은 꼭 읽어봐 주셨으면 한다. 쓰러지고 괴로울 때 1년만 이를 악물고 버티면 되고 그다음엔 투기가 아닌 자기 능력 범위 내 투자를 시작하면 5년 내에는 상가 두 채를 소유하고 월세 300만 원을 받는 자산가가 될 수 있다. 확실한 건 월세는 자산을 산술급수적이 아니라 기하급수적으로 불려준다는 사실이다. '10년 내 빌딩 소유'가 나의 목표가 된 지금, '당신도 할 수 있다'고 당당히 말하고 싶다.

부동산 투자는 사기꾼의 전유물이다?

이번 수기의 주인공이 했던 말 중 '버는 돈은 모두 은행에 저축해야 하고 투자 등은 사기꾼들의 전유물로만 여기며, 이 가치가 최선의 것이라 믿고 정말 알뜰하게 돈을 모았다.'라는 부분이 시사하는 바가 무척 큽니다. 이렇게 생각하는 사람이 사실 주변에 적지 않습니다. 아마도 재테크를 위해 이 책을 읽고 있는 이들 중에서도 비슷한 생각을 가진 분들이 분명 있을 것입니다. 그런데 과연 왜 이런 생각을 하게 될까요?

물론 과거 은행 금리가 아주 높았던 시절에는 은행에 저축하는 것만으로 재테크가 되던 때가 있었습니다. 하지만 이제 예·적금은 물가 상승률을 감안하면 재테크가 아닌 '마이너스테크'가 되어 버렸습니다. 그런데도 많은 이들이 오직 은행에 저축하는 것만이 돈을 모으는 혹은 가장 좋은 재테크의 방법이라고 생각하곤 합니다. 그렇게 생각하게 되는 이유는 바로 매스컴과 주변 지인의 영향이 크다고 할 수 있습니다.

우리는 성실하게 모은 돈으로 부동산에 잘 투자해서, 부자가 된 성실한 부자 혹은 정당한 부자에 대한 이야기를 듣는 일이 거의 없습니다. 누군가 많은 돈을 가지고 있다고 하면 그 사람이 돈을 어떻게 모았는지는 전혀 따지지 않고, 부정부패를 저질렀거나 혹은 운이 좋았을 뿐이라고 치부해 버립니다.

특히 부동산 투자로 부자가 된 사람들을, 단지 돈만 아는 '투기꾼'으로 몰아붙이는 경향은 우리 사회에 여전히 만연해 있습니다. TV를 비롯한 매스컴에서 '부동산 시장에는 투기꾼이 판을 친다'는 이야기를 전하면, 일반 대중은 아무 검증 없이 이를 받아들이지요. 부자는 탐욕스러운 투기꾼이고 부동산 투자는 위험한 것으로 인식하게 됩니다. 드라마나 영화 속에서 역시 부동산 투자자는 투기꾼으로 등장하는 경우가 비일비재합니다. 드라마틱한 상황 속에서 등장하기에 더욱 나쁜 사람으로 비춰지곤 합니다.

자, 그러면 과연 우리는 평생 일해서 번 돈만으로 현재의 생활비를 마련하고 은퇴 이후의 삶에 필요한 자금을 충당할 수 있을까요? 아마도 그런 사람은 원래 소득수준이 아주 높거나, 부모님에게 막대한 재산을 물려받는 사람들 이외에는 거의 없을 것입니다.

보통의 사람들은 본인이 일해서 번 돈으로 평생을 먹고 사는 것이 거의, 아니 '아예' 불가능합니다. 따라서 반드시 본인이 벌어서 모은 돈을 불어나게 만드는 재테크를 반드시 해야만 합니다. 앞서 "돈이 돈을 번다."는 말은 틀렸다고 말씀드렸습니다. 예전처럼 은행 금리가 높았던 시절이라면 모를까, 돈이 돈을 자동으로 벌어들이는 일은 절대 없습니다. 결국 지금 자신이 가진 돈이 많든, 적든 '재테크를 해야 한다'는 것은 명백한 사실입니다. 그럼 과연 어떤 것으로 하는 것이 좋을까요? 재테크의 방법은 무척 다양합니다. 주식, 펀드, 적금, 보험, 채권 등 금융권을 통한 재테크와 본인이 직접 할 수 있는 부동산 투자 등등…. 그 무엇이 되었건 본인에게 맞는 투자 수단을 찾아 미래에 대한 준비는 반드시 해야 합니다.

사실 재테크는 빠르면 빠를수록 좋습니다. 하지만 아직 젊다는 이유로, 좋은 회사에 다니고 있다는 이유로, 귀찮다는 이유로 재테크를 미루는 이들이 적지 않습니다. 혹은 선입견 때문에 어떤 재테크 분야는 시도하지 않거나 아예 관심조차 주지 않는 경우도 있습니다.

이 수기의 주인공 역시 젊은 시절에는 대기업에 다니면서 돈의 무서움을 몰랐고, 부동산 투자 자체를 아예 나쁜 것이라는 시각으로 바라보았습니다. 하지만 자신이 정해놓은 목표가 뜻대로 풀리지 않았고, 수많은 어려움을 겪은 끝에 부동산 투자에 입문하게 됩니다. 이제는 부동산 투자가 실질적으로 돈을 벌어다 주는 것은 물론 삶의 새로운 활력소가 되어 더 원대한 꿈을 꾸고 또 실행해 나가고 있습니다.

굳이 부동산이 아니어도 좋습니다. 어찌 되었든 재테크는 그 누구나 반드시 해야 하는 것이라면 여러 재테크 중 자신에게 가장 잘 맞는 수단을 선택해야 합니다. 그 어떤 재테크도 100% 성공을 보장하지는 않습니다. 하지만 자기 자신을 믿고, 남들보다 조금이라도 더 일찍 시작하고, 시간과 노력을 투자한다면 성공 확률은 분명 높아질 것입니다. 그리고 그만큼 현재 삶의 수준은 물론 은퇴 이후의 행복도 달라질 것입니다.

언제쯤 은퇴를 해도 될지
가늠할 수
있을 거 같습니다

백만 가지 사실을 머릿속에 집어넣고도 여전히 완전히 무지할 수 있다.

—알렉 본

제가 수익형 부동산에 관심을 두게 된 건 2014년 가을경입니다. 살고 있던 집 전세 만기가 다가옴에 따라 집주인이 갑자기 몇천만 원을 올려달라고 했고 집을 사야 할지 다시 전세 연장을 할지 고민하고 있었을 때였습니다. 아내한테 '여유자금을 들여서 김포 한강 신도시 쪽 아파트를 사서 이사를 할까, 아니면 몇 십만 원이라도 월세 받는 수익형 부동산에 투자해볼까' 의견을 물었더니 '월세 받는 것이 낫겠다'고 얘기했습니다. 전세 살던 근처 동네 아파트를 대출을 끼고 매수했더니 투자해 볼 수 있는 여력이 생겼습니다.

검색사이트에서 '수익형 부동산, 연금형 부동산' 이런 단어로 검색해서 연금형 부동산 연구소 카페를 알게 되었는데, 평소 생각만 있고 실천력이 떨어지는 편인지라, 카페에서 이런저런 글들을 읽다가 지쳐서 포기할 거 같아 과감히 황 소장님과 일 대 일 상담 신청을 하였습니다. 아무런 지식도 준비도 없이 진행했던 상담이었지만 수익형 부동산에 새로운 눈을 뜨게 된 상담이었다고 기억됩니다. 또한, 그 자리에서 신축빌라 공동 구매도 신청하였습니다. 그때가 2015년 6월경이었는데 거의 1년 정도가 지나서 첫 월세 받는 시점이 되었네요. 엊그제 월세가 입금되었습니다.

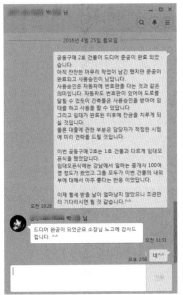

| 사례자 분과 주고받았던 카톡 메시지

저로서는 투자금액이 소액이라고 할 수 없지만 이정도 금액으로 강남권에 공실 가능성 별로 없고 관리에 신경 쓸 필요 없이 '월세를 받을 수 있다.'는 사실이 아직까진 낯설고 신기하기만 합니다. 지금 받는 월세는 매달 수익형 부동산의 이자 및 원금상환 그리고 제가 살고 있는 아파트의 이자 및 원금상환이 가능할 정도의 금액입니다. 즉, 주거비용 문제가 해결되는 것입니다.

공동 구매 계약할 때 월세를 받게 되면 어디에 쓸지 고민해보질 않았는데 사용처를 구체적으로 생각하니까 빨리 수익형 부동산을 더 많이 갖고 싶은 욕구가 더 생기네요. 그래서 2호는 공과금, 통신비 등 고정비 해결 부동산, 3호는 아이들 교육비 해결용, 4호는 생활비 해결용 이런 식으로 머릿속으로 정해놓았습니다. 그러다 보면 경제적 자유 시점이 다가올 것이고 언제쯤 은퇴를 해도 될지 가늠할 수 있을 것 같습니다.

아내가 수익형 부동산 투자에 동의하지 않았다면 어떻게 되었을까요. 아마도 한강신도시의 아파트를 샀을 것입니다. 하루하루 힘들게 일하고 월급을 받으며 그 월급으로 대출금을 어렵게 상환했을 것입니다. 그리고 고장이 잦은 낡은 차를 팔고 새 차를 샀을 것입니다. 하지만 공실 걱정 없는 월세 받는 부동산을 알고부터는 이 모든 욕구를 억제할 수 있습니다. 향후 몇 년간은 강남의 월세 받는 부동산에 꽂혀서 살아갈 겁니다.

부모님 세대의 부동산 재테크 방법이 앞으로도 통할까?

부동산 재테크의 과거와 현재에 대해 잠시 얘기해보겠습니다. 과거 부동산으로 돈을 버는 대표적인 방법은 바로 시세 차익, 즉 부동산을 샀다가 팔아서 수익을 남기는 것이었습니다.

땅, 아파트, 재개발, 재건축 등의 부동산 모두 쌀 때 사서 비쌀 때 팔아 차익을 남기는 방식의 투자였습니다. 그렇기 때문에 부동산을 살 때 가장 중요한 것은 잘 팔릴 수 있을지와 가격이 오를 것 인지였습니다.

그와 함께 현재 50~60대인 베이비붐 세대가 해왔던 대표적인 부동산 재테크는 바로 '집 넓혀가기'였습니다. 20평형대 혹은 더 작은 집에서 시작해서 30평형대 그리고 40~50평형대로 집을 넓혀갑니다. 그리고 마지막에는 그 집을 팔아서 작은 집으로 이사하고 남은 여유자금으로 월 소득을 얻을 수 있는 투자를 하는 것이었지요. 그것은 자영업을 시작하거나 금융상품에 투자 혹은 부동산을 사서 월세를 받는 것이었습니다. 그런데 이러한 방법은 몇 가지 여건이 갖추어져야 가능한 것입니다.

먼저 작은 집보다 평수가 큰 집의 가격상승률이 더 커야 합니다. 과거에는 작은 집 보다 큰집의 선호도가 훨씬 더 높았으며, 작은 집 두 채보다 큰집 한 채의 가격상승률이 더 높았습니다. 하지만 지금은 그 반대 상황이라고 할 수 있습니다. 물론 여기서 말하는 작은 집은 20평형대, 큰집은 40평형대 이상을 의미합니다. 하지만 현재는 작은 집과 큰 집의 기준이 모호해진 상황이기도 합니다.

두 번째로 크기가 큰 집이 작은 집보다 무조건 가격이 높아야 합니다. 어떻게 보면 당연한 말이지만 현재는 그렇지 않습니다. 몇 년 전부터 같은 아파트 단지 내에서 20평형대와 30평형대의 가격이 같거나 오히려 20평형대의 아파트 가격이 더 높은 경우가 있기도 했습니다. 물론 층, 향, 동이 좋은 20평형대와 여건이 그저 그런 30평형대의 비교이긴 하지만 과거에는 이러한 일이 일어나지 않았습니다.

세 번째, 40평형대 이상의 집 매매가 수월해야합니다. 과거와 달리 현재는 20평형대가 40평형대 보다 인기가 높습니다. 그 이유는 집을 살 수 있는 여력이 있는 실수요자의 자금여력이 20평형대에 머물러 있기 때문입니다. 또한, 현재는 과거에 비해 돈을 모으기 어려운 시대이며 가구 구성원의 수가 과거에 비해 현저히 줄어들어 3~4인 가구보다 1~2인 가구가 늘어나는 상황입니다. 그리고 20평형대도 전용율과 구조가 잘나오기 때문에 과거에 비해 실사용 면적이 넓어졌습니다. 그로인해 면적이 큰 집 보다는 작은 집의 매매가 수월한 상황이 되었습니다.

위와 같은 3가지 요건이 갖추어져야 '집 넓혀가기'로 부동산 재테크를 할 수 있습니다. 과거 금리가 높은 시절에는 은행에 예금만 해 놓아도 높은 이자로 생활을 할 수 있었지만 현재는 그렇지 못한 것처럼 집 넓혀가기로 재테크를 하는 것은 과거의 방식이라고 할 수 있습니다.

재테크뿐만 아니라 인생의 여러 부분을 부모님의 영향을 받으면 과거의 재테크 방법만이 맞는 방법이라고 인식하는 일이 많습니다. 작은 집에 살다가 돈을 모으면 집을 넓혀가는 것이 당연한 것이라고 생각하게 되고 그렇게 이사 간 집의 대출금을 갚아 나가다 보면 정년이 다가오는 상황이 되는 것입니다. 지금 본인이 사는 집의 대출금을 착실하게 갚아나간다면 과연 몇 년이 걸릴까요? 그리고 그 이후에는 어떤 상황을 맞이하게 될까요? 그 이후의 상황이 불안하고 막막하지는 않습니까?

'어떻게 할 방법이 없다.'고 생각되고 주위에도 모두 비슷한 상황의 사람들뿐이니 '나중에 어떻게 되겠지.'라고 막연하게 생각하기도 합니다. 하지만 그런 생각으로는 절대 좋은 방향으로 어떻게 되지는 않습니다.

과거의 재테크 방법으로 현재를 살아간다면 당연히 불안하고 막막할 뿐입니다. 다른 사람들은 차를 타고 달리는데 본인은 인력거를 타고 가는 것과 같은 기분을 느끼게 될 것입니다. 과거의 방법으로 해서 되는 것이 있고 안 되는 것이 있습니다. 그리고 물론 부동산 재테크는 과거의 방법이 아닌 현재의 방법을 선택해야 할 대표적인 분야입니다.

이왕이면
임대인이
되고 싶었습니다

할 수 있는 자는 행한다. 할 수 없는 자는 가르친다.
―조지 버나드 쇼

부동산 투자에 눈을 뜨다

저는 중소기업에서 일하는 평범한 30대 후반의 남자입니다. 남들과 마찬가지로 대학교를 졸업하고 사회생활을 시작했습니다. 졸업 당시가 2000년대 중후반이었는데, 모두를 힘들게 했던 금융위기가 저를 피해가지는 않았습니다. 결국은 첫 번째 회사를 퇴사하고 또 다시 이런저런 일을 했습니다. 그런 다음 5년 전 지금의 회사에 정착하게 되었네요. 사회생활과 인생의 고비는 누구에게나 오듯이 저에게도 그런 위기가 또 다시 왔습니다. 3년 정도 전부터 지금까지 다니고 있는 회사는 그 당시 급속도로 성장할 때, 저의 업무성과는 아무리 노력해도 최악의 상황을 벗어날 수 없었고, 성과가 없다 보니 연봉은 3년 연속 동결되더군요. 전 결국 제 생의 최대고비를 맞이하게 되었어요. 극심한 스트레스로 인해 몸도 많이 안 좋아지는 지경에 이르렀는데, 지금 생각해 보면 오히려 그 힘든 시기가 부동산 투자에 눈을 뜨게 한 계기가 되었던 것 같습니다. 저는 다음과 같은 2가지 이유에서 부동산에 관심을 가지게 되었습니다.

· 불확실한 미래에 대한 불안감과 그에 대한 대비 목적
· 부동산과 관련 없이 사는 사람은 없다는 사실

| 사례자 분의 진행 공동 구매 건물의 외관

그 당시 저는 급여 외의 고정적인 수입을 만들어서 심리적 든든함을 준비하고 싶었습니다. 주거에서의 옵션은 3가지밖에 없는데(내 집에 내가 거주, 세입자로 거주, 임대인이 되는 것) 이왕이면 임대인이 되고 싶었습니다.

저는 투자 왕초보이기 때문에 실패를 줄이고자 수많은 책을 사서 읽었고 그런 과정을 통해 황 소장님을 알게 되었습니다. 처음에는 사기의 가능성도 염두를 두었지만 알찬 세미나 내용에 심리적인 불안감이 적어졌고 전문가를 통해 실패확률을 줄이고자 했습니다. 그래서 황 소장님이 진행하신 부동산 공동 구매 1차에 참여하여 논현동에 빌라 한 호실을 분양받게 되었죠.

투자의 방향성을 정립하다

부동산 투자에 있어서 여러 가지 방법이 있겠지만 일반적으로 생각하는 방법은 아파트 투자를 통한 시세 차익 실현일 것입니다. 하지만 서울에서는 아파트는 소액으로 투자할 수 있는 물건이 아닌 것 같습니다. 지방 대도시와 비교하면 약 1.5배 이상의 집값으로 평범한 직장인들에게는 사실 엄두가 안 나기도 하고 투자에 실패할까 봐 겁도 납니다. 적어도 저는 겁이 나더군요.

그래서 저는 수익형 부동산으로 방향을 잡았습니다. 특히 불확실한 미래에 대비해서 매월 일정하게 수익이 나는 것이 더욱 심리적으로 든든하다고 생각하기 때문이죠. 물론 차익 실현하는 투자도 필수적으로 병행되어야 한다고 생각합니다. 따라서 저의 부동산 투자의 방향은, '수익형으로서 안정성과 적절한 수익률 확보'와 더불어 '개발호재를 통한 차익의 실현'입니다. 또한, 요즘의 아파트 상황처럼 최종 분양자인 서민들에게 큰 부담을 전가하는 중간 투기가 아닌 합법적이고 다른 사람들에게 피해를 주지 않는 투자를 하고 싶기도 합니다.

저의 첫 투자는 지금 어떻게 되고 있을까요?

1) 1호 빌라 투자

부동산 투자에 무경험이었던 저는 약간의 비용이 발생하더라도 전문가와 함께 해야겠다는 생각으로 황 소장님의 세미나에 참석했었고 빌라 공동 구매 프로그램을 통해서 신축빌라 한 호실을 분양받게 되었습니다. 자, 그러면 그 빌라가 지금 어떻게 되었는지 현황을 살펴볼 필요가 있겠죠. 우리는 모든 투자에 있어서 장점과 단점을 미리 파악해 볼 필요가 있습니다. 결론적으로 말하면 객관적인 입장에서도 저의 첫 빌라 투자는 장점이 훨씬 많아서 성공적인 투자라고 판단하고 있죠.

그럼 그 단점이 뭔지 살펴볼까요? 지금 보유중인 1호에만 해당하는 단점입니다. 황 소장님을 전적으로 믿고 투자를 했습니다만, 왕 초보였던 저로서는 분양 결정 전 물건의 위치라던가 전반적인 정보를 들고 결정을 하기에는 시간이 너무 부족했습니다. 대기하시는 분들이 많아서 마음이 급해 바로 결정을 해야 했기 때문이죠. 그 이후로도 몇 건의 공동 구매가 이루어진 것으로 알고 있고 지금은 어떤 절차로 진행되는지는 잘 모르겠지만 조금 아쉬운 부분이었습니다. 지금 다시 공동 구매에 참여한다면 그때 당시보다는 훨씬 빠르게 물건파악이 된다고 생각하기에 지금의 단점은 아니네요.

다음으로 건물이 이면도로의 안쪽에 위치하다 보니 전망 면에서는 낮은 점수를 줄 수밖에 없다고 생각합니다. 사방이 다 막혔거든요. 그나마 다행인 점은 제 집은 4층에 위치해서 주위 건물의 지붕보다 높아 완전히 막히지 않았다는 것입니다. 사실 이 부분은 제가 주거하는 건 아니기 때문에 크게 상관은 없고 더불어 이런 사실이 오히려 더 저렴한 가격에 분양을 받을 수 있는 장점도 있을 거라는 생각이 들기도 합니다.

나머지 하나는 지하철역에서 남자 걸음으로 도보 7분이 걸리는 거리라서 역세권으로 표현을 하기에는 애매하다고 봅니다. 강남에서는 웬만하면 7분 안에는 지하철역에 도달할 수 있기 때문에 조금 더 가까워서 5분 이내면 참 좋지 않았을까 싶습니다.

이런 단점은 사실 큰 문제는 아니고 아래의 장점이 훨씬 많습니다. 우리가 부동산 투자를 할 때에는 입지와 투자 시기가 중요한데 본 논현동 빌라는 그런 면에서 탁월한 선택이었다고 생각합니다. 지금부터 하나 씩 살펴보죠.

- **입지** 부동산 불패라는 강남의 입지에 대해서는 삼척동자도 아는 사실입니다. 1~2인 주거수요가 앞으로 10년 정도는 계속 늘어난다는 사실 또한 많은 분이 알고 계실 겁니다. 그 중에서도 1인 주거 비율이 가장 높은 역삼동과 1~2인 수요가 그 다음으로 많은 논현동의 입지는 큰 장점이라고 보여집니다. 그 말은 젊은 세입자들의 선호도가 높다는 뜻으로도 해석 가능하겠죠. 저는 '젊은 사람들이 살고 싶어 하는 곳'을 좋아합니다. 인근 상권이 발달하고 젊은 이들이 결혼하고 살면 아기를 낳고 결국 인구가 늘어나는 선순환이 일어나기 때문이죠. 마포구도 이런 곳이라고 생각합니다.

- **타이밍** 저는 2015년 초 중반에 분양을 받았고 올해(2016년) 2월에 세입자를 찾았습니다. 아시다시피 작년과 올해 부동산이 가장 많이 오른 시기죠. 강남 재건축의 호재와 전반적인 부동산 붐이 빌라에도 적용되었고 지가 및 부동산의 가치는 함께 상승되었습니다. 한강이남 다세대의 평균 가격 상승이 2014년 말 대비 3%대 상승이 있었는데, 강동부터 강서까지 아우르는 통계이기 때문에 강남구 다세대의 가치상승은 훨씬 높았을 것입니다. 요즘 강남에서 신규 분양하는 빌라의 가격을 보면 확실하게 알 수 있습니다.

- **개발호재** 삼성동이 천지개벽을 할 것이라고 저는 주위 사람들에

게 말하고 다닙니다. 현대 차 그룹의 GBC 개발은 말할 것도 없고 잠실운동장을 아우르는 개발, 영동대로 지하화 및 두 개의 GTX 노선 개발 등 발표된 계획이 많습니다. 천지개벽까지 하려면 이 모든 계획들이 실행되어야 하겠지만, 그 중에서 몇 개만 되어도 워낙 개발계획이 크다 보니 삼성동의 가치는 더 커질 것이라고 봅니다.

그래서 가능만 하다면 삼성동에 투자하고 싶은데 전 투자금액이 한정된 회사원이라서 그 인근지역으로 눈을 돌리고 있어요. 역삼동과 논현동 그리고 서초구 양재동이 그 영향을 받을 수 있는 지역이고 제가 소액으로 투자할 수 있는 곳이라고 생각하는데, 지금 논현동이라는 제 빌라의 위치가 삼성동 접근성도 좋다고 생각합니다. 그리고 중요한 하나! 신분당선의 연장이 논현역으로 이어진다는 것이죠. 서초경부고속도로의 지하화도 호재네요. 즉, 이미 개발 진행 중인 현대차 GBC 센터와 신분당선 연장 공사로 인해 저의 빌라는 그 가치가 상승 중입니다. 나머지 다른 개발도 하나하나 진행되기를 기대해 봅니다.

2) 2호 예정인 분양형 호텔

제가 부동산 투자에 관심을 가지고 실행에 옮긴 지 약 1년 반이 지났습니다. 많지 않은 투자금으로 두 곳에 투자 중인데 1호는 논현동 빌라이고 2호는 영종도 수익형 호텔입니다. 사실상 호텔 투자를 먼저 했는데 준공까지 2년이 소요되기 때문에 수익 발생 시점을 기준으로 논현동 빌라가 1호가 되었네요. 결론부터 말씀 드리면 1호는 전문가를 통한 투자로 성공적이었다는 평가를 스스로 내리고 있고 2호는 아직은 알 수가 없습니다.

분양형 호텔은 역사가 오래되지 않은 투자방식으로 아직까지는 성공적인 사례와 실패 사례가 공존하는 듯합니다. 투자자를 보호하는 제도적인 장치의 미흡과 호텔을 운영하는 운영사의 능력과 입지에 따라 결과는 달라지기 마련인데, 저는 다음과 같은 이유로 투자했습니다.

첫째, 내가 직접 임대나 객실관리를 하지 않아도 된다는 점

둘째, 호텔 운영사가 현재 여러 개의 호텔을 운영 중에 있고 해당업종에서 나름 오래 운영을 하고 있다는 점

셋째, 카지노 등 개발 호재가 존재하는 입지

넷째, 따라서 현재 부족한 호텔 객실 수

이와 같은 이유로 투자를 하긴 했는데 아직까지는 성공 여부를 알수는 없습니다. 잘 모르던 시기에 전문가의 조언 없이 시작하기도 했고요. 여러분은 저와 같이 약간이라도 불안감이 있는 곳의 투자는 실패했을 경우 위험을 줄일 수 있는 대비를 먼저 하길 추천합니다. 하지만 현재로서는 긍정적인 판단의 비율이 조금 더 높아서 나름 기대해봅니다.

지금 현재 저는 3호 투자 입지를 강남구와 청량리역 주변으로 정해

놓고 투자 자금 준비와 좋은 물건이 나오기를 기다리고 있습니다. 하지만 마음속으로는 황 소장님을 통해 4번째 공동 구매가 예정되어 있는 강남으로 다음 투자를 해 보려고 합니다. 강남구와 청량리역 주변으로 입지를 정한 이유는 다음과 같습니다. 강남의 경우는 위에서 말씀을 몇 가지 드렸습니다. 청량리의 경우는 홍등가가 있던 청량리 4구역에 주상복합 및 호텔 신축이 진행되고 있습니다. 제가 직접 가보니 펜스를 쳐 놓고 '철거'라는 글씨를 적어 놓았더군요. 그 말은 재개발이 상당히 진행되고 있고 시기의 문제지 개발은 할 가능성이 아주 높다는 뜻이겠죠. 즉, 주위 부동산에 긍정적인 영향을 미칠 확률이 높다고 봅니다.

또한, GTX 노선이 두 개가 지나갈 계획이 세워져 있고 그 중 하나는 현재로서는 착공 시기가 정해져 있는 것으로 알고 있습니다. 게다가 평창 동계올림픽 기간에 지나갈 KTX 역이 생긴다는 호재도 있습니다. 물론 KTX 라인이 생기면 강원도 도시의 서울 접근성이 좋아져서 그 지역이 더 호재이긴 하겠죠. 올림픽 기간이 끝나면 KTX는 일반 고속열차 노선으로 변경된다는 소식도 있고 또한 영등포처럼 강원도로 가는 모든 열차가 청량리역에 서지는 않고 일부만 정차하는 반쪽짜리 역이 될 수도 있습니다. 하지만 하나의 개발 호재로 보기에는 없는 것보단 낫다고 생각합니다. 다만 이 지역은 장기 투자 지역으로 보지는 않고 있어요. 왠지 힘이 약하다고 할까요.

용산 지역도 잘 살펴 볼 필요가 있어 보입니다. 투자 시 여러 가지 신규 공급물건의 정보를 찾아보면 많이 접하실 수 있을 겁니다. 하지만 저는 서울의 지도를 펼쳐놓고 새롭게 진행 중인 정부의 현재 개발 발표내용을 꼼꼼히 기록하고 있습니다. 입지와 미래 가치상승을 동시에 노려야 하니까요. 그 중에서도 곧 진행할 계획과 발표만 해 놓은 계획을 분리해서 보고 있습니다. 계획이란 건 언제라도 바뀌거나 취소가 될 수 있고 그로 인한 주위 부동산에 미치는 충격이 클 수 있기 때문에, 필히 실행 가능한 개발과 계획만 무성한 개발은 분리해서 판단해야 한다고 생각합니다.

　이제 투자 지역을 정했고 실탄 확보가 되었다면 그 지역에서 나오는 물건을 잘 찾아봐야겠죠. 다시 말씀 드리지만 개인적으로는 매력적인 수익률과 충분한 수요 그리고 개발호재를 살펴보고 판단하는 것이 가장 좋지 않을까 합니다.

미래 목표와 방향

　위에서도 말씀 드렸듯이 저의 투자 방향은 시세 차익 그 자체보다는 수익형 추구가 우선적이고 더불어 시세 차익도 실현할 수 있는 물건위주로 보고 있습니다. 지금은 1,2호만 있지만 차츰 하나씩 더 늘려갈 계획이고 급하지 않게 진행하면서 장기적으로는 건물을 보유하는 것을 목표로 하고 있습니다.

투자라는 것은 항상 위험을 수반하죠. 하지만 우리가 해야 할 일은 그 위험을 최소화하고 최대의 효과를 누리는 것입니다. 그러면 어떻게 하면 성공적인 투자를 할 수 있을지 고민해 봐야 한다고 생각합니다. 같이 고민해 볼까요?

저도 앞으로도 많이 배워야 하지만 이런 내용들을 염두에 둔다면 그나마 위험을 줄일 수 있다고 생각해요.

먼저 자신만의 투자 방향과 목표를 설정해야 한다고 생각합니다. 투자에 나름의 방향성이 없다면 여기저기에서 하는 말이 다 좋게 들리고 따라서 투자의 가치판단이 흐려질 수 있을 겁니다.

부동산 투자도 움직이는 생물과 같은 속성이 있습니다. 투자에도 트렌드라는 것이 존재하고 경제, 인구구조 등의 상황에 따라 변화하기 때문에 항상 트렌드에 눈떠야 하지 않을까요? 강남불패라고 하는데 천년만년 강남이 상승하기만 한다면 우리는 모두 돈을 벌 수가 있겠죠.

상권과 인구구조의 변화 그리고 경기의 흐름 등 거시경제에 대해 관심 있게 살펴보고 그에 따른 부동산의 흐름에 귀를 기울여 봅시다. 그리고 해당지역에 대한 개발계획을 자세히 압시다. 그래야 미래 부동산에 대한 안목을 키우겠죠? 단, 발표만 된 내용에 대한 실행여부는 잘 판단해 봐야할 것 같습니다. 우리는 취소된 계획을 많이 봐 왔습니다. 투자에 대한 판단을 빠르게 하려면 평소에 훈련이 잘 되어 있어야 합니다. 분양가, 매매가와 월세에 대한 정보를 파악하고 취득세, 재산세 등 세금과 부가적인 비용을 포함한 전체적인 수익률 계산을 할 수 있어야 한다고 생각합니다. 그래야 건수만 올리려는 부동산업자와 신규분양 회사의 말에 현혹되지 않습니다. 무리하게 투자하지 맙시다. 전 조금 겁이 나더군요. 성공 투자만 하면 성공방정식에 취해 판단이 흐려질 수도 있고 쇼핑하듯이 투자를 하게 되면 뒷감당이 힘들 수도 있겠다 싶어요. 인생에서 모험도 해야겠지만 항상 어느 정도의 자금 여유를 가지고 투자하는 것이 위험이 있는 상황에서 잘 대처할 수 있다고 생각합니다.

저만의 경험을 나름 도움을 드리기 위해 이야기 했습니다만 저도 아직 제가 잘하고 있는지는 모르겠습니다. 다만 '너무 고민만 하다가 기회를 놓치고 후회하지는 말자. 그리고 동시에 너무 급하지도 말자.' 라고 되뇝니다.

여러분도 위험을 줄여 가면서 성공적인 투자를 하시길 바랍니다. 우리는 회사에서는 직원이지만 우리의 투자에서는 사장님이죠. 전 직원보다는 사장님으로 살아가고 싶어요.

임대인이 되고 싶다고요? 진짜입니까?

집과 관련하여 우리가 살아가는 방식은 3가지가 있습니다. 바로 내 집에서 직접 살거나, 세입자로 살거나, 임대인 되거나 입니다. 여러분은 이 중 어떠한 삶을 살고 싶으신가요? 적어도 세입자로 살고 싶은 사람을 없을 것입니다. 누군가는 내 집만 있다면 그것으로 충분하다고 할지 모릅니다. 물론 젊은 시절에는 내 집 한 채로 충분할 수 있지만 그 이후의 노후대비와 은퇴를 위해서는 내 집 한 채로는 부족할 것입니다.

이러한 까닭에 많은 사람들은 월세를 받는 임대인이 되고 싶어 합니다. 하지만 월세를 받는 임대인이 되기 위해서는 충분한 여유자금, 부동산 지식 그리고 발품을 팔 시간까지 있어야 합니다. 그런데 그런 것들이 없다면 임대인이 되기는 어려운 일일까요?

얼마 전 한 책에서 본 내용을 잠깐 소개하겠습니다. 주인공은 불치병에 걸려 시한부의 삶을 살게 되었습니다. 지금 당장 죽는 것은 아니었지만 3개월 이상 살 수 있는 확률은 50%, 6개월 살 수 있는 확률은 30%, 1년 이상 살 수 있는 확률은 15% 그리고 5년 이상 살아서 완치될 확률은 겨우 3% 밖에 되지 않았습니다. 이런 상황에 닥치면 누구나 절망하고 희망을 잃게 됩니다. 괴로워하며 죽을 날을 하루하루 기다리는 삶을 살거나 인생을 정리하는 시간을 갖으며 죽음을 맞이하기도 할 것입니다.

그런데 이 주인공은 긍정적인 사람이었습니다. 절망에 빠지거나 괴로워하기보다 의사에게 완치될 수 있는 방법을 묻습니다. 그런데 의사로부터 돌아오는 대답은 "방법은 없습니다."는 말뿐이었습니다.

자, 그러면 이러한 상황에서 보통의 사람들은 어떤 결정을 하게 될까요? 당연히 절망하고 인생을 포기하게 되겠지요. 그런데 이 책의 주인공은 5년 이상 살아서 완치되는 3%의 삶을 선택하겠다고 의사에게 말합니다. 물론 의사는 그것은 본인이 선택하는 것이 아니라고 합니다. 하지만 3%의 삶을 살기로 선택한 주인공은 그 병이 완치된 3%의 사람들을 찾아다니며 완치된 과정과 방법에 대해 묻고 알아보며 본인역시 그러한 방법으로 생활을 변화시켜나갑니다. 결국 그 주인공은 병이 완치되어 그 이야기를 책으로 출간합니다. 그리고 제가 읽은 것이바로 그 책이었습니다.

수기의 주인공은 집에 관한 3가지 삶의 방식 중 '임대인'이 되기로 마음먹습니다. 하지만 임대인이 되어 안정적으로 수익을 내기란 쉽지 않은 일이란 사실 또한 잘 알고 있었습니다. 그럼에도 명확한 '의지'를 가지고 있었고 그 의지를 '실행'으로 옮겼기에 눈에 보이는 수익을 안정적으로 얻을 수 있었습니다.

많은 사람들이 임대인이 되고 싶어 합니다. 하지만 '막연히 임대인이 되면 좋겠다.'에 머물 뿐 '임대인이 되겠다.'라고 마음먹고 실행에 옮기는 사람은 드뭅니다. 그리고 지금 시작하면 너무 늦은 것 아닌가 하는 마음에 포기하는 사람이 적지 않습니다. 하지만 모든 일에 늦은 것은 없습니다. 늦었다고 포기하는 것이나, 시작도 전에 부담감을 갖고 시작도 못하는 것만 넘어설 수 있다면 아무리 적은 가능성이라도 자신의 삶으로 만들어낼 가능성은 충분합니다. 방금 소개해 드린 책의 주인공처럼, 그리고 이 수기의 주인공처럼 누구나 현실로 만들어 낼 수 있을 것입니다.

보증금보다, 지금껏 지출한 월세가 더 많다니…

실수는 충만한 삶을 위해 반드시 치러야 할 비용이다.
—소피아 로렌

지긋지긋한 이사로 내 집 마련을 꿈꾸다

1977년 5월, 따뜻한 봄날이었지만 우리 집은 그렇지 못했다. 넉넉하지 않은 살림에 조그만 단칸방에서 시작하신 부모님. 나는 출산 중 잘못되어 모친 얼굴을 못 볼 뻔 했고 그로인해 생긴 엄청난 병원비로 인해 결국 더 산꼭대기 판잣집으로 이사를 가야만 했다.

어릴 적 부모님은 맞벌이를 하셨지만 항상 생활고에 허덕이고 있었고, 주민등록 초본을 떼어보면 참 징그러운 정도로 몇 페이지 분량의 이사 기록이 나온다. 늘 살림살이를 다 풀어보고 맘 편히 살아보지도 못했던 것 같다.

213

월세에서 전세로 옮겨 다니다가 드디어 우리 가족이 둥지를 틀 수 있는 17평의 작은 집을 마련했지만, 이 기쁨도 잠시, 부친이 난치병에 걸려 매달 100만 원 이상의 병원비로 인해 결국 그 집을 다시 처분하고 전세로 들어갔다. 그렇게 몇 년이 흘러 대출을 끼고 단독주택을 장만하였으나, '싼 게 비지떡'이라고 눈뜨면 누수에 각종 집 수리비용은 또 얼마나 들던 지 겨울엔 춥고 여름엔 더워서 도저히 견딜 수가 없었다.

2009년, 3대가 모여 살던 우리 가족이 이렇게 악순환에 쳇바퀴 돌듯 계속 사는 건 너무 힘든 삶이라고 생각했다. 그리고 태어난 지 얼마 되지 않은 딸과 부모님께 최소한의 '집이란 어떤 곳'인지 보여주고 싶었다. 그래서 관리비가 비싼 아파트는 아니더라도 지은 지 얼마 되지 않은 깨끗한 빌라로 이사하자고 제안하였고, 몇 달을 발품 팔아 드디어 모두가 맘에 쏙 드는 빌라를 살 수 있게 되었다.

대출과 월세의 지렛대를 이용하다

2008년부터 1년 넘게 직장에서 잠시 부동산 관련 업무를 본 적이 있었다. 상가나 오피스텔 등을 살펴보다 보니 가격이 참 비싸고 나와는 조금 먼 다른 세상 같았던 그 시기 부동산 경매에 대해 알게 되었고, 이거다 싶어 공부를 병행하였다. 돌이켜보면 20대에 혼자 원룸에서 자취하면서 집주인에게 매월 관리비 별도에 월세를 꼬박꼬박 15만 원씩 입금한 적이 있었다. 그 당시엔 몰랐지만 내가 지냈던 몇 년을 되돌아보니 보증금보다 지출한 월세가 더 많았다는 점, 연간 월세가 은행 금리보다 몇 배가 더 컸다는 것을 시간이 지나 공부하면서 하나씩 알게 되었다. 그래서 '내 집과 월세 받을 수 있는 부동산이 필요하다'는 욕심이 생겼다.

하지만 우리가 구입한 빌라는 1억3천만 원인데, 집을 처분한다고 해도 대출금 5000만 원을 갚고 나면 남는 돈은 8000만 원뿐이었다. 즉, 수익형 부동산은 언감생심이었다.

'뜻이 있는 곳에 길이 있다'라고 누가 말했던가. 개인 비상금으로 모아둔 500만 원을 가지고, 부지런히 발품을 팔다보니 나름 역세권 부근에 작은 원룸이 경매로 나온 것을 발견하게 되었다. 며칠을 밤잠 설쳐가며 분석하고 입찰에 참여한 결과 정말 괜찮은 가격에 낙찰을 받았다.

2009년, 드디어 난 두 채의 집을 갖게 되었고 한동안 월세와 생활비를 아껴 원금포함 대출이자를 갚기 시작한 결과, 몇 년 뒤 원룸은 부채가 전혀 없는 완벽한 나의 소유가 되었다.

장기적 부동산과 묻지 마 투자의 함정에 빠지다

처음 한 투자로 '월세 받는 직장인'이 되고 보니 은근히 자신감이 생기게 되었고, 그 자신감은 잘못된 투자의 함정에 쉽게 빠지게 해버리는 것 같았다. 발품을 팔아 산 빌라가 2009년 부산 발 부동산 폭등에 힘입어 150% 이상의 집값 상승이 이뤄졌다. 이젠 반찬값 이상의 효자 노릇을 하기 시작하는 원룸에 초심을 잃었다.

몇 년 안에 개발될 수 있다는 주변 지인의 비공식 정보만 믿고 현장 확인이나 자세한 분석 없이 가족들의 만류에도 불구하고 일명 묻지 마 투자로 덜컥 아파트 한 채를 계약했다. 전세 세입자를 들여 투자금 은 3000만 원 정도에 1억7000만 원짜리 부동산을 계약했다. 하지만 몇 달이 지나고 1년 이상이 지나가도 재개발 소식은 들리지 않았고 조금 씩 초조해지기 시작했다. 인터넷을 통해 각종 정보를 찾아봐도 재개 발 내용이 없었고, 인근 부동산 사무소를 다녀 봐도 그런 내용을 전혀 모르고 있었다. 나중에 안 일이지만 그 지인은 최고가에서 벌써 매각 하고 사라진 뒤였고 뒤늦게 후회해도 어쩔 수 없는 상황이었다. 결국 길고긴 부동산 조정 시기 및 저점을 찍고 인근의 환경개선이 조금씩 이뤄지는 순간 원금만 겨우 건지고 팔 수 있었지만, 그 시간 동안 마음 고생한 것에 비하면 결국엔 이만저만 손실을 본 것이 아니었다.

부동산을 매각하고 가족만의 새로운 둥지를 틀다

돌이켜보면 난 공부시기를 제외하고 7년 정도를 부동산 실전투자 에 빠져있었다. 대한민국의 아버지라면 다 같은 생각이겠지만 먼 후 일 나의 아이들에게도 도움을 줄 수 있는 슈퍼아빠가 되고 싶었는지 도 모른다. 하지만 문득 가정을 되돌아보니 현실은 그렇지가 않았다.

빌라의 특성상 층간소음에 아랫집과 매일 싸우기 바빴고, 집사람은 늘 아이들에게 까치발을 들고 다닐 것을 주문했으며, 한참 커가는 아이들을 기죽이는 모습을 보면서 문득 현실을 무시하고 장밋빛 먼 미래만을 바라보며 살아온 것이 아닌가 싶어 자괴감이 들기 시작했다. '내가 정말 추구하고 싶었던 삶은 이것이 아닌 데.'라는 후회와 함께 말이다.

수익형 부동산과 묻지 마 투자 등 거주하는 집을 제외하고 모두 정리하기 시작하고 나니 수중에 1억의 여윳돈이 생겼다. 물론 이 돈을 가지고 더 많은 수익형 부동산을 선택할 수도 있었지만 나에겐 지금 이 순간 아이들이 마음껏 뛰어놀 수 있는 공간, 누구의 눈치도 받지 않는 그런 집이 필요했다. 또 다시 반년 동안 수시로 인터넷 검색과 발품을 통해 단독주택을 찾기 시작했으나, 터무니없는 가격과 안 좋은 위치의 집들만 잔뜩 보일 뿐 내 것이란 느낌이 드는 집은 나타나지 않았다.

그러던 중 우연찮게 방문한 부동산 사무소에서 인터넷엔 공개되지 않는 따끈한 매물이 하나 나온 것이 있었다. 속는 셈치고 집을 방문해 보니 아이들 학교와는 3분 거리로 도심 속 전원주택 같은 곳이었다.

머릿속에 '아, 이 집이 내 집이구나!'하는 생각이 들자마자 서둘러 부모님과 집 사람, 애들을 다 동원해서 그 집을 보여주니 '위치는 정말 괜찮은데 수리하고 살면 참 좋겠다.'는 의견이 모였다. 난 그날 바로 계약하고 여윳돈으로 몇 달간 올 리모델링을 거쳐 가을쯤 입주할 수 있었다. 현재 마당에 약간의 텃밭에서 가꾼 유기농 채소와 잔디밭을 깔고 삽살개를 키우며 주말엔 가족, 지인들이 모여 바비큐 파티를 하고 있는 이 순간, 무엇보다 이제 까치발하고 집에 있지 않아서 행복하다는 어린 딸 아이의 말에 난 세상 무엇과도 바꿀 수 없는 행복을 느끼게 되었다.

어릴 적 월세 방을 전전하던 미운오리 새끼가 40년이 지난 지금, 우리만의 편안한 공간을 마련하게 된 것이다. 부모님에게는 남은 생을 편안하게 보낼 수 있게 해준 아들이자 아이들에겐 엄지 척 소리를 듣는 아빠가 되었다. 나는 지금 이 순간이 마냥 행복하다.

에필로그 (나만의 비밀)

사실 내년부터 집 근처 대규모 단지가 조성될 계획이라 각종 부대시설 입주로 생활이 좀 더 편리해 질 것을 염두하고 집을 샀었다. 벌써 주택 매수 및 공사비를 제외하고도 시세 차익 1억 이상에 매도 의향을 묻는 전화가 오고 있다는 건 나만의 비밀이다. 언젠가 우리 집 가격에 식구들이 놀라겠지만….

묻지 마 투자를 하는 사람들

이번에는 '묻지 마 투자'에 대해 이야기해 보도록 하겠습니다. 1000여 분 넘는 사람들과 상담을 하다보니 심심치 않게 일명 묻지 마 투자를 했다가 돈이 묶이거나 돈을 손해 보는 경우를 보게 됩니다. 부동산을 하는 친척이 추천한 매물을 가보지도 않고 샀다가 돈이 묶이는 경우, 교회에서 친해진 사람이 사라고 한 매물을 샀다가 손해를 본 경우, 친한 직장 동료가 싸다고 사라는 집을 사고 보니 그 동료의 친척 소유의 집을 비싸게 사게 된 경우 등 그 외에도 이런 비슷한 일은 수도 없이 많이 있었습니다.

그런데 이러한 일을 겪은 분들은 하나 같이 모두 그러려니 하고 생각하거나 손해 본 돈을 적은 돈이라고 애써 위안하게 됩니다. 사실 이러한 경험은 돈을 손해 본 것 보다 부동산 투자에 대해 부정적인 선입견을 갖게 되는 것이 훨씬 더 큰 손해라고 볼 수 있습니다.

한번 이런 경험을 하고 나면 부동산 투자는 자기와 안 맞는다고 생각하고 아예 관심을 끊게 됩니다. 그리고 이후 수년 혹은 수 십 년 동안 이런저런 재테크를 해보다가 모두 변변치 않음을 경험한 뒤 결국에는 부동산에 관심을 갖게 됩니다. 이러한 일을 겪지 않으려면 아래의 5가지를 꼭 확인해야 할 것입니다.

첫째, 꼭 현장을 방문해서 매물을 확인

둘째, 지인의 추천이라도 인간관계보다는 사실 확인이 우선

셋째, 호재가 있는 지역은 반드시 검색을 통해서 사실 유무를 확인

넷째, 해당 매물을 추천해준 사람이 부동산으로 자산을 키운 사람인지 확인

다섯째, 부동산에 근무하는 지인의 추천이라면 해당 부동산이 기획부동산인지 확인

위의 5가지는 이성적으로 생각하면 당연한 것들이지만 친분이 있는 사람과는 이런 것들을 확인하지 않고 투자하는 경우가 많습니다. 가까운 사람의 추천일수록 위의 5가지를 반드시 확인하고 손해 보는 일을 만들지 않아야 할 것입니다.

아버지께선
"회사에 다니면 딱 먹고 살 만큼만 준다."고
하셨습니다

모든 사람들의 마음속에는 좋은 소식이 있다.
바로 자기 자신이 얼마나 위대해질 수 있는지, 얼마나 많은 것들을 이룩할 수 있는지,
잠재력이 얼마나 큰 지 모를 만큼 한계가 없다는 것이다.

—안네 프랭크

2014년까지는 부동산에 대해 전혀 관심이 없었던 저는 30대 후반의 남자입니다. 지난번에 간단한 후기를 작성했었는데, 이번엔 조금 더 상세하게 저의 부동산 투자 스토리를 다른 분들과 공유하여 처음 투자하시는 분들에게 조금이나마 도움을 드리고자 합니다. 더불어 앞으로 어떻게 한발씩 나아갈 것인지에 대해 조금 더 깊이 생각해 볼 기회를 얻고자 수기 공모 기회에 참여하게 되었네요.

2007년, 대학교를 졸업하고 취업을 해서 평범하게 직장 생활을 하고 있었습니다. 그 당시만 해도 반백수라는 말이 나올 정도로 실질적으로 절반은 취업을 못 하는 상황이었죠. 하지만 운이 좋게도 저는 곧

바로 취업할 수 있었고 그 사실에 다행이라고 생각하면서 일을 하고 있었습니다. 하지만 채 2년이 되기도 전에 글로벌 금융위기가 왔고 저도 그 여파를 피해갈 수 없었어요. 제가 다니던 회사의 본사가 공교롭게도 아이슬란드에 있었습니다. 다들 아시다시피 그 당시 아이슬란드가 모라토리엄 상태에 직면했고 결국에는 우리 팀이 공중분해가 되는 상황에 이르렀어요.

그 이후로 갈피를 잡지 못하고 이런저런 일을 하게 되었습니다. 첫 직장을 빠르게 구하고 나름 안정적으로 일을 하고 있다고 생각하고 있었는데, 그 일 이후로 평생직장이 아니라 진정한 직업을 찾기 위해서라도 여러 가지의 일을 했던 것 같습니다. 형과 함께 개인사업 시도를 조금 하다가 저와는 맞지 않는 듯 하여 부산에서만 살았던 저는 우여곡절 끝에 서울로 재취업을 하게 되었습니다.

서울에 와서도 여러 가지 스트레스와 어려움이 있었지만 나름 열심히 생활을 하고 있었어요. 그런데 하늘 높은 줄 모르는 부동산 시세가 저의 기를 누르다 못해 전 그 기세에 깔려 기절할 판이었습니다. 지금도 그렇고요. 처음 서울에 왔을 때는 거금인 50만 원을 월세로 내다가 대출을 받아 전세로 살면 전세대출 이자가 그 전 월세보다 훨씬 낮고 평수 또한 크고 위치도 좋아서 처음엔 좋아했습니다. 하지만 재계약 시점이 되어서 엄청나게 올라버린 전세보증금이 저를 상당히 압박하더군요.

그러던 와중에 아버지께서 하신 말씀이 기억났습니다. "월급쟁이를 하면 딱 먹고 살 만큼만 준다." 모든 이에게 해당하는 말은 아니지만 평범한 저로서는 지극히 당연하고 와 닿는 말씀이네요. '이대로 살다가는 평생 집 걱정만 하고 살겠구나.' 싶었습니다.

저의 기존 재테크 방식

저에게는 형이 두 명 있는데 둘째 형이 개인사업을 나름 크게 하고 있어서 형 사업을 통해서 투자를 조금씩 하고 있었고, 형도 동생이라는 이유로 일정한 수익을 지급해 주고 있었죠. 아주 좋은 형이 있어서 개인사업을 직접 하는 것보단 안정적으로 수익을 내고는 있었지만 많은 연봉을 주는 좋은 직장을 다니지 못해 실질적인 투자금과 수익금이 많지는 않았습니다. 그래도 저의 많지 않은 재산 중 전세금을 제외한 금액으로 나름 분산 투자를 하고는 있었죠.

투자처	펀드	주식	CMA	형을 통한 투자	전세보증금, 기타
비율	20%	5%	10%	35%	30%

결론적으로 말씀드리면 펀드 투자는 손실을 가져다주었고 형을 통한 투자도 제가 간과한 부분이 있었습니다. 펀드는 수백, 수천 가지의 상품 중 잘 고르기 어려웠고 주가의 흐름에 따라 다르기 때문에 항상 안정적으로 잘 나가는 펀드가 없더군요. 몇몇 펀드는 수익을 조금 냈지만 몇몇 펀드는 손실을 내었고 다 합치니 결국 손해였습니다. 형을

통한 투자(개인사업) 중에는 위에서 언급했듯이 제가 간과한 부분이 2가지가 있었습니다.

먼저 형의 사업이 항상 일정하고 상승곡선만 그릴 수 없다는 점입니다. 경기도 안산에 투자한 가게가 세월호의 영향으로 5년간 운영했지만, 적자를 기록했습니다. 단원구에 위치했거든요. 결국 우리 가족의 투자자금 중 5500만 원을 손해 보고 말았습니다.

두 번째는 가게에 투자한 금액이 그 가게를 처분했을 때 100% 돌아올 것이라 생각했어요. 시설비 등 감가상각을 계산하지 못했던 거죠. 즉, 실제 투자수익률은 단순히 계산했을 때보다 훨씬 낮았다는 겁니다. 지극히 당연한 사실인데도 말이죠.

위의 2가지는 부동산뿐만 아니라 모든 투자에서 일어날 수 있는, 그리고 일어나는 사항입니다. 수익형 부동산에 투자하면 위의 사항을 피할 수 있다가 아니라 저의 재테크 중 '형에게 투자하는 비율이 높아서는 안 되겠다'는 생각이 들도록 한 계기가 되었다는 것입니다.

수익형 부동산에 관심을 가지게 된 계기

저 나름대로의 분산투자를 하고 있다고 생각했는데 어쨌든 '조금 더 치밀하고 계획적으로 계란을 담을 바구니를 하나 더 찾아야겠다.'라고 생각했습니다. '회사를 다니면서 안정적으로 부가수입을 얻을 수 있는 것이 무엇일까?'에 대해 많은 고민을 하고 내린 결론이 수익형 부동산이었습니다. 사실 펀드는 고 위험성 때문에 0이 많은 단위의 돈을 투자를 못했거든요. 원금 손실이 제일 무서우니까요. 주식은 그냥 용돈보다 조금 더 많은 금액으로만 투자했는데 이제 다시는 주식 투자는 안 할 겁니다. 돈을 잃었기 때문이지요. 위에서 언급했듯이 펀드도 결국 손해였습니다. 내 피 같은 돈을 잃었다는 사실이 눈앞을 가립니다.

그래서 고민 끝에 결정을 했습니다. '수익형 부동산이 답이다.'라고요. 그런데 저는 부동산에 대해서 아무것도 몰랐죠. 그래서 일단 서점으로 가서 책을 샀습니다. 그 첫 번째가 황 소장님 책이었고 그 이후로 1년간 부동산 관련 책을 13권을 샀더군요. 나름 재미도 있었나 봅니다. 절실함과 재미 2가지였겠죠.

이렇게 관심은 가졌으나 저는 부동산에 대해선 왕초보이기 때문에 경험을 통한 저의 투자 중 제1원칙인 원금손실의 위험을 낮추려면 전문가 옆에서 시행착오를 줄여야겠다고 생각했습니다. 그 선택이 황 소장님의 세미나였고, 생각보다 훨씬 알찬 내용에 만족해하면서 다시 결정을 그 자리에서 내린 것이 일 대 일 면담이었어요.

세미나는 부동산의 트렌드 변화 및 다양한 정보 전달이 주된 내용이었는데 많은 공부를 할 수 있었던 계기였습니다. 그리고 일 대 일 면담을 계기로 1호 공동 구매에 참여하게 되었네요. 어쨌든 전 왕초보이기에 전문가와 함께 하는 것이 우선이라는 생각으로 제 생의 첫 1호 부동산을 가지게 되었습니다.

| 세미나 진행 모습

　하지만 전 솔직히 분양 계약금을 치르고도 맘이 편치 않았죠. 소장님을 오래 알던 사이도 아니고 내 계약금이 과연 안전한가에 대한 걱정이 컸습니다. 더불어 부동산 투자라는 것이 잘한 선택인지에 대한 정말 많은 생각과 걱정이 생겼습니다. 그래도 제 생의 가장 큰 금액의 투자이고 경험도 없는 분야였으니 걱정이 안 될 수가 없었죠. 당연히 우려했던 사건은 생겨나지 않았고 2016년, 드디어 준공되었고 2월에 세입자와 계약을 하게 되었습니다. 정말 감을 잡을 수 없는 투자였지만 초기의 많은 걱정과는 다르게 시간이 지나면서 심리적으로도 안정되었고 마침내 저의 1호 부동산이 탄생하였습니다. 정말 기분이 좋았습니다. 오로지 저의 돈, 저의 판단과 의지로 탄생한 1호니까요. 저의

투자에 대한 구체적인 상황과 내용은 다음과 같습니다.

- 지금 거주하는 집은 전세이고 무주택자였습니다.
- 1호 부동산에 투자할 금액이 많지 않아서 처음에는 전세세입자를 찾으려고 했으나 첫 투자는 월세를 받는 것이 더 나을 거란 생각에 제가 사는 집의 전세에 '생활 안정 자금' 명목으로 일부를 더 끌어와 투자했습니다. 사실 이런 방법은 좀 위험할 수도 있습니다. 지금 거주하는 집의 불안정 가능성 때문이죠.
- 그리고 대부분의 투자 금액은 담보 대출을 활용했습니다. 월세를 받아 이자를 내기 때문에 공실만 안 생긴다면 이자에 대한 부담은 없고 수익률을 높일 수 있죠.
- 무주택자에다가 작은 평수의 집을 구입한 것이기에 취득세 1.1%에서 대략 85% 감면을 받아 실질적인 취득세가 많이 낮아져 투자금이 줄고 수익률은 높일 수 있었어요. 물론 사는 집의 전세자금을 대출로 썼기 때문에 이것 또한 다시 한번 수익률을 높이는 원인이 되었습니다.
- 주택임대사업자등록을 했기에 종부세에서 자유롭고 면적이 작아 재산세만 내면 되는 상황입니다. 의료보험과 연금에서도 아직은 추가 상승이 없는 것으로 알고 있습니다. 물론 보유 주택 수가 많아지면 내야 할 세금 및 보험도 많아지겠죠. 세금 부분은 미리 잘 숙지하셔야 실질적인 최종 수익률을 계산할 수가 있어요.
- 현재 최종 수익률은 8% 정도입니다.

  (담보 대출 이자 : 3.85% / 생활안정자금 대출 이자 : 3.47%)

227

저는 강남 지역의 빌라에 1호 투자를 했는데 다음과 같은 내용으로 결심할 수 있었습니다.

1. 직장과 주거의 근접성 - 테헤란로에는 당연히 많지만 논현동 주거지역에도 의외로 작은 회사들이 많더군요.

2. 교통의 편리성 - 많은 지하철 노선이 있고 서울 경기권 등 여러 지역으로 가기도 편하죠.

3. 중심지역의 인접성 - 강남역과 삼성역 다들 아시죠.

4. 높은 소득 - 강남 거주자들의 평균 소득이 높아 높은 전, 월세를 감당할 수 있다고 합니다.

5. 적은 추가 공급 - 주택의 추가 공급 여지가 많다면 앞으로 걱정이 많겠네요.

저는 투기를 할 줄 모르기에 원금 손실을 최소화하고 수익의 안정성을 좋아합니다.

목표

이런 과정을 거쳐 저의 1호 부동산이 탄생하였고 현재 순항 중입니다. 수익형 부동산에 투자하고 난 뒤 저에게 작은 변화가 몇 가지 생겼습니다. 첫 번째, 저의 월 지출을 자세하게 알기 위해 스마트 폰 어플(애플리케이션)을 이용해 지출 명세를 기록하고 있습니다. 그리고 불필요한 지출을 줄이게 되었습니다. 저 같은 사람이 많아지면 국가 경제에 도움이 되진 않겠지만 저는 점점 부자가 되겠지요. 앞으로 수익이 더 많아지면 국가 경제를 위해 더 쓰도록 하겠습니다.

두 번째는 '부동산 공부가 참 재미있다.'는 사실입니다. 저는 지금까지도 과연 무엇을 잘하고 재미있어하는지 잘 모르고 있었는데 부동산은 참 재미있다는 생각이 드네요. 이 분야가 저의 제 2의 직업이자 불확실한 미래를 조금이나마 안정적으로 만들어 줄 수 있는 수단이 충분히 될 수 있다고 봅니다.

세 번째는 월요병이 사라졌습니다. 돈을 벌어야 모을 수 있고 저의 2호를 만들 수가 있겠죠. 출근하기 싫다가도 그 생각을 하면 기분이 좋아집니다. 상당히 큰 변화라 할 수 있어요.

현재 많지 않은 금액이지만 1호를 통해서 매월 생기는 수익은 고스란히 통장 속에서 더 성장할 기회를 아주 조신하게 기다리고 있습니다.

향후 2년 동안의 자금 계획이 정밀하게 짜여 있는 상황에서 다음 투자할 부동산을 조급하지 않게 물색하고 있습니다. 아직은 자금이 조금 부족하지만 머지않은 시간에 2호를 넘어 5호까지 확보하여 남들보다 두발, 세발 앞서나갈 수 있는 사람이 되어보고자 합니다. TV 광고에 이런 말이 나오더군요. '아무것도 하지 않으면 아무 일도 생기지 않는다.' 참으로 공감이 됩니다.

과연 분산투자는 위험만 분산될까

"달걀을 한 바구니에 담지 말라, 위험을 분산해서 투자하라!"

TV 광고를 통해 많은 사람들의 공감을 얻었고 지금도 투자에 대한 이야기를 할 때마다 빠지지 않는 이야기입니다. 자, 그런데 정말 그 말이 맞을까요? 이번에는 수기 내용 중에 분산투자에 대해 이야기를 해볼까합니다. 달걀을 옮길 때 한 바구니에 담지 않고 여러 바구니에 나누어 담는다면 옮기는 것이 아주 불편할 것입니다. 집에서 달걀을 보관할 때도 여기저기 여러 곳에 분산해 놓는다면 어떻게 될까요? 어디에 뒀는지 잃어버리기 쉽고 정작 요리를 할 때 찾기도 어려울 것입니다. 한곳에 두지 않으면 신선하게 보관하기도 매우 어렵습니다. 그리고 위험을 분산한다고 해서 손해가 나지 않는 것도 아니며 이익도 나뉘기 마련입니다.

수기의 주인공은 여러 펀드에 분산투자를 했지만 결과적으로는 손해를 봤습니다. 그 이유는 무엇일까요?

우리는 목돈을 한 곳에 투자할 때는 매우 조심하고, 신중하게 결정하게 됩니다. 하지만 소액을 여러 곳에 투자할 때는 그 신중도가 매우 낮아집니다. 처음 한, 두 개는 이것저것 고려해서 선택하지만 그 개수를 넘어가면 구색 맞추기로 선택하는 경우가 허다합니다.

분산투자가 '맞다'고 생각해서 여러 가지에 투자하고 있지만 사실 신중하게 고른 것은 한, 두 개에 지나지 않습니다. 그러다 보니 최종적으로 이익과 손해를 합해보면 결국은 마이너스 수익률이 되는 것입니다. 그렇다면 과연 이러한 상황에도 이익을 보는 것은 누구일까요?

그것은 바로 그러한 상품을 거래하는 금융회사일 것입니다. 상품 취급 수수료를 받고 손해가 나도 깨알 같은 글씨의 계약서로 고객에게 손해를 떠넘기는 금융회사가 이익을 얻는 것이지요.

"달걀을 한 바구니에 담지 말라!"라는 말은 사실 금융회사를 위한 말이지 개인투자자를 위한 말은 아닐 것입니다. 개인투자자들은 분산투자보다 신중한 투자를 하는 것이 우선이며 신중하게 선택한 곳에 집중 투자를 하는 것이 자산을 늘리는 방법입니다. 분산투자가 듣기에는 왠지 위험을 분산해주니 안전할 것 같지만 그만큼 수익이 분산되어 이익을 얻기가 어렵습니다. 분산투자는 뭘 할지 몰라 혼란스러운 사람들이 마음에 위안을 얻으며 하는 투자일 뿐 개인이 자산을 증식하는데 좋은 방법은 아닐 것입니다.

또한, 분산투자라고 하더라도 많아야 3가지 정도를 선택하는 것이 맞을 것입니다. 사실 그 이상을 넘어가면 시간이 지나 본인이 어디에 어떻게 투자하고 있는지 모르는 일도 허다합니다. 즉, 분산은 해 놓았지만 전혀 신경을 쓰지 못하는 상황이라고 볼 수 있습니다. 많은 분과 상담을 하다보면 본인이 여러 곳에 투자했는데 어디에 얼마씩 투자하고 있는지, 심지어는 수익이 났는지 손해가 났는지 모르는 경우도 많습니다. 단지 분산투자가 불안하지 않다는 생각으로 여러 곳에 분산투자를 생각하고 있다면 다시 한번 신중하게 생각해 보시기 바랍니다.

청소년의
장래희망 2위는
'건물주'

결심하기에 따라서 무엇이든 이룰 수 있다.
지금 겪는 어려움은 그저 당신의 성격이 어떤지, 실력이 어떤지를 시험하는
테스트일 뿐이라고 받아들여라.
—브라이언 트레이시

언제부턴가 '조물주 위에 건물주'라는 말이 들려온다. 이제는 더 이
상 낯설지 않은 이야기가 되었다. 최근 한 뉴스를 통해서 접하게 된 설
문조사에 의하면 2016년 기준, 청소년의 장래희망 1위는 공무원, 2위
는 건물주라고 한다. 이제는 건물주라는 것이 어른들만의 꿈이 아니
라 아이들도 함께 꾸는 꿈이 되었다. 어떻게 보면 이러한 표현들이 야
박할 수도 있지만 현시대와 현시점을 적나라하게 반영한 것이라고 생
각한다.

자본주의 사회를 살아가는 우리는 돈이 필요하다. 나 또한 그랬고
앞으로도 그럴 것이다. 대학을 마치고 사회로 나와 보니 돈의 필요성

이 더욱 강하게 느껴졌다. 가장 기본적인 의식주를 해결하려면 기본적인 돈이 필요했다. 의식주를 해결하기 위해 열심히 일했고, 시간이 지나 돈을 버는 액수가 쌓이니 점점 무언가를 해봐야겠다는 생각이 들었다. 하지만 무엇을 해야 할지는 잘 몰라서 늘 고민이었다.

사회 초년생 때는 쉽게 접근할 수 있는 주식을 해보았다. 이유는 큰돈이 있지 않아도 투자를 해 볼 수 있고, 사회 초년생이라면 누구나 해야 될 것 같은 정석처럼 재테크 서적에서 알려주었기 때문이다. 투자 개념 아래 저축 이외에는 처음으로 주식을 해보았으나 서적과 주변의 말처럼 쉽지는 않았다. 투자한 종목에서 이익은커녕 손실만 보았다. 물론, 이익을 보는 종목들도 있었으나 극히 일부였고, 총합계를 계산해봤을 때는 늘 마이너스를 기록하고 있었다. 이에 나름대로 공부도 해보고 발전적인 형태로 주식투자를 해보았지만 다른 사람과는 다르게 몸에 맞지 않는지 잘 풀리지는 않았다. 주식을 하면서 내가 느꼈던 것은 '일반적인 개미(개인투자자)들이 주식으로 돈벌기는 쉽지가 않구나' 라는 것이었다.

이후 주식에는 손을 대지 않았고, 또다시 하는 일에만 집중하며 돈을 모으기 시작했다. 삶의 아무런 변화 없이 돈을 모았으나 무계획한 생활을 하고 있던지라 모이는 돈을 어떻게 활용해야 할지 고민되기 시작했다. 주식 투자로 인한 아픈 기억 때문에 손실이 크게 발생하는 투자는 하고 싶지 않았다. 그러던 중 주변 사람들과 서적으로 접하게 된 것이 부동산이었다.

그러나 쉽게 엄두를 내지 못했는데 그 이유는 첫째, 큰돈을 투자해야 한다는 선입견, 둘째, 부동산 투자에 대한 무지함, 셋째, 주식투자 경험으로 인한 망설임이었다. 하지만 '변화를 시도하지 않으면 아무 일도 일어나지 않는다'라는 것을 잘 알기에 며칠 고민 끝에 몸을 움직이기 시작했다.

우선 책을 읽기 시작했다. 부동산 관련 서적 중에 경매 책이 눈에 띄어 경매 책으로 접근했고, 스터디 모임도 잠깐 참여해보았다. 그러나 경매는 생소한 법률적인 용어, 변수적인 요인들이 많았다. 이로 인해 의욕이 점점 줄어갔고, 부동산 투자를 멀리할 것 같은 생각이 들었다. 그래서 부동산 투자의 첫 시작을 경매로 하기 보다는 일반적인 매매로 할 수 있는 방법이 낫겠다는 판단이 들었다.

어려운 용어들이 가득 담긴 경매 책을 뒤로 한 채 일반 부동산 매매 관련 기초 서적부터 차근차근 읽기 시작했다. 그중에 읽었던 것들 중 황 소장님의 저서가 있었다. 기초적인 부분부터 초보자가 쉽게 접근할 수 있는 내용이 담긴 것에 매력을 느꼈고, 카페에 가입한 후 동영상 강의도 시청하였다. 내가 모르는 부분과 궁금한 부분을 하나하나 채워나가는 기쁨과 만족감이 더해져 자연스럽게 세미나를 신청하였고, 일 대 일 상담까지 신청하게 되었다. 내 상황과 기준에 맞춘 상담을 통해 부동산 공동 구매에 참여하기로 하였다.

| 진행상황에 대해 주고 받은 카톡 메시지

　　연금형 부동산 연구소를 통해 처음 '공동 구매'에 대해 알게 되었고, 내가 그 첫 계약자들 중 1명이 되었다. 사실 이 부분에서 많은 고민과 걱정이 있었다. 이전 사례들은 일반 매물에 대한 추천과 매매였기 때문에 비교 대상이 있었고 검토해 볼 수 있는 여지가 있었다. 허나 연금형 부동산 연구소에서 접근하는 이 방식은 처음 시도하는 것이었기 때문에 다른 부동산 투자자들보다 고민과 걱정이 더 가중될 수밖에 없었다.

　　하지만 서적과 동영상의 내용으로 여기까지 온 만큼 과감히 투자하기로 하였다. 또한, 서적과 영상을 통해서 배운 내용 이후 더 큰 진전이 있길 바랐으나 실전 투자가 아니면 더는 나아질 것이 없어 보였다. 공동 구매 결심 후 황 소장님과의 면담을 통하여 좀 더 구체적인 사항

들을 듣고 점검할 수 있었으며, 연금형 부동산 연구소에서 모바일 메신저를 통해 공동 구매 진행상황을 상세히 안내해주며 지속하여 관리를 해주었다. 이를 통해 나를 포함한 공동 구매 투자자들의 고민과 걱정, 궁금증들을 말끔히 해소할 수 있었다.

예를 들면 '건물이 어느 정도 지어지고 있는지, 마감재는 어떤 걸 쓰는지, 안에 가구들은 어떤 것들이 배치가 되는지, 대출담당자와의 연락은 언제인지, 등기이전을 위한 일정은 언제인지' 등이었다. 부동산 내·외부에 대한 것과 서류적인 부분을 포함한 투자 전반에 대해 모바일 메신저를 통해서 지속하여 커뮤니케이션을 해주었다. 거리적인 문제로 상황을 체계적으로 확인할 수 없는 투자자들이 많았을 텐데 꾸준한 연락을 통해 구체적이고 체계적인 안내로 나를 포함한 투자자들의 걱정을 근심이 아닌 안심으로 바꿔주었다. '최소한 사기를 당하는 게 아니구나'라고 안심하게 해주었다. 공동 구매를 통해 투자하면서 더 많은 정보와 지식을 쌓기 위해 노력했던 것 같다. 특별한 상황이 아니고서야 구매하는 것 중 집이야말로 인생에서 가장 큰 구매이기 때문이다.

친절하고 상세한 안내와 기다림 끝에 건물은 완공되었고, 등기 이전 서류를 작성하며 잔금을 치렀다. 완공 후 이게 내 부동산이 맞는지 내·외부를 요리조리 살펴보며 기분 좋게 웃음 짓던 그날이 생생히 떠오른다.

그로부터 약 10일 후 나는 첫 월세를 받게 되었다. 통장에 찍혀있던 첫 월세를 보며 오묘한 생각이 들었다. 앞전 투자자들의 후기 속 이야기처럼 월세 받는 주인공이 되었다는 생각이 들었다. 이제는 '남 이야기가 아니라 그 후기 속 주인공이 바로 나이구나'라고 느끼게 된 것이다. 사실 내가 월세 받는 실감을 느낀 것은 두 번째 월세 입금부터였다. 동일한 금액이 월세 통장에 찍혀 있는 모습을 보며 나도 모르게 웃음이 났고 가족에게 당당히 말할 수 있게 되었다.

공동 구매 1호 완공 후 지금까지 별 탈 없이 6번의 월세를 받았다. 만족스러운 것은 그야 말로 따박따박 월세를 받고 있다는 점과 월세를 받으면서도 지속적인 사후관리 및 점검을 받고 있는 점이다. 연금형 부동산 연구소에서 모바일 메신저로 공동 구매 1호 부동산의 세심한 관리에 대해 안내해 주고 있다. 마음 편히 안내를 받으며 월세를 받는 일이 너무나도 행복하다.

돌이켜 생각해 보면 공동 구매 1호에 투자했던 게 잘한 일이다. 변화를 시도했던 나 자신에게 뿌듯하다. 투자라는 가치에 재미를 느끼게 되었고, 앞으로 나아가야 될 방향에 대해서 더욱 구체화되었으며, 나 스스로 발전적인 삶을 살게 되었다는 점에서 공동 구매 1호는 참으로 뜻 깊은 투자였다. 끝으로 좋은 결과를 만들어 준 황 소장님과 연금형 부동산 연구소 직원 분들께 감사의 인사를 전하고 싶다.

임대관리의 2가지 형태

이번에는 임대관리의 2가지 형태에 대해 이야기해 보겠습니다. 우선 임대관리는 소극적인 것과 적극적인 것이 있다고 생각하면 쉽습니다.

소극적인 임대관리

소극적인 임대관리는 대부분 공인중개사 사무실(흔히 말하는 부동산 사무소)에서 해주며, 그 관리 영역은 다음과 같습니다.

1) 세입자 찾는 것을 도와줍니다.

　손님이 오면 집을 소개하고 중개하기 위한 노력(광고)을 합니다. 그리고 계약이 되면 중개수수료를 받습니다.

2) 비용을 받고 건물 청소를 합니다.

　일주일에 1회에서 많게는 3회 정도 공용부분(복도, 계단, 주차장)을 청소합니다.

3) 세입자 문제나 시설에 이상이 있을시 소극적으로 도와줍니다.

　친한 공인중개사라면 세입자가 월세를 연체하면 한두 번 독촉전화를 해줍니다. 그리고 보일러, 도어락 등이 고장 나면 확인하고 본인이 아는 수리 업자를 불러 견적을 알려줍니다. 이러한 것은 집주인과의 친분이 있는지 없는지에 따라 해줄 수도 있고 안 해줄 수도 있는 부분입니다.

　이러한 소극적인 관리 형태에서는 공실이 생기면 당연히 월세를 못 받게 되며 세입자가 월세를 연체하면 최종적으로 불편함을 겪는 것은 집주입니다. 시설 고장이나 수리에 대한 책임 역시 집주인이 지게 됩니다. 즉, 공실 위험, 세입자 관리, 시설관리에 대한 부분에 약간의 도움을 받지만 그 최종 책임은 집주인이 지게 되는 것이 소극적인 임대관리 형태라고 볼 수 있습니다. 마치 보증기한이 끝난 중고차를 사서 본인이 책임지고 관리하면서 고장이 나면 카센터에서 고치는 것과 비슷하다고 볼 수 있습니다.

적극적인 임대관리

　적극적인 임대관리는 공인중개사 사무실이 아니라 임대관리만 전문으로 하는 임대관리 회사에서 해주는 것입니다. 그 관리 영역은 아래와 같습니다.

　1) 월세를 보장해 줍니다.

　　관리하는 부동산이 공실이 생기거나 세입자가 월세를 연체해도 정해진 날짜에 집주인에게 월세를 송금해줍니다. 물론 본인이 직접 월세를 받을 때 보다는 적은 금액을 받게 되지만 공실과 연체 시에도 월세를 받는다는 큰 장점이 있습니다.

　2) 운영비용을 관리회사가 부담합니다.

세입자가 바뀔 때 발생하는 중개수수료, 계단과 주차장 부분의 청소비용, 정화조 청소비용 그외 관리에서 발생하는 비용을 관리회사가 부담하고 운영합니다. 세입자가 물품을 파손하거나 손상시킨 경우에도 세입자에게 비용을 받아 수리를 하거나 그렇지 못한 경우는 관리회사가 비용을 부담해 수리를 합니다. 단 운영비용의 범위는 관리회사마다 차이가 날 수 있습니다.

3) 임대관리 회사에서 시설 및 세입자 관리를 모두 합니다.

부동산을 사서 월세를 받다보면 생각하지 못한 일들이 종종 일어납니다. 상식 밖의 생각을 가지고 있는 세입자를 만나 스트레스를 받기도 하고, 월세를 연체해서 속을 썩이는 일도 있습니다. 집을 엉망으로 사용하거나 소소한 것들이 파손되는 경우 등 세입자 및 시설에 대한 신경을 쓰게 됩니다. 하지만 임대관리 회사에서는 그러한 모든 것들을 대신 해결해 줍니다.

예를 들어, 지난겨울 임대 관리하는 집에 보일러가 고장이 났었습니다. 처음에 기사를 불러 수리를 했는데 다음날 다시 고장이 났습니다. 물론 기사를 다시 불러 수리를 했지요. 그런데 다음날 또 고장이 나서 결국에는 세입자를 내보내고 보일러를 교체하는 일이 있었습니다. 그 과정에서 세입자의 불평과 항의가 있었고 세입자를 내보내면서도 이사비용을 줘서 내보내게 되었습니다. 이러한 일을 직접 겪는다면 매우 스트레스를 받게 될 것입니다. 하지만 이러한 일을 소유주는 전혀 모르고 있습니다. 단지 정해진 날짜에 월세를 받는 것 이외에는 신경 쓸 일이 전혀 없다고 볼 수 있습니다.

아, 부동산은
골치 아픈 거구나,
다신 근처에도 가지 말아야지!

경청할 줄 알면 말이 서투른 사람에게서 조차 이득을 얻게 된다.
—플루타르코스

2014년 11월, 카페에 가입했습니다. 더불어 황 소장님의 저서《월세 300만 원 꿈이 아니다》의 이북(e-book)을 구매하여 단숨에 읽었습니다. 사실 책을 먼저 읽었는지, 카페 가입이 먼저였는지는 확실치 않습니다만, 마치 갈증을 느끼는 순간 시원한 냉수 한 사발 마시듯 순식간에 이루어진 것은 분명합니다.

안녕하세요? 저는 부동산 공동 구매를 통해 논현동에 도시형 임대 주택(원룸)을 보유하게 된 아이디 '이제 반 틈'입니다. 2015년 7월, 계약했던 원룸이 완공되어 2016년 1월 말경, 임대계약을 체결하고 매달 정해진 날짜에 통장에는 월세가 입금되고 있습니다. 월세 받기에 어느

새 익숙해져서인지 연금형 부동산 연구소 카페에 발길이 뜸 해질 무렵, 간간이 전해주시는 황 소장님의 메시지에 약간 미안한(?) 생각을 하며 오랜만에 다시 들러본 카페! 카페는 여전히 씽씽 달리는 분위기였습니다. 그리고 어느새 공동 구매 부동산 2호가 완공되어 준공 및 사용승인이 났다는 소식이 올라와 있었습니다. 그사이 회원분들도 많이 늘었고요.

분명 그 회원분들 중에는 열심히 눈팅 하시면서 성공 투자를 계획하는 분들이 많으실 텐데 저의 경험담이나마 작은 도움이 되기를 바라는 마음으로 투자 후기를 적어보려 합니다. 카페에 가입 후 카페에 올라와 있는 다른 분들의 실전투자 후기를 열심히 읽었었습니다. 사실 카페에 가입한 주목적이 '남들은 어떤 과정으로 투자를 결심, 실행하게 되었나? 그리고 얼마나 월세를 받고 있나?'를 알고 싶은 것이었기 때문에 카페의 실전투자 성공 후기를 매우 열심히 보곤 했습니다.

투자 후기를 올리신 분들의 투자 진행순서를 보면 거의 '세미나 참석·심층상담·실전 스터디·투자 결정·투자 진행' 이런 순서를 밟아 가시던데 저는 세미나 참석과 실전 스터디는 하지 않았습니다. 이전에 수익형 부동산을 통한 월세 수입에 대한 경험이 있어, 그 효과를 잘 알고 있었기에 굳이 세미나 참석은 필요 없을 것으로 판단하였습니다.

사실 저는 1996년쯤 분당의 한 오피스텔을 우연히 분양 받았었습니다. '우연히 투자를 하게 되었다'는 표현이 좀 어색하긴 합니다만 당시 저는 젊었고, 부동산 투자나 임대 수입에 대해 관심이 없던 시절이었는데 직장 선배의 강권(?)에 의해 얼떨결에 그 분이 가지고 있던 분양권을 인수하게 되었습니다. 지금도 그렇지만 당시에도 분당이라고 하면 위치는 꽤 좋은 편이라 '최소한 손해는 안보겠지' 라는 마음으로 쉽게 구입을 결정했는데, 1997년 IMF를 거치면서 시공사가 부도가 나는 바람에 큰 평지풍파를 겪었습니다.

수년간 공사가 중단되었고, 비대위(비상대책위원회)가 결성되었고, 얼마 후에는 그 비대위를 불신임하는 세력이 생겨 서로 싸우기 시작했습니다. 한쪽은 중도금을 내라, 안내면 이자가 계속 늘어간다고 하였고, 한쪽은 절대로 내면 안 된다고 하는데 연체 이자는 자꾸 쌓여가고 등등 어려움의 연속이었습니다.

결국 2003년, 시공사가 바뀌어 공사를 재개하고 완공되어 임대를 놓기까지 거의 7~8년에 육박하는 기간 동안 이 오피스텔은 저와 아내의 큰 짐이 되었습니다. 저의 경솔한 투자결정으로 인해 무던히도 속을 끓이던 시간이었습니다. 우여곡절 끝에 건물이 완성된 이후 몇 번의 전세를 거쳐 월세라는 걸 받게 되면서 그 동안의 고생이 보상 받는 느낌이었습니다만, 수년간 맘 고생한 것을 생각하면 다시는 부동산을 쳐다보고 싶지도 않았습니다.

제가 이렇게 오피스텔 투자 후기를 장황하게 늘어놓는 이유는 이 과정을 통해서 '아, 부동산은 골치 아픈 거구나, 다신 근처에도 가지 말아야지'라는 부정적인 생각이 생겼고, 연금형 부동산 연구소 카페와 황 소장님을 알게 될 때까지 10여 년은 이 분야로는 눈길조차 돌리지 않는 계기가 되었다는 것을 설명하고 싶었기 때문입니다.

그러다 다시금 수익형 부동산에 관심을 가지게 된 계기는 이렇습니다. IMF 얘기를 하는 것으로 보아 제 나이를 짐작하실 수 있을 텐데요, 소위 386세대라고 하는 60년대 생입니다. 요즘 청년실업이 큰 사회 문제이며, N포 세대라는 말이 나올 수밖에 없는 이 사회현실이 너무 안타깝게 생각되지만, 저희 세대 또한 명예퇴직이니 희망퇴직이니 살벌한 단어가 난무하고, 실제 정년이 48세라는 등 이런 기사를 보며 가슴 졸이는 세대이기도 합니다. 바로 N포 세대 그 청년을 자식으로 둔 부모이기도 하구요.

게다가 평균 수명이 드라마틱 하게 길어져서 100세 시대를 얘기하는 데 과연 '그게 축복일까? 일을 그만두고 수십 년을 제대로 된 수입 없이 산다는 것만큼 불행한 것도 없을 텐데… 난 어떤 준비를 하고 있나?'하는 생각이었습니다. 은퇴와 그 이후에 대한 불안감이 수년 전부터 생긴 큰 걱정거리였습니다.

충분한 노후대책이 되기에 턱없이 부족한 국민연금은 단계적으로 지급 시기를 늦춰 곧 65세가 되어야 지급이 시작되고, 그나마도 자금 고갈로 70세로 지급 시기를 늦춰야 한다는 얘기가 솔솔 나오고 있는 것을 보면 그마저도 장담할 수 없는 시대가 곧 도래할 것 같습니다.

자금 걱정 없이 노후를 맞이하는 가구가 과연 얼마나 될까요? 자금이 좀 있다 하더라도 우리나라도 이미 실질금리 마이너스 시대에 접어든 상황이라 생활비를 충당할만한 이자수입을 만들기는 거의 불가능하다고 봐야 할 것입니다. 그렇다고 주식, 채권 등에 손을 대기는 겁이 나고요. 결국은 부동산을 통한 월세 수입이 가장 현실적이며 매력적일 수 밖에 없다는 결론에 이르게 됩니다. 게다가 매월 월세를 받을 수 있으면서 보유가치 상승도 기대할 수 있다면 이보다 좋은 대안은 없겠지요.

소장님의 책에서 이런 내용을 접했을 때 무릎을 탁 치지 않을 수 없었습니다. '그래 이거야, 몰랐던 바는 아니지만 좀 더 빨리 이런 자극을 받았으면 좀 더 빨리 행동했을 텐데… 그럼 지금의 상황도 좀 달라졌을 텐데….' 하는 마음이 들었습니다. 저의 무관심으로 인해 잃어버린 10년의 시간이 몹시 아쉽게 느껴지면서도 새롭게 뭔가를 시작할 수 있을 것 같은 기대감에 흥분되었습니다.

오피스텔 때문에 겪었던 어려운 경험으로 인해 부동산에 대해 부정적으로 생각하는 아내를 변화시키는 것이 어려웠습니다. 게다가 절반 이상을 대출로 처리해야만 하는 사정이었기 때문에 대출에 극히 민감해하는 아내를 설득에 설득을 거쳐 작년 5월, 황 소장님과 심층 상담을 하게 되었습니다. 황 소장님이 생각보다 젊어 불안하다며 꼬투리를 잡는 아내의 말에 황 소장님이 쓰신 책이며, 방송 출연한 영상을 찾아 보여주며 또 한참을 설득한 결과, 결국 투자를 하기로 결정하였습니다.

앞서 투자한 회원님들의 투자 사례들을 몇 번이나 읽고 또 읽으면서, 자금을 어찌 준비해야 할지, 수익은 얼마나 될지 알아보았습니다. 그 사이 《전국 수익형 부동산 공급 현황》, 《강남 오피스텔 투자비법》, 《강남 빌라 도시형 생활주택 투자 비법》, 《연금형 부동산이 답이다》 등을 읽으면서 남이 권해서가 아닌 스스로의 안목을 만드는 공부도 병행했습니다. 그러던 차에 공동 구매 1호의 안내를 받게 되었고, 신축의 경우 취득세 면제가 가능하다는 장점까지 더해진 공동 구매에 호기심을 갖게 된 저는 거의 작심을 한 상태에서 공동 구매 신청을 결정하기 위해 소장님 상담을 신청하게 되었습니다.

소장님을 만나고 구체적인 설명을 들으면서 더욱 확신이 생겼고, 조금 무리하면 두 채도 가능할 것 같다는 생각에 두 채를 계약하게 되었습니다. 계약금을 보내고 난 얼마 이후 집안에 예기치 않았던 일이 생겨서(물론 돈 들어갈 일이죠 ㅎㅎ) 두 채를 계속 유지하기 어려운 상황이 생겼습니다.

혹시나 '한 채를 취소해야 하는데, 이것 때문에 불편한 상황이 생기면 어쩌지' 하는 걱정스러운 마음으로 조심스레 얘기를 꺼냈을 때 저의 걱정이 무색하게 친절한 태도로 취소 처리를 해주셔서 참으로 감사했습니다. 공동 구매를 원하는 대기자 분들이 많이 있는 상황이기도 했겠지만, 시원스레 계약을 취소시켜주신 소장님과 건물주 분을 통해 공동 구매에 대한 신뢰를 더욱 공고히 하게 되는 계기가 되었습니다.

계약 이후 주요 공사가 있을 때마다 보내주시는 소장님의 메시지를 통해 공사에 대한 궁금증을 많이 해소할 수 있었습니다. 저는 공사하는 도중에 한 번도 가보지를 않았습니다. 지방에 사는 탓도 있었겠지만 때마다 소장님이 자세한 사항을 알려주시고 워낙 신뢰가 가도록 일을 처리하시니 굳이 가보지 않아도 되겠다고 판단했었던 것 같습니다.

저도 원룸 생활을 해봤고, 대학생 자녀를 둔 덕분에 여러 차례 원룸을 구해본 경험이 있어 원룸의 구조, 가구, 마감재 등의 수준에 대해서는 어느 정도 경험이 있다고 생각했었습니다. 소장님께서 항상 힘주어 좋은 자재, 깔끔한 마감을 강조하실 때에도 '원룸이야 시설이 다 거기서 거기지 뭣이 그리 특별하겠어? 차이가 나봐야 좀 깨끗한 정도겠지' 하고 크게 의미를 두지 않았었습니다. 드디어 해가 바뀌어 올 1월 중순, 건물이 완공되어 등기를 할 때가 되어서야 저는 아내와 함께 현장에 가보게 되었고, 제 기대이상으로 깔끔하게 마무리된 건물과 가구 및 내장재들을 확인하게 되었습니다. 그 동안의 메시지가 사실이었구나… 어느 회원님처럼 '내가 살고 싶다'는 생각이 들기도 했습니다. ^^

건물 등기를 마치고 난 이후 약 2주간 임대가 되기까지 되지 않아 약간 불안(?)함이 생기려 할 때쯤 임대관리 회사에서 연락이 왔고, 대망의 임대계약을 하게 되었습니다. 임대가 약 2주 걸렸지만 소장님의 조치로 등기일부터 임대일까지의 은행 대출금 이자는 건물주에게 받게 되어 저는 손해 본 것이 하나도 없었습니다. 저는 이번 기회에 기존에 가지고 있던 오피스텔과 함께 주택임대 사업자 신청을 해서 취득세를 내지 않았습니다.

1월말 계약 이후 지금까지 4번의 임대료가 제 날짜에 들어오고 있어 매 월초 어떤 날을 기다리는 즐거운 습관이 생겼습니다. 들어온 월세는 이리 저리 쪼개어 대출 이자도 갚고, 다음 투자를 위한 종잣돈 마련에 보태고 있습니다. 적은 금액이지만 나보다 어려운 이들을 위한 기부도 한 구좌 더 하게 되었습니다.

거주지가 지방이다 보니 건물관리를 직접 한다는 것은 매우 어려운 얘기입니다. 오피스텔의 경우 자그마한 수리나 교체 등은 비용만 송금해주고 영수증을 받거나 사진을 받아 확인하고는 했으나 큰 교체, 계약 갱신 등에는 현장 방문을 할 수밖에 없었습니다. 이 또한 즐거운

| 공동 구매 건물 관리 중인 모습

일이라고 생각할 수 있으나 현실적으로 정해진 날짜에 시간을 맞추는 것이 그리 쉽지는 않습니다. 이런 점에서 소장님이 소개해주신 관리회사를 이용하는 것이 가장 효율적이라고 생각되어 계약 단계에서부터 모든 사항을 맡기고 있는데 현재까지 모자라는 점 하나 없이 잘 해주고 있어 대단히 만족하고 있습니다. 가장 중요한 월세에서부터 세세한 건물의 관리에 이르기까지 말입니다.

아무래도 세입자의 경우 본인재산이 아니므로 관리에 소홀하기가 쉬운데 관리회사 직원들이 매일 현장을 점검하고, 미비한 사항에 대해서는 특별 관리까지 해준다고 합니다. 아직은 신축이라 문제가 되지 않지만 건물연수가 경과함에 따라 건물의 노후화는 피할 수 없을 것이지만 주기적이고 세심한 관리를 통해 항상 깔끔한 상태가 유지될 것이라 기대합니다. 주기적 외벽 청소를 비롯하여 잘 관리하기 위해서는 얼마간의 비용이 들겠지만, 잘 관리하여 공실 없이 임대되는 것이 결국은 이익이기 때문에 이를 위한 비용은 별도의 통장으로 모아두고 있습니다.

제가 목표하고 있는 임대 수입의 절반을 달성한 상태이며 나머지 절반을 달성하기 위한 종잣돈을 열심히 모으고 있는 중입니다. 자녀들이 성장해 감에 따라 지출도 늘고, 예상치 못한 지출이 발생해서 기대보다 많이 모으지 못해 아쉬움이 있지만 목표가 확고하므로 꼭 이룰 수 있다고 생각합니다. 저의 경험담이 투자에 관심이 있는 분들에게 참고가 되기를 바랍니다. 감사합니다.

부동산을 대하는 부부의 3가지 유형

상담을 하다보면 부부가 함께 오는 상황이 많습니다. 당연히 부동산 투자에 대한 상담을 받는 것이니 혼자 듣는 것 보다는 함께 듣는 것이 훨씬 더 도움이 되지요. 그런데 지금까지 상담을 해오면서 부부 모두가 부동산에 관심이 있는 경우는 거의 보지 못했습니다. 한 사람이 관심이 있으면 나머지 한 사람은 관심이 없게 마련입니다. 그런데 그 관심이 없는 정도도 3가지 단계가 있었습니다.

1. 남편(아내)이 부동산 투자를 반대하는 경우
2. 남편(아내)이 부동산 투자에 관심이 거의 없는 경우
3. 남편(아내)이 부동산 투자에 대한 부분을 아내(남편)에게 믿고 맡긴 경우

1번과 같은 상황은 무조건적 반대인 경우가 많습니다. 사실 상세히 알아보면 반대할 이유가 딱히 없는데도 과거의 경험이나 주위의 이야기들로 인해 무조건 반대를 하고, 부동산이라고 하면 뭔가 잘못될 것 같은 선입견을 가지고 있는 분들입니다. 이런 상황에서는 배우자와 부동산에 대해 이야기를 나누는 것조차 쉽지 않습니다. 뿐만 아니라 미래에 대한 이야기를 나누기 어려운 때도 많습니다. '그냥 단지 열심히

살다보면 어떻게 되겠지'라는 생각을 가지고 있는 경우가 대부분이기도 합니다. 하지만 현실적인 사람은 미래에 대해 생각해보게 되고 확실한 대안이 없으면 걱정을 하게 됩니다.

따라서 무언가를 해보고 싶은데 배우자의 무조건적인 반대로 인해이러지도 저러지도 못하는 상황에서 답답함과 불안함을 느끼게 됩니다. 마치 병이 있는데 아프다는 말을 못 하고 끙끙거리며 참는 것과 같은 상황이라고 볼 수 있습니다.

2번의 유형은 본업이 바쁘거나 애초에 부동산 투자에 관심이 없는경우인데 배우자의 입장에서 답답하기는 첫 번째 경우와 비슷하다고볼 수 있습니다. "부동산에 좀 관심을 가지면 좋을 텐데…"라는 이야기를 하지만 관심을 갖게 하기가 쉽지는 않습니다. 재테크에 대한 이야기를 할 때면 무성의한 대답과 관심 없는 태도에 답답함만 더 가중될 뿐입니다. '소 닭 보 듯 한다'는 속담이 이와 비슷한 경우라고 볼 수있습니다.

3번은 배우자가 하는 것이라면 무조건 믿어주고 알아서 하라고 하는 경우입니다. 1,2번 보다 훨씬 나은 상황이지만 혼자서 결정해야 한다는 부담감이 있는 것은 마찬가지입니다. 이런 상황에서는 본인이 부동산 투자에 대한 기준과 확신이 있다면 얼마든지 성공적인 재테크를할 수 있습니다. 다만 조심해야 할 것은 부동산 사기나 허황된 투자 유치에 혹하지 말아야 한다는 것입니다. 아무리 본인을 믿어주는 배우자라고 할지라도 한두 번의 손해가 생기고 난 뒤에는 그 태도가 달라질 수 있습니다. 따라서 무엇보다 신중한 결정이 중요할 것입니다.

위의 3가지 상황 모두 배우자가 함께 부동산에 대해 관심을 갖게 된다면 더할 나위 없이 좋은 여건이 될 것입니다. 그러기 위해서는 상대방에게 불평, 불만을 늘어놓기보다 쉬운 내용부터 접할 수 있게 해주는 것이 중요합니다. 처음부터 어렵거나 장황한 내용 혹은 허황된 성공 스토리를 접하게 되면 오히려 부정적인 영향을 미칠 수 있습니다. 부동산에 대한 쉬운 책 혹은 동영상을 보게 함으로서 부담감을 줄이고 기본적인 지식을 갖추게 해 주는 것이 상대방의 생각을 변화시키는데 큰 도움이 될 것입니다.

수영을 무서워하는 사람에게 바로 깊은 물에 들어가라고 하는 것 보다 우선은 무릎 정도의 얕은 물에 들어가서 물을 친숙하게 느끼게 하고 이후에 점점 더 깊은 물에 적응해 나가게 하듯이, 부동산 역시 마찬가지입니다. 배우자가 책이나 영상을 보는 것에 관심이 없다면 본인이 알고 있는 이야기 중 쉬운 것 예를 들어 "부동산을 살 때는 등기부등본을 잘 봐야 한다던데 그 등기부등본이라는 것이 사람의 주민등록등본처럼 주인이 누구인지부터 대출이 얼마나 있는지 모두 다 나와 있어서 그것만 잘 볼 줄 알아도 부동산 사기를 당할 일은 없다던데…"라는 정도의 이야기부터 해준다면, 배우자는 부동산에 조금씩 흥미를 갖게 될 것입니다. 위와 같이 쉬운 이야기들은 연금형 부동산 연구소에 많이 준비 되어 있으니 참고하시기 바랍니다.

　사실 속으로는 누구나 부동산에 관심이 있지만 주위에서 잘못된 사례 혹은 정보로 인해 관심을 표현하기 어려워합니다. 하지만 쉬운 것부터 차츰차츰 접하게 해준다면 얼마든지 달라질 수 있을 것입니다.

금융회사에 들어와
정말 열심히
다녔으나…

'그건 할 수 없어'라는 말을 들을 때마다 나는 성공이 가까웠음을 안다.
—마이클 플래틀리

기존의 나의 투자

2015년, 회사생활 15년 차. 소위 남들이 부러워한다는 금융회사에 들어와 정말 열심히 다녔다. 남들은 안정적이라고 한다. 하지만 항상 목표 달성을 위한 실적에 쫓기고, 늦은 퇴근시간에 지쳐 집에 오면 항상 피로에 쌓여 잠만 자는 생활이 계속되었다. 아이들이 커가는 모습을 느껴보지 못한다고 생각이 들면서 회의가 많이 생겼다. 그러면서, 항상 '퇴직하면 무엇을 할 수 있을까?' 하는 막연한 두려움이 머릿속에 있었다. '무엇을 해야 나중에 편안하게 가족과 함께 즐거운 시간을 함께 할 수 있을까?'하는 생각도 종종 하곤 했다.

그러나 나의 재테크 성적은 정말 엉망이었다. 처음, 부동산을 지인의 말만 믿고 분석 없이 인천 지역에 투자했다가 7~8년 돈이 묶여 지금까지 고생하고 있어 더욱 부동산에 '부'자도 듣기 싫었다. 그래서 모든 직장인들이 한 번 이상은 해봤다는 주식을 해보기 시작했다. 가치투자가 최고라는 말을 듣고 해봤으나 회사의 갑작스러운 문제로 급락하기도 했다. 그러다가 단타매매가 좋다는 말에 소위 무료추천주 등을 투자해봤으나, 능숙하지 않은 나에게는 결과가 항상 좋지 않았다. 특히, 주식의 특성상 하루에도 계속된 급등락에 오히려 회사 일에 안 좋은 영향만 주었던 것 같다.

그렇게 결과는 안 좋았지만 재테크 없이는 노후가 편안하지 않을 것이라는 생각에 지속적으로 관심을 갖고 있다가 우연한 기회에 서점

| 서점에 진열되어 있는 《월세 300만 원 받는 월급쟁이 부동산 부자들》

경제경영 파트에서 《월세 300만 원 받는 월급쟁이 부동산 부자들》을 구입하게 되었다. '어? 연금? 월세? 와, 이거 맞는 말이구나' 하는 생각과 함께 다른 부동산 책과 달리 쉽게 읽을 수 있어 구입한 다음날 전부 다 읽게 되었다.

책에 있는 황 소장님을 조회도 해보고 연금형 부동산 연구소 카페에도 가입하였다. 수익형 부동산, 강남, 월세…. 항상 들어만 봤던, 그러나, 나하고 상관없을 것이라는 선입견을 갖고 있는 글이 많았다. 그러나 '나도 할 수 있을까?' 하는 의문에서 '나도 해보자!' 하는 호기심이 하고자 하는 의지로 바뀌는 계기가 되었다.

드디어, 2015년 여름 처음 친구와 함께 세미나에 참석을 하게 되어 황 소장님을 뵙게 되었다. 깔끔한 복장과 자신감 있는 말투, 정확한 분석 자료와 나보다 먼저 투자해서 성공하신 분의 수기로 세미나가 진행되었다. 그러나 모든 재테크 투자에서도 그렇듯이 '이거 사기 아닌가?' 하는 의구심은 감출 수가 없었지만, 세미나 후 일 대 일 면담 신청을 하고, 강남 월세에 도전해보고 싶었다.

지방이 집이고, 주말밖에 면담시간이 안되어 1달 만에 소장님과 면담 시간을 갖았다. 면담시간에 나의 생각을 남에게 말할 수 있는 계기가 되기도 하였고, 무엇보다 소장님이 편안하게 말을 할 수 있도록 도와주셨다고 생각된다.

면담 후 나름 많이 고민했던 '회사 퇴직 후 무엇을 할 수 있을까' 하는 막연한 두려움에 한줄기 빛이 들어오는 것 같은 느낌이 들었다. 소장님을 뵙기 전까지는 '내가 무슨 강남을 투자해. 강남은 항상 나랑 레벨이 다른 사람들만이 사는 곳이고, 그런 사람들이 집을 사는 곳이야' 라고 생각하고 있던 그 곳에, 내가 집을 갖고 있을 수 있다는 생각만으로도 설레었다.

바로 공동 구매를 신청하여 진행하기로 결정했다. 신청 후 공동 구매 완료까지는 약 9개월의 시간이 걸렸다. 그 동안 나는 연금형 부동산 연구소 카페와 황 소장님이 쓰신 《평범한 월급쟁이 월세 1000만 원 받는 슈퍼직장인들》을 읽게 되었고, 수많은 수익형 부동산에 관심을 갖게 되었다. 중간 중간 공사 진행상황도 알려주셔서 지방에 있는 내가 더 신뢰가 가기 시작했다.

강남 투자의 시작

2016년 5월! 공동 구매 2호 준공이 완료되었다. 대출을 받았고 내가 생각했던 자금보다는 약간 더 소요는 됐지만, 무언가를 얻었다는 느낌은 정말 좋았다. 또한, 임대관리 업체에서 연락이 오고 임대관리 계약을 체결하고, 선불로 첫 월세가 입금되는 날 정말 설레는 하루가 되었다. 소장님을 처음 뵌 세미나에서 '사기가 아닐까' 하는 의구심은 믿음으로 변경되게 되었다.

평소 항상 일에 지쳐있어, 사고 싶은 것, 먹고 싶은 것을 먹고 했지만, 현재는 조금만 더 아껴 종잣돈을 만들고 차근차근 또 다른 강남 수익형 부동산에 투자를 하고자 하는 생각이 생겨나기 시작했다. 나의 목표는 앞으로 5년 후 더욱 열심히 수익형 부동산을 공부하고 도전하는 것이다. 그리고 최종적으로는 회사를 떠나, 가족과 더 좋은 시간을 갖고 싶다는 생각이 든다. 이 모든 결과는 연금형 부동산 연구소의 황 소장님께서 많은 도움을 주셨다고 생각된다.

물론, 부동산을 잘 아는 전문가가 황 소장님의 도움을 받을 필요는 없다고 생각되지만, 우리와 같은 직장인이 전문가가 어디가 있겠나? 나와 같은 부동산 초보, 난 부동산과는 안 맞는다는 선입견을 가지고 계신 분들이라면, 도움을 요청해도 후회가 없을 것이라고 적극 권유해보고 싶다.

직장인이 할 수 있는 최고의 재테크는?

평범한 직장인이 할 수 있는 확실한 재테크는 무엇일까요? 보통 직장인이 되어 돈을 벌기 시작하면 돈을 쓰는 것뿐만 아니라 재테크에 대해서도 생각하게 됩니다. 그 시점에 주식, 적금, 펀드 등을 접하게 되지요. 하지만 처음에는 모르지만 시간이 지나면서 그런 것들은 재테크가 되지 않는다는 것을 스스로 깨닫게 됩니다. 주식은 사실 잃지만 않아도 성공적이라고 할 수 있을 만큼 손해를 본 사람들이 많습니다. 아주 가끔 주식으로 돈을 번 분들이 있지만 그것은 어떻게 보면 잠시 가지고 있다고 표현하는 것이 맞을지도 모릅니다.

전업으로 주식 투자를 한다고 해도 돈을 벌기 쉽지 않은데 직장을 다니면서 주식 투자로 돈을 번다는 것은 매우 확률이 낮은 일입니다. 그리고 펀드나 보험은 돈을 불린다기보다 손해를 안보는 정도라고 볼 수 있습니다. 가입할 때는 수익이 많이 날 것처럼 설명을 듣고 여러 가지 이유로 손해는 거의 없을 것이라고 하지만, 이익이 나면 금융회사와 나누어가지고 손해가 나면 개인이 모두 책임져야 하는 방식의 금융 상품이 개인을 부자로 만들어 주기는 어렵습니다.

사실 펀드나 보험은 그것을 가입한 개인이 돈을 벌기보다 그러한 상품을 파는 금융회사가 부자가 되는 상품이라고 볼 수 있습니다. 매달 얼마의 금액을 납입하고 중간에 돈을 찾으면 중도 해지 수수료, 사업비 등을 떼고 원금도 돌려주지 않는 것이 어떻게 개인에게 재테크가 될 수 있을까요? 적어도 원금은 지키면서 돈을 불리는 것을 재테크라고 하는 것이 맞지 않을까요?

금융권의 높은 연봉, 입지 좋은 곳에 위치한 사무실의 고액 월세를 감당하려면 금융회사의 입장에서는 당연히 중도해지 수수료, 사업비 등을 떼어가야 하는 것이 당연할 것입니다.

결론적으로 위와 같은 금융상품으로는 노후를 확실하게 대비하거나 부자가 될 수는 없습니다. 만약에 위와 같은 것으로 충분한 준비가 된다면 대부분의 직장인들이 '직장 생활에 답이 없다'는 생각은 하지 않을 것입니다.

따라서 평범한 직장인들이 할 수 있는 가장 확실한 재테크는 바로 '부동산'입니다. 부동산을 사서 가격이 올라 부자가 된 사람들, 월세를 받으며 편안하게 사는 사람들뿐만 아니라 주변에도 부동산을 통해 돈을 벌었거나 벌고 있는 사람들은 셀 수 없이 많습니다.

자주 가는 편의점, 세탁소, 약국 등의 주인들은 월세를 받고 있으며 번화가에 있는 건물주인, 오피스텔 각 호실의 주인 역시 매달 월세 소득을 얻고 있습니다. 다만 우리가 그러한 사람들과 직접 만나지 않기 때문에 그런 사람들이 많은지 어떤지를 모르는 것뿐입니다.

한 번은 5년 전 연금형 부동산 연구소의 세미나를 듣고 부동산 투자를 시작한 40대 남자분과 식사를 했습니다. 그분과 식사를 하며 5년 전 이야기를 하게 되었고 문득 그분의 그 당시 목표가 '월세 300만 원 받는 것'이었다는 것을 알게 되었습니다. 그런데 그분은 현재 350만 원의 월세를 받고 있었습니다.

그분은 5년 전에 월세 300만 원을 받게 되면 회사를 그만두고 편안하게 살겠다고 했는데 아직도 회사를 다니고 있었습니다. 그 이유를 물으니 "예전에는 회사 다니는 것이 스트레스 받고 힘들었는 데 지금은 마음이 편안해요. 그리고 언제라도 그만둘 준비가 되어있으니 회사 다니는 것이 은근히 즐겁더라고요. 예전처럼 불안한 마음은 하나도 없고 하루하루가 즐겁네요."라고 이야기 했었습니다. 하지만 이분은 직장동료에게 본인이 월세 350만 원을 받는다는 이야기는 하지 않았다고 합니다. 이야기 해봤자 아쉬운 소리만 들을 게 뻔하기 때문이지요.

이렇게 우리 주변에는 부동산으로 확실하게 재테크를 한 분들이 많습니다. 다만 우리에게 자세히 이야기를 해주지 않아서 모르고 있을 뿐입니다. 아무리 좋은 금융상품이라고 할지라도 좋은 부동산 투자와는 절대로 비교할 수 없습니다. 만약 그랬다면 금융회사들이 부동산에 투자하는 일은 없었을 것입니다.

20%의 의심은
여전히
남아 있었습니다

성공은 자연연소의 결과가 아니다. 먼저 자기 자신에게 불을 지펴야 한다.
─레기 리치

따사로운 가을 햇살이 버스 창문을 비집고 들어오려는 듯 따사로운 주말 오후, 창밖에 손을 잡고 행복한 모습으로 걸어가는 가족의 모습을 보며 깊은 생각에 잠깁니다.

어릴 적 저희 집은 부유했습니다. 저는 충분한 기회를 받고 부족함 없이 공부했지만, IMF 때 사람을 잘못 믿은 아버지의 보증으로 제가 고 3때 우리 가족은 보금자리를 경매에 넘기고 빚을 떠안은 채 뿔뿔이 흩어져야 했습니다.

지금의 아내를 만나 부모님 도움 없이 전셋집을 얻어서 처음 마련한 신혼집. 전에 살던 아이들이 낙서해 놓은 벽지를 도배하고, 장판을 새로 깔며 칙칙한 방문 문틀을 둘이 밤을 새며 페인트칠을 했습니다. 처음 우리는 그 집에서 10년 넘게 살 생각을 했었습니다. '계속 살게 해 주겠지…' 하는 순진한 마음에서였을 것입니다. 하지만 예쁘게 꾸며놓은 집은 집주인 매도가격만 올려주는 셈이 되었습니다. 1년 만에 집을 매도해야겠다면서 집을 비워달라고 했습니다. 아내가 첫째 아이를 임신했을 때인데, 집주인과 친한 사이인 공인중개사 아주머니의 배려 없는 행동으로 많은 상처를 받았습니다.

그렇게 두 번째 집에 이사하고서는 첫 번째 집의 아픈 기억으로 아무것도 하지 않고 살게 되었습니다. 역시나 두 번째 집도 2년도 채 되기 전에 집을 매매한다며 또 집을 비워달라고 했습니다. 집에 투자하지 않길 잘했다며 아내와 씁쓸하게 웃으며 '언제까지 우리는 전세 난민이어야 할까?' 하는 고민에 빠졌습니다.

아무런 경제적 지식이 없고 멘토 또한 없던 우리 부부는 점점 목표 없이 돈을 모으는 상태가 되고 있었습니다. 집을 사면 떨어질까 두려워 사질 못하고 전세로 살자니 계속 이사를 다녀야 했기 때문입니다. 그나마 마지막 전세에서는 보증금을 올려주는 조건으로 4년을 살 수 있었습니다.

그러던 어느 날, 점심시간에 아내가 카페에서 동영상을 시청해 보라는 메시지와 네이버 내 카페 주소를 알려 주었습니다. 아무 생각 없이 황 소장님 동영상을 봤습니다. 그 당시만 해도 40%의 호기심과

60%의 의심이 머릿속에 공존하고 있었습니다. '만약에 원금이 손실되면 그 동안 그나마 모아놓은 재산이 없어지는 게 아닐까? 공실이 되면 어쩌지? 소장님은 믿을만한 사람일까? 우리의 재정상태 상 투자를 하려면 대출을 이용하지 않을 수 없는데? 가격이 떨어지면 어쩌지?' 꼬리에 꼬리를 물고 나오는 걱정과 의심에 확신이 서질 않았습니다.

우리 부부는 그 이후로 우유부단함을 극복하고 결국 용기를 내서 상담을 받으러 가게 되었습니다. 나름대로 궁금한 점을 정리해서 드디어 직접 소장님과 만나게 되었습니다. 소장님의 첫인상은 자신감 있는 눈빛과 당당함이 인상적이었습니다. 모든 질문에 한 치의 망설임도 없이 명확하게 대답해 주셔서 든든했습니다. 하지만 넘치는 일정을 소화하

| 사례자 분과의 상담 사진

시느라 너무 바빠 보이셔서 안쓰러워 보이기까지 했습니다.

그렇게 첫 번째 상담이 끝나고 공동 구매 세미나에 참석하게 되었습니다. 눈썰미가 좋으신지 얼마 전에 상담받은 저를 알아보셨습니다. 딱 적당한 인원에 다양한 연령대의 사람들이 모였습니다. 모두 열의와 관심을 가지고 적극적으로 질문도 하고 나름대로 공부도 많이 해 온 것 같아서 제 자신이 조금 부끄러웠습니다. 저도 당당하게 공동 구매 신청을 하고 계약금도 내고 왔습니다. 조금 마음이 홀가분했습니다.

그렇게 적지 않은 공동 구매 계약금을 걸어 놓고 또 다시 우유부단함이 고개를 들고 저희 부부를 괴롭혔습니다. '여기까지 와서 그만두면 아무것도 아니다'라는 생각으로 마음을 추스르며 하루에도 몇 번씩 소장님께 전화를 걸고 메시지를 보내고 확인하고 싶은 생각이 들었습니다.

이 당시에도 20%의 의심은 여전히 남아 있었습니다. 카페도 들락거리며 마음을 비우고, 소장님을 믿고 기다렸습니다. 그렇게 몇 개월이 지나고 연락이 왔습니다. 공동 구매 선 신청자가 포기하는 바람에 제가 참여할 수 있게 되었다는 내용이었습니다. 잔금을 치르고 제 앞으로 등기가 된 것을 확인했을 때, 나도 이제 강남에 내 명의의 수익형 부동산을 가지게 되었다는 생각에 뛸 듯이 기뻤습니다. 그 즈음에 소장님의 조언을 받아 전셋집 전전을 청산하고 내 집 마련도 하게 되었습니다. 어두운 터널을 지나 마침내 한 줄기 빛이 보이는 것 같았습니다.

첫 월세가 입금이 되었을 때에는 마치 집에 돈을 나대신 벌어주는 사람이 한 사람 더 생긴 것 같은 기분이 들었습니다. 직장 생활에서도 마음의 여유가 생기고 긍정적으로 세상을 살아갈 수 있게 되었습니다. 비록 적은 돈이지만요. 한 달에 월급을 한 번 더 받는 기분이라고 하면 정확한 표현이 될 것 같습니다. 이보다 더 한 든든함이 있을까 생각해 봅니다.

저는 지금 회사 사정상 몇 개월째 타 지역에 장기 출장을 와 있습니다. 저도 월세를 이용하게 되었네요. 하지만 신축인데도 관리가 되지 않아 매일 지저분함을 많이 느낍니다. 어느 임대주택도 연금형 부동산 연구소에서 관리해 주시는 수준을 따라잡지 못하는 것 같습니다. 황 소장님이 관리해 주시는 공동 구매는 시공부터 준공까지 아니 그 이후 관리에서도 소장님이 장기간 공부하며 몸소 익히신 노하우와 열정, 그리고 성실함과 노력이 묻어나서 그 가치가 최대한 오래 가는 것 같습니다. 벌써 몇 개월째 따박따박 입금되는 월세를 보며, 정말 이제는 100%의 신뢰를 드리지 않으면 너무 죄송할 것 같습니다.

기다림은 인고의 시간이라고 했습니다. 편의점에서 물건을 사듯이 쉽게 부동산을 생각하시면 안 됩니다. 황 소장님과 함께라면 기다리는 시간도 아름다울 수 있습니다. 지금 우리 부부는 효자인 첫 1호 부동산을 디딤돌로 삼아 2호 ,3호를 마련하여, 훗날 직장에서의 불안한 은퇴가 아닌, 가슴 설레는 행복한 은퇴를 꿈꿔 봅니다. 소중한 인연에 감사드리며, 늦은 저녁 글 올립니다.

내 집 마련할까? 말까?

대한민국 국민이라면 누구나 내 집 마련의 꿈을 가지고 있으며, 그 꿈을 이루려 매일매일 노력합니다. 하지만 내 집 마련이 오랫동안 꿈으로만 머물러 있는 경우가 많은데, 그 이유는 처음부터 본인 마음에 쏙 드는 집을 목표로 삼은 나머지 계획이 장기화되기 때문이지요.

예를 들어, '몇 년 후에는 어느 지역에 어느 정도 크기의 집을 사겠다!'라고 목표를 세웁니다. 그래서 그때까지 얼마의 돈을 모으겠다며 착실히 예·적금을 합니다. 하지만 돈은 생각대로 모이지 않지요. 아이들이 커갈수록 육아와 교육에 들어가는 돈은 배로 뛰고 차라도 한 대 장만하게 되면 생활이 편리해지는 만큼 돈이 나가게 되지요. 집주인은 임대기간 만료 때마다 세를 올리고, 물가도 덩달아 오르고…. 분명 몇 년간 열심히 저축하며 살아온 거 같은데 통장을 들여다보면 잔액은 거의 그대로입니다.

그뿐만이 아닙니다. 간신히 목표를 달성한 후, 자신이 원하는 집을 사려고 하면, 분명 몇 년 전만 해도 이 정도 돈이면 충분히 살 수 있었던 아파트가 몇 년 사이에 가격이 더 올라 포기해야만 하는 일이 많습니다. 그러면 그만큼 돈을 모으기 위해 또 몇 년을 더 고생해야 할까요? 이렇듯 부동산은 사람을 기다려 주지 않습니다. 따라서 가능하면 빠른 시간 안에 내 집을 마련하고 이후의 재테크를 계획해야 합니다.

사실 내 집 마련이 되지 않으면 특별한 경우를 제외하고는 재테크를 해나가기가 어렵습니다. 그 이유는 재테크를 하기 위해 돈을 모은다고 해도 그 돈으로 오른 전세금을 감당하기에도 빠듯한 상황이 많기 때문입니다.

전세금 상승을 충분히 감당할 수 있을 만큼의 높은 소득이 있거나 부모님의 지속적인 뒷받침이 있거나 혹은 그 외의 몇몇 특별한 경우를 제외하고는 내 집 마련 없이 부동산 재테크를 먼저 하기는 쉽지 않습니다.

어떤 이들은 '요즘 같은 시대에 내 집을 마련하기도, 부동산에 투자하기도 힘들지 않느냐'고도 합니다. 그리고 곧 거품이 꺼질지 모른다고 걱정부터 합니다. 그래서 내 집 마련을 차일피일 미루게 되지요. 그렇다면 과연 지금 부동산 시장에 거품이 잔뜩 끼어 있고 머지않아 폭락하는 시대가 올까요?

몇 년 전만 해도 1000원 하던 김밥 한 줄이 2500~3000원이 되었습니다. 그런데 김밥 값이 이렇게 올랐다고 해서 가격에 거품이 끼었다고 말하는 사람은 없습니다. 김밥 값이 오르는 이유는 재료비, 인건비, 월세 등이 올라서 그런 것이라는 것, 즉 물가가 상승해서 가격이 올랐다는 것을 누구나 다 알고 있습니다. 그런데 사람들은 유독 부동산 가격에 대해서는 냉정하고 조금 이기적인 기준을 들이 댑니다. 부동산 역시 자재비, 인건비, 땅값 등의 영향을 받아 가격이 형성되는 것이고 그러한 것들 역시 물가 상승에 영향을 받습니다. 대부분의 공산품 가격이 오르고 급여 역시 높아지는데 부동산 가격만 거품이라고 말하는 것은 세상에 거품이 아닌 것이 없다고 말하는 것과 같습니다.

이상하리만치 가격이 급격히 높아진 경우만 거품이라고 할 수 있는데 지금은 그런 상황이 아닙니다. 그리고 특정 지역이 과도하게 가격이 오를 때도 있지만 그럴 때마다 정부의 규제라든가, 시장 논리에 따라 적절히 조정을 받게 됩니다. 상황이 이런데도 거품을 논하는 사람들은 누구일까요?

자신의 경제여건으로는 자기가 원하는 집을 사기 어려운 무주택자들의 바람을 몇몇 부동산 전문가가 대신하여 거품이라고 말하는 것은 아닐까요? 집을 가지고 있는 사람은 절대로 부동산 가격을 거품이라고 하지 않습니다. 오히려 현재 가격 보다 더 높은 가격이 되어야 한다고 생각하지요. 부동산 재테크를 하기 위해 내 집 마련은 어쩌면 준비 단계와도 같습니다. 그 단계를 넘어야 본격적인 부동산 재테크를 할 수 있게 될 것입니다.

부동산 책
150권 읽은
공무원 부부 이야기

길을 걷다가 돌을 보면 약자는 그것을 걸림돌이라고 하고,
강자는 그것을 디딤돌이라고 한다.
—토마스 칼라일

아마도 많은 직장인들뿐만 아니라 자영업을 하는 분들도 재테크에 관심이 많으실 것입니다. 저 또한 사회에 첫 발을 내딛고서 회사에서 받는 월급을 기반으로 개인 자산을 빠르게 키워보려고 주식, 예·적금 그리고 보험 등을 많이 접해 보았습니다. 예·적금으로 조금씩 목돈을 만들어보기는 했지만 어떻게 더 키워야하는지 알 수 없었으며, 주식은 들쑥날쑥한 실적에 언제나 늘어도 걱정, 줄어도 걱정이었죠.

그렇게 조금씩 모은 돈으로 융자가 조금 있는 작은 신혼집을 전세로 마련할 수 있었고, 언론에서는 집값이 떨어질 것이란 이야기가 많아 집에 대해서는 큰 걱정이 없었습니다. 맞벌이를 하고 있어서 자산

이 빨리 늘어 집보다는 쇼핑, 여행 등 돈을 쓰는 일들에 더 많은 관심이 있었던 것 같습니다.

그러나 언론에서는 늘 '전세가가 사상 최고'라는 타이틀의 기사를 쏟아냈습니다. 우리 동네 시세도 나날이 올라가면서 전세계약 만기일에 집주인의 연락이 없기를 바라며, 어떻게 보면 집에 대해서는 수동적인 생활을 했던 것 같습니다. 다행인지 불행인지 2년차 만기에는 집주인의 연락이 없어 묵시적 갱신이 되어 앞으로 2년간 목돈을 더 모을수 있는 시간이 생겨 안도할 수 있었죠. 그리고 사랑스러운 아기도 태어나 마음은 행복했지만, 가족이 늘어 소비도 따라 늘어가면서 모으는 돈이 점차 줄어가는 것이 느껴졌습니다.

물론 그 사이에도 전세가는 계속 올라갔고 2년이라는 추가 계약기간도 쏜살같이 지나갔습니다. 그 즈음 계약 만료일이 3개월 정도 남은 시점에 아파트 관리사무소에서 전화를 받게 되었는데, 아랫집 화장실의 천정에서 물이 샌다는 것이었습니다. 곧장 집주인에게 연락드렸고, 인근의 인테리어 가게 사장님께서 방문하셔서 수리를 마무리하게 되어 급한 불은 꺼진 듯 보였습니다.

며칠 뒤 인근 부동산 중개사무소에서 집주인이 집을 매매로 내 놓으셨다면서 투자자로 보이는 부부 1쌍이 저녁시간에 방문하시더니 1시간 정도 지나고 나서 매매 계약이 되었다는 연락을 받게 되었습니다. 집을 매수하신 분은 두 달 후에 계약기간이 끝나는 대로 임대를 월세로 전환하려는데, 계속 거주를 하겠느냐는 내용이었습니다. 월세로 거주하게 되면 매달 지출되는 임차 비용이 부담될 것 같아 이사를 하겠다고 답했습니다.

그런데 막상 이사를 하려니 주변의 비슷한 면적의 전세 시세는 이미 5000만 원 정도 오른 상태였고 전세 매물도 찾기 힘든 상태였습니다. 이대로는 전셋집도 구하지 못하고 인근에 월세 집을 구해야하는 상황이었습니다.

그래서 아내는 저에게 '대출을 받아 우리 집을 마련하자'는 얘기를 하였습니다. 전세금과 그동안 모은 돈을 합쳐도 꽤 많은 금액의 대출이 필요해서 저는 집 구매에 부정적으로 답했던 것 같습니다. 물론 지금까지 대출을 해본 적이 한 번도 없었기 때문에 대출에 대한 두려움도 있었습니다. 그래도 그렇게라도 집을 한번 알아보자고 하였고, 집값의 절반 이상 대출을 받아 우리 가족의 집을 마련하였습니다. 결혼 전, 어머니의 권유로 전세를 끼고 아파트 한 채를 구입해 뒀었는데 그 집의 시세가 올라 매도하고 나면 대출금을 어느 정도 상환할 수 있었던 점도 과감하게 집을 구입할 수 있는 버팀목이 되었습니다.

하지만 우리 집을 마련했다는 기쁨 한편으로는 한 달에 50만 원 정도의 이자비용이 걱정도 되었습니다. 그러던 중에 서점에서 황 소장님의 《월세 300만 원 받는 월급쟁이 부동산 부자들》을 우연히 접하게 되었습니다. 어려운 내용의 부동산 책이 아니라 다양한 사람들의 이야기를 쉽게 풀어놓은 내용 때문인지 단숨에 끝까지 읽을 수 있었습니다. 책을 덮는 순간 무언가 큰 충격을 받았습니다. 은행에서 고객의 예금을 유치하고, 그 돈을 대출하여 이익을 얻는 과정을 개인도 집이라는 수단을 통해 할 수 있다는 것을 알게 되었습니다. 책을 통해서 연금형 부동산 연구소 카페를 알게 되어 가입하였고, 다양한 프로그램이 있는 것을 알게 되었으나 우선은 세미나 참석을 통해서 황 소장님의 마인드를 알아보고 싶었습니다. 참석해 보는 것이 좋을지 나쁠지 몇 번의 고민 끝에 드디어 2015년 2월, 황 소장님께서 진행하시는 연금형 부동산 연구소 세미나에 참석하여 그분의 말씀을 직접 들어보고 나서 '부동산 투자를 해야겠다'고 마음먹게 되었습니다.

| 2018년 2월에 진행되었던 세미나 진행 모습

물론 당시에는 여유 자금이 부족하여 바로 상담신청을 하지 못했습니다. 대신 관련 서적을 서점, 도서관 등을 통해서 다양하게 접하게 되었는데, 읽은 책들이 얼마나 되는지 대략 확인해보니 150권이 넘는 것 같았습니다.

2015년 7월쯤, 슬슬 투자자금이 가능할 것 같아 황 소장님과 상담을 신청했으나 신청자가 많아 9월이 되어서 겨우 상담을 진행할 수 있었습니다. 소장님께서는 "2월 세미나에 참석하셨는데, 9월에 오셨네요. 오래 걸리셨네요."라고 하신 말씀이 기억이 나네요. 그날 상담에는 저와 아내 그리고 사랑스러운 딸아이가 함께 참석했습니다. 소장님의 모습이 친근했는지 딸아이는 자기가 가지고 있던 건빵을 아낌없이 소장님께 몇 개 드렸던 기억이 떠오릅니다. 그래서 카페에서 제 닉네임을 '건빵아빠'로 수정도 했답니다.

그 자리에서 저의 자산 현황, 부동산 관련 궁금했던 것 등 많은 내용을 질문하고 풀어가는 시간이 너무나도 빠르게 흘러갔습니다. 황 소장님께서 부부 공무원이라 큰 걱정은 없을 텐데, 왜 투자에 관심을 가지게 되었는지 질문하셨던 것 같습니다. 그래서 '공무원 연금도 시간이 갈수록 줄어갈 것이고, 무엇보다도 정년퇴직 이전에 나의 신상에 문제가 생겼을 때 우리 가족을 지켜줄 울타리를 만들고 싶다'고 말씀드렸던 것 같습니다.

상담 후에는 관심이 있었던 공동 구매에 대해서 문의 드렸고, 그 자리에서 바로 신청했습니다. 신청 후, 계약서 작성까지 오랜 기다림이 있었지만 혼자서 현장도 가보고, 진행상황을 수시로 알려주서서 조만간 그 결실이 맺어질 것 같습니다.

공동 구매 신청 이후, 나름대로 자산 정리를 하다 보니 불필요해 보이는 보험 상품에 몇 개 가입이 되어 있었습니다. 실손 보험만 남겨두고 나머지 보험은 과감하게 정리하였더니 얼마의 투자금이 마련되었습니다. 그래서 나름대로 공부했던 지식을 토대로 강원도 춘천의 아파트 한 채를 매입해 월세로 임대를 진행해 보았습니다.

직접해보는 첫 투자라서 걱정도 많았지만, 조금이라도 젊을 때 한번 경험해보자는 생각으로 진행했는데, 다행히도 현장에 임대 매물도 적어서 빠르게 임대도 가능했습니다. 그 후에도 타 지방의 아파트도 매입하는 등 다양한 경험을 쌓을 수 있었습니다. 평소에도 서울 강남에 내 이름으로 된 방 한 칸을 투자해보고 싶었습니다.

물론 지금은 아내와 모든 것을 함께 하고자 모든 부동산 명의는 아내와 공동명의로 되어 있습니다. 함께 고민하고 결정해서 그 결과를 같이 책임지자는 의미인데, 아내와 함께 하는 모든 일들이 즐겁기만 합니다. 현재 공동 구매 3~4호로 진행 중인 우리 가족의 투자물건은 곧 준공을 앞두고 있어 강남에 방 한 칸의 꿈은 현실로 바뀌어가고 있습니다.

많은 부동산 전문가들의 이야기를 들어보면 '우리나라가 일본의 상황을 따라갈 것이다 또는 다를 것이다' 등 많은 의견이 있습니다. 일본과 다른 상황이라면 좋겠지만, 만약 일본을 따라간다면 우리나라의 부동산 시장도 어려워지겠지요. 하지만 일본 도쿄 등 중심지역은 살아남은 것처럼 강남도 살아남을 것이라고 개인적으로 결론을 내렸습니다. 물론 이 추측이 맞을지 틀릴지는 시간이 답을 주겠지만, 소신껏 내린 결정이라서 그 열매를 기다리는 시간이 즐겁기만 합니다.

소확행과 펑크 난 타이어

이번에는 부동산 투자에 앞서 근본적인 부분에 대해 이야기해볼까 합니다. 부동산 투자를 하려면 그 무엇보다 종잣돈이 있어야 하는 것은 누구나 아는 이야기입니다. 그런데 그 종잣돈을 어떻게 하면 잘 모을 수 있을까요? 답은 너무나도 간단합니다. 바로 '안 쓰고 모으는 것'입니다. 그런데 그 안 쓰고 모은다는 것이 생각만큼 쉽지가 않습니다. 카드 명세서를 보며 뺄 것을 생각해 봐도 사실 굳이 뺄만한 것들이 없지요.

가끔 하는 외식, 핸드폰 요금, 기분전환 술 한 잔, 교통비… 이 중에서 뭘 뺀다는 게 이상할 정도이지요. 그리고 이런 정도조차도 안 하고 산다면 너무나 인생이 팍팍하게 느껴집니다. 돈을 모아야 한다는 것은 알지만 지출을 줄이기에는 인생이 너무 각박해진다고 생각하게 됩니다. 즉, 현실을 자각하는 시간을 갖다가 현재와 타협하는 결론을 내리게 됩니다.

살던 대로 살거나 혹은 월 몇 만 원 혹은 10~20만 원의 적금 혹은 보험 상품을 가입하는 것으로 마음의 위안을 삼게 되지요. 그리고 경제적 미래에 대해서는 막연하게 '언젠가는 잘 되지 않을까?'라는 생각으로 다시 일상으로 돌아와 버립니다. 누구나 다 그렇게 살기 때문에 불안해하지 않고 매일매일을 그렇게 살아갑니다. 하지만 경제적 미래는 결코 막연하지 않습니다. 준비하지 않으면 곤란한 결과만이 기다릴 뿐입니다.

아무런 준비가 되지 않은 채 50대 중반이 되면 그때는 불안감을 넘어서 위기감을 느끼게 됩니다. 그리고 그때가 되어서야 미래를 준비하기 시작한다면 원하는 미래를 다 만들지 못한 채 노후를 맞이할 수 있습니다.

현재를 즐기는 것도 좋고 소소하고 확실한 현재의 행복을 추구하는 것도 좋습니다. 사람마다 가치관이 다르니 뭐가 맞고 틀리다고는 할 수 없습니다. 하지만 미래를 준비하지 않고 현재를 즐긴다면 그것은 온전한 즐거움이 될 수는 없을 것입니다. 미래의 불안감을 해결하지 못한 채 현재를 즐기는 것은 펑크 난 타이어를 낀 자동차를 타고 여행을 가는 것과 크게 다르지 않을 것입니다. 머지않아 차가 멈춘다는 것을 알면서 달린다는 것이 어찌 즐겁기만 할 수 있을까요? 다만 인생은 펑크 난 타이어를 끼고 있는 차처럼 금방 멈추지 않기 때문에 위기를 절실하게 느끼지 못하는 것입니다.

우리의 경제적 미래를 책임져줄 사람은 자기 스스로 밖에 없습니다. 물론 부모님이 부자이거나 재산을 물려줄 누군가가 있다면 상관없겠지만 그렇지 않다면 자신만이 자기의 미래를 책임질 수 있습니다. 그러기 위해서 다른 무엇보다 종잣돈을 빠른 시간 안에 많이 모아야 합니다.

월급 혹은 월 소득을 받아서 쓰고 남는 것을 모으는 것이 아닌 목표 종잣돈과 기한, 매달 모을 돈을 정해서 소득 중 그 돈을 빼고 남은 돈으로 생활해야 목돈을 효율적으로 모을 수 있습니다. 즉, 모으고 남는 돈으로 생활해야 한다는 것이지요. 이렇게 하면 물론 현재의 삶이 팍팍해 집니다. 하지만 모여지는 종잣돈, 늘어나는 자산과 함께 그 팍팍함은 조금씩 줄어들게 됩니다. 그리고 결국에는 경제적인 부분에서 근본적인 것이 해결되게 됩니다.

쓰고 남은 돈을 모으는 것과 모으고 남는 것을 쓰는 것은 단지 선후의 차이만 있어 보이지만 사실 그 결과는 매우 크게 차이가 납니다. 종잣돈을 모아야 재테크를 하던 부동산 투자를 하던 할 수 있습니다. 당장 종잣돈이 없어 재테크를 못하면서 오늘 저녁은 기분을 내며 멋지게 외식한다는 것은 앞뒤가 맞지 않습니다. 적어도 재테크적인 부분에서 본다면 말입니다.

우리는 남들이 어떤 소비를 하고 즐거운 여행을 가던 상관없이 내실을 먼저 쌓아야 합니다. 현재를 즐기는 것도 즐거움이지만 미래를 준비하는 것 역시 큰 즐거움입니다. 지금까지 종잣돈이 없어 재테크를 시작하지 못했다면 오늘 당장 적금을 들고 돈을 모으기 시작하는 것으로 재테크를 준비해 보시기 바랍니다.

공무원 연금개혁 소식은
저에게
충격이었습니다

저는 미래가 어떻게 전개될지는 모르지만,
누가 그 미래를 결정하는지는 안다.
―오프라 윈프리

2013년 1월, 직장 생활을 시작하여 어느덧 5년차에 접어든 31세 남성 직장인입니다. 입사 후 외근업무를 하면서 강남·서초·송파·강동 등 서울 여러 지역의 주택단지, 상가 지역 등을 돌아다니게 되면서 자연스레 부동산 중개사무소 창문에 붙어있는 아파트·빌라·상가 등의 매매, 전월세 가격을 보게 되었습니다. 지역별로 많은 가격차이가 있었는데 저의 고향인 전주와 비교했을 때 정말 입이 떡 벌어지는 엄청난 가격에 큰 충격을 받게 되었습니다.

학군장교로 군 생활을 시작으로 재테크에 관심이 있어 급여저축, 군인공제, 펀드 등으로 목돈을 모았고 전역 후에는 서울에 안정된 직장에 합격하여 알뜰살뜰 생활하면서 '미래에 대한 푸른 꿈이 나를 맞아줄 거야.'라고 생각하며 생활을 해왔는데 뭔가 '엄청난 벽'을 보게 된 것 같았습니다.

그 전까지만 해도 경제적 문제에 대해 깊이 생각해 본 적이 없었는데 그 이후 제 머릿속에는 '내가 받은 봉급으로 서울에 괜찮은 집을 마련할 수 있을까?', '내가 받은 돈으로 미래에 안정적인 생활을 할 수 있을까?' 등 미래에 대한 불안감이 계속 밀려왔습니다.

그러던 중 직장 생활을 한 지 2년이 지날 무렵, 공무원 연금 개혁을 전면적으로 시행한다는 뉴스가 연이어 보도되었습니다. 노후에 관해서는 연금으로 어느 정도는 준비가 되고 있다고 생각한 저에게 있어 이 같은 소식은 또 한 번 충격을 주었고 '무엇이라도 해야겠다.'는 생각으로 점심시간을 이용해 교보문고 광화문 점에 들르게 되었습니다.

베스트셀러 코너에 있는 《월세 300만 원 받는 월급쟁이 부동산 부자들》이 눈에 띄었습니다. 책의 내용을 살펴본 후 부동산 투자에 대해서 관심이 없던 저에게 '월세수익'이라는 새로운 세상과 '나도 한 번 해보자.'라는 벅찬 희망의 감정을 느끼게 되었습니다.

책을 읽으면서 '나도 부동산 투자를 꼭 해야겠다.'는 마음을 먹고 연금형 부동산 카페에 가입하였고 각종 생생한 투자 후기나 게시글을 읽으면서 제 마음을 다 잡아갔습니다. 그러던 중 공지사항에 세미나를 개최한다고 하여 유료로 참석을 했습니다. 그리고 이후에 상담신청을 해서 소장님을 뵙고 일 대 일 상담을 받고 부동산 투자를 위한 첫 발을 내딛게 되었습니다. 일 대 일 상담 전 궁금한 사항을 사전에 전송하여 질의응답 시간을 가지게 되었고 실질적 투자를 위한 재정적인 상태를 진단하고 투자금 확보를 위한 급여 지출 내역을 점검하였습니다. 그 후 부동산 투자의 최종 목표, 단기간, 장기간의 구체적인 목표를 글로 직접 작성하여 제 자신의 경제적 자유의 청사진을 그려 나갔습니다. 제가 월세를 받기까지의 간략한 과정은 아래와 같습니다.

카페 가입 ⇨ 세미나신청 소장님과 일 대 일 상담(재정상태 파악, 향후 투자금 준비계획) ⇨ 실전스터디(소장님과 부동산 둘러보기) ⇨ 계약 시 투자금 확인 ⇨ 계약 중도금 대출준비 ⇨ 잔금납부 ⇨ 등기, 월세 위탁계약 ⇨ 월세

제가 황 소장님과의 일 대 일 상담부터 월세를 받기까지의 과정을 돌이켜보니 '마라톤'과 유사하다고 생각이 들었습니다. 일반인이 42.195km의 긴 거리를 완주하기 위해서는 여러 사항을 준비해야 할 것입니다. 기본적으로 본인이 완주하겠다는 '강한 의지'가 필수일 것입니다. 다음에는 마라톤에 필요한 장비인 헤어밴드, 옷, 신발 등을 구매해야 할 것이고 몸 상태에 맞춰 체력 강화를 위한 운동계획을 수립하고 달리기를 하면서 잘못된 점을 보완하며 마라톤 기술을 전수해줄 전문가가 필요할 것입니다.

부동산 투자도 이와 유사하게 본인이 월세를 받아 경제적 자유를 얻고 싶다는 절실한 마음, 부동산 투자를 위한 장비인 투자금, 부동산 기본 지식, 현재 재정 상태에 맞는 부동산 투자 계획, 이를 위한 저축 계획을 수립하고 부동산 투자에서 발생하는 여러 가지 궁금 점, 문제 점을 조언해 줄 부동산 전문가 멘토인 황 소장님이 필요할 것입니다. 전문가의 도움 없이 혼자 준비하거나 어느 정도 경험이 있는 지인에게 도움을 요청할 수도 있지만 여러분이 어떠한 학습이나 운동 등을 익힐 때 생각해보시면 알겠지만 전문가의 도움을 받는 것과는 결과에서 큰 차이를 보일 것입니다.

물론 위와 같은 과정이 물 흐르듯 자연스레 진행되지는 않았고 여러분이 생각하시는 것처럼 저도 계약을 하여 계약금 지급, 중도금 납부, 잔금 납부, 대출, 등기 등 과정마다 '이거 잘하고 있는 것일까?'라는 막연한 두려움과 뭔가 진행은 되고 있지만 '혹시나 잘못되지 않을까?'라는 두려움에 많은 신경을 썼습니다.

저는 첫 부동산 투자를 하기 위해 학군장교로 복무하는 동안의 급여, 군인 공제, 펀드로 목돈을 마련하고 직장인 신용대출, 부동산 담보대출을 활용해서 1차 투자를 완료하였습니다. '대출=빚, 안 좋은 것'이라는 개념을 가지고 있어 처음 대출에 대해서 매우 부정적이었습니다. 하지만 부동산을 매입할 때 100% 모든 비용을 가지고 구매하는 사람은 극소수일 뿐 현실적으로는 매우 힘들다는 점을 알게 되었습니다.

물론 '빚잔치 아닌가?' 라고 생각하실 수도 있지만 강남에서 받은 월세에서 대출 이자를 제외하고도 60~70만 원(대출이율에 따라 변동 있음) 상당의 수익이 나고 있는데, 이는 많은 것도 아니며 급여와 비교했을 때는 적은 금액일 것입니다. 하지만 급여에서 저축할 수 있는 액수와 비교했을 때는 차이는 있겠지만 거의 20~40% 정도의 금액이 될 것입니다. 지속해서 이러한 월세수익이 유지된다면 소득이 없게 되었을 때 저에게는 정말 큰 힘이 되어줄 것입니다.

이외에도 걱정하시는 문제 중에 TV, 신문 등 각종 언론매체에서 나오는 듣기만 해도 무서운 부동산 사기, 부동산을 매입하게 되면 각종 세금 폭탄, 공실 걱정, 관리방법, 세입자와 분쟁 등 많은 부분이 있을 것입니다. 이러한 문제를 당연히 스스로도 고민해야하고 인터넷, TV, 서적 등도 찾아보며 고민해야겠지만 본질적인 문제해결에는 한계가 있을 것입니다.

일반인이 단기간 동안 부동산에 대해서 공부하고 투자를 하기에는 익힐 것도 많으며 실제로 투자하기까지의 시간이 매우 오래 걸리기 때문에 부동산 전문가 멘토의 도움이 필요합니다.

황 소장님께서 작성하신 글 중에 수영 초보자가 '수영을 배우는 법'에 대한 내용이 생각납니다. 수영을 배우는 방법에는 동영상 강의, 서적 등을 통해서 이론적인 내용을 학습한 후 혼자서 수영장에 가서 연습을 하여 익히는 방법, 이론은 가볍게 익힌 후 일정한 금액을 지불하여 전문가인 강사님에게 배우는 방법, 그냥 다짜고짜 수영을 좀 하는 친구와 함께 배우는 방법 등 여러 가지가 있을 것입니다.

위와 같은 방법이 있지만 공통적으로 수영장 물속으로 들어가야 수영을 익힐 수 있는데 '수영복이 마음에 안 들어', '물안경이 비싸', '몸매가 안 좋은데 수영장에 갈 수 있을까', '운동신경이 없어서 강사가 뭐라고 하면 어쩌지' 등 각종 고민만 하거나 이론적인 동영상 강의나 서적만 계속 읽는다고 절대로 수영실력이 향상되지 않을 것입니다. 수영을 배우겠다는 의지를 가지고 있고 어느 정도 준비가 되었다면 수영장으로 가서 물속으로 입수하고 강사와 맞부딪치고 조금씩 배워나가면 될 것입니다. 수영장에 가기도 전에 발생할 수 있는 걱정과 문제점 등을 너무 고민하다 보면 관심이나 의지로 끝나고 수영을 배우는 행동으로 실천하지 못할 것입니다. 이처럼 걱정으로 시작하지 못하는 분들을 위해서 부동산 투자 전에 전문가의 상담과 도움을 통해 관심, 의지를 행동으로 옮기도록 해야 합니다.

물론 전문가의 조언을 구하는 데는 어느 정도 비용이 지출될 것이지만 개인 재산의 막대한 부분을 차지하는 부동산의 가격에 비하면 큰 비용은 아닐 것입니다. 여러 문제가 발생할 수 있는 부동산거래에서 좋은 멘토를 만나게 된다면 그런 일이 발생할 일은 없을 것입니다. 저도 위와 같이 많은 걱정을 했었는데 그때마다 황 소장님의 카톡 답변, 전화, 카페 게시 글이 큰 힘이 되었습니다.

소장님의 멘토 역할이 시작되는 '일 대 일 상담 - 실전스터디 - 계약 - 중도금 - 잔금 - 등기 - 월세'까지의 전 과정에서 멘토로서 투자과정에서 생기는 궁금 점, 걱정되고 불안감이 생기는 요소들이 있을 때마다 카톡을 통한 답장을 해주셨습니다. 각종 부동산 업무로 바쁘시기 때문에 곧바로 카톡 답장을 해주시지는 않지만 대부분 빠른 시간에 답장을 보내주셨는데, 각종 의문사항에 대한 명쾌한 답변과 부족한 부분은 추가적인 부연설명을 해주셔서 안심이 되었습니다.

또한, 공사과정 중에 외부, 내부의 현장사진을 카톡으로 전송해주시고 어떠한 과정인지, 내부에는 어떠한 점을 특히 신경을 쓰고 있는지 자세히 설명해주셔서 매우 감사했습니다. 각 과정마다 적절한 날짜에 관계자들에게 연락이 와서 진행되고 있는 과정에 필요한 각종 필요서류나 준비 사항 등을 신경 써서 알려주셨습니다.

월세를 받고 소소한 변화가 일어났습니다. 평소 급여일이 되면 직장선배들은 '급여는 스쳐 지나가는 것일 뿐, 그것 뿐' 카드사가 다 가져가.ㅠㅠ'라며 하소연을 하곤 합니다. 저도 나름 알뜰살뜰 아껴 급여의 60% 이상을 저축하고 있었지만 목표가 없이 돈을 모아서 '에이 그냥 사고 싶은 거나 사자.'는 생각이 자꾸 들어 저축액이 줄어들어 갔습니다.

하지만 지금은 남들이 아쉬운 말을 할 때 제 마음속에는 행복과 미소가 가득 차 있는 핑크빛 미래를 생각하게 되어 힘든 직장 생활에도 매우 만족하고 있습니다. 또 월세 수익으로 인해서 남들보다 저축 금액이 많게는 1.5~2배가량 증가해서 다음 투자를 위한 자금 확보에 가속도가 붙게 되었습니다. 그리고 '월세 받는 부동산을 계속 늘려나가 꼭 경제적 자유를 얻겠다.'는 매우 짙고 선명한 목표를 이룰 수 있다는 자신감도 생기게 되었습니다. 월세를 받게 되고 난 후 이러한 마음의 여유뿐만 아니라 생활방식에도 변화가 일어났습니다.

기존에는 회사-집의 사막 같은 생활만 했지만 월세수익으로 인해 한 달에 2~3회 영화를 보거나 여행을 다니는 여유가 생겼습니다. 기존에 신중하게 생각하지 않고 구매했던 제 소비패턴이 이제는 월세 받는 부동산을 위한 투자금 마련을 위해 진짜 필요한 물건이 아니면 구매하지 않는 합리적 소비 습관도 형성되게 되었습니다.

제가 군대를 전역하기까지만 해도 은행이율은 5% 이상으로 목돈을 은행에 예금만 해도 이자수익이 어느 정도 있었지만, 현재는 은행에서 이러한 이율을 제공하지도 않고 있으며 계속적인 저금리 기조가 이어질 것으로 보입니다. 정말 다양한 분들이 여러 가지 이유로 월세 받는 부동산 투자에 관심을 가지고 계실 것입니다. 그렇다면 지금 바로 당장 그 관심을 의지로 바꾸고 의지를 행동으로 옮기기 위해서 움직이세요.

'돈이 돈을 부른다.', '돈은 눈덩이와 같다.'는 말이 있는데 어린 시절에 처음 서로 간 눈사람을 만들기 위해 만든 주먹 크기의 눈덩이는 큰 차이가 없을 것입니다. 하지만 어떠한 이는 중간에 포기하고 어떠한

이는 끈기 있게 눈덩이를 굴려 어느덧 눈사람을 만들 수 있을 정도의 큰 눈덩이가 되어 있는 것을 기억하실 것입니다.

돈도 이와 유사하게 5년까지는 경제적으로 큰 차이가 드러나지 않을 것이지만 짧게는 10년 길게는 20년 후에는 도저히 일반적인 방법으로는 따라갈 수 없을 정도의 격차가 벌어질 것입니다. '경제적 자유'를 얻겠다는 의지는 영원하지 않으며 행동하지 않으면 그런 생각은 생각으로 끝나 버릴 것입니다.

돈이 전부는 아닙니다. 하지만 여러분이 원하는 여유로운 생활이 어떤 것이든 어느 정도 돈이라는 존재 없이는 그러한 생활을 하기가 힘들 것입니다. 지금이야말로 당신이 선택할 때입니다.

군인, 공무원, 대기업 직장인의 편안한 현재와 불안한 미래

바로 어제 직업군인으로 전역을 하고 금융권에 취업해서 9년 근무 그리고 이직하여 다른 직장에서 3년 정도 근무한 분이 상담을 왔었습니다. 이분과 상담을 하며 많은 직업군인들이 전역하고 겪는 상황을 다시 한번 확인할 수 있었습니다. 사회와는 조금은 다른 조직인 군대에서 오랜 기간 근무하다가 전역을 하고 사회에 나오면 처음에는 걱정 반 기대 반인 상황이 됩니다.

사회에 적응하기 위해 눈, 코 뜰 새 없이 바쁘게 지내게 되고 '혹시나 뒤처지지 않을까?' 하는 걱정을 하게 되기도 합니다. 동료들과 친해지려 노력하는 것뿐만 아니라 군대와 다른 분위기의 조직에 적응하는 것만으로도 벅차기 마련입니다.

'어떤 일에든 의욕적으로 열심히 해야겠다.'는 생각으로 사회생활을 하지만 수십 년 군 생활에 익숙한 사람이 단번에 사회에 적응하기란 쉽지 않은 일입니다. 그뿐만 아니라 경제적인 부분에 대한 걱정으로 재테크에 대해서도 조금은 적극적으로 생각하게 되는데 이때 대부분 비슷한 실수를 하게 됩니다. 그 비슷한 실수는 바로 '사기를 당한다'는 것입니다.

저에게 상담을 오셨던 분 역시 수차례의 사기로 인해 많은 손해를 본 상황이었습니다. 설명을 듣다 보면 그럴듯한 이야기에 돈을 투자하게 되고 그러한 일이 단기간에 몇 번 일어나게 되면서 금전적 손해뿐만 아니라 심리적으로도 위축되었다고 합니다. 그분은 "지금까지 열심히 살아왔는데 지금의 결과가 너무나 허탈하네요."라는 이야기를 했었습니다. 이제 정년퇴직까지 길어야 6년 정도 남아 있었고 그 안에 충분한 노후대비를 해야 하는 상황이었습니다. 그분은 사기만 당하지 않았더라면 여유자금이 충분했었을 거라는 이야기도 했었습니다.

자, 그러면 여기서 생각해야 할 것은 무엇일까요? 그것은 바로 '준비해야 한다는 것'입니다. 정년이 보장되는 공무원이라고 할지라도 퇴직하는 날이 반드시 온다는 것, 아무리 좋은 대기업, 직장에 다닌다고 하더라도 퇴사하는 날이 반드시 온다는 것입니다. 그에 대한 대비를 퇴직, 퇴사 후에 해서는 늦을 수밖에 없습니다.

장사 한번 안 해본 사람이 퇴직 후에 장사를 시작해서 망했다는 이야기는 흔히 들을 수 있어도 성공했다는 이야기는 '성공 신화'라고 불릴 만큼 드문 일입니다. 아무리 연륜과 경험이 많은 사람도 처음 해보는 일을 익숙하게 잘할 수는 없습니다. 쉬운 예로 대기업에서 잘 나가던 사람이 퇴직 후에 실패를 거듭하는 일 그리고 그 이후에는 할 일이 없어 놀고 있는 경우가 허다합니다.

현재의 재정상황이 아무 문제 없어 보여도 당장 본인의 소득이 없어진다면 과연 몇 년 아니 몇 달을 버틸 수 있을지 생각해 봐야 합니다.

시간의 차이일 뿐 본인의 소득이 없어지는 날은 반드시 옵니다. 따라서 소득이 있을 때 미리미리 준비해야만 합니다. 그 준비는 안정적인 현금흐름을 만드는 것입니다. 본인이 일하지 않고도 자산을 통해 소득을 얻는 시스템을 마련하는 것이지요. 그리고 그러한 시스템 중 보통 사람들이 가장 접근하기 쉬운 것이 바로 부동산으로 월세를 받는 것입니다.

저작권, 인세도 소득을 얻는 시스템이긴 하지만 그것은 유명 연예인이나 인기 작가에 국한된 이야기입니다. 그리고 꾸준히 이익을 내는 사업체를 소유한다면 좋겠지만 그것 역시 보통 사람이 쉽게 접근하기는 어려운 일입니다. 즉, 보통 사람이 자산을 통한 안정적인 소득을 얻는 방법 중 가장 접근하기 쉬운 것이 바로 부동산입니다.

그런데 군인, 공무원, 대기업 직장인 등 현재가 별 문제 없다고 느끼는 사람들은 미래에 대한 준비보다는 현재를 충실하게 혹은 현재를 즐기며 살아가는 경우가 많습니다. 현재를 충실하게 혹은 즐기며 살기 때문에 미래에 대한 준비 혹은 공부를 할 여력이 없습니다.

단지 오늘, 이번 달 그리고 올해나 내년만이 그들의 관심사이며 그 이후에 대해서는 크게 걱정하지 않습니다. 물론 그렇게 산다고 할지라고 당장 문제가 생기지는 않습니다. 하지만 문제를 체감하는 시점에는 그 문제를 해결하기 매우 어려운 상황에 처해있게 되지요. 마치 어제 상담을 오셨던 그분과 같이 말입니다.

우리는 상황이 안정적일 때 미래에 대한 준비를 차근차근 해야 합니다. 직장 생활로 안정적인 소득이 있을 때 그 소득으로 조금씩 현금흐름을 만들어야 합니다. 이번 수기의 주인공이 그랬던 것처럼 말입니다. 당장은 몇 십만 원의 월세가 크게 느껴지지 않을 수 있지만 몇 십만 원의 월세를 받지 않고 단번에 몇 백, 몇 천만 원의 월세를 받는 사람은 특별한 금수저를 빼놓고는 없습니다.

몇 십만 원의 월세는 몇 백만 원 혹은 몇 천만 원의 월세를 받기 위한 첫걸음입니다. 그리고 그 첫걸음은 퇴직 후에 하는 것보다 직장 생활 혹은 경제활동을 하고 있을 때 시작하는 것이 본인에게 훨씬 더 좋을 것입니다. 노아의 방주가 비가 온 뒤부터 만들어지기 시작했는지 날씨가 좋을 때부터 만들기 시작했는지 한번 생각해 보시기 바랍니다.

그냥 월급 받아
알뜰히 사는 게
내 운명일까

군자는 자신에게서 구하고, 소인은 남에게서 구한다.
―공자

나는 금융기관에 근무한다. 입사하고 어느덧 15년이란 세월이 흘렀다. 직장 생활 초기, 금융업 일선에서보다 후선에 근무를 많이 한 터라 재테크에 많은 지식을 갖고 있지 않았다. 그저 직원들과 음주문화를 즐기며 일반 직장인처럼 하루하루를 살았다. 더욱이 강원도 시골에 살다 보니 재테크 등 경제관념에 많은 노출이 되지 않는 그런 환경이기도 하였다. 그러나 명절에 수도권에 사는 친구들이나 친척들을 만나면 내가 금융기관에 근무하다 보니 재테크에 관해 많이 물어보곤 했다. 그냥 남의 일이겠거니 했는데 언제부터인가 내가 뒤처져 있는 게 아닌가 하는 생각을 하게 되었다.

나도 뭔가를 해야 하는 것 아닌가? 이러다 노후는 어떡하지? 그래도 금융기관에 근무하는데 너무 경제에 무지한 것 아닌가?' 하는 불안함에 점점 재테크에 대한 관심이 커져가고 있었다. 주식은 직장 선배들도 많은 손실을 보았다고 들어서인지 주식보다는 부동산에 더 관심이 생겼다. 더욱이 부동산으로 재미를 본 친척이 있었기에 부동산에 더더욱 관심을 두게 되었다. 그러던 중 예전에 알고 지낸 지인분이 경기도에서 공인중개사를 하고 있다는 소식을 듣고 아무런 정보나 지식 없이 그분을 통해 부동산 투자를 하게 되었다.

2008년, 드디어 첫 계약을 하였다. 부족한 돈이라 빌라에 투자하게 되었다. 많이 흥분되고 희망찼다. 그 첫 계약은 소유권 이전을 하기도 전에 공인중개사 사무소에서 전화가 왔다. 빌라를 200만 원 웃돈을 받고 넘기고, 조금 더 큰 빌라에 투자하라는 것이었다. 뭐 달리 선택할 방법이 없는듯하여 조금 무리가 따르지만 대출을 받아 좀 더 큰 빌라를 사게 되었다. 2년 전세 계약까지 하였고 그저 '오르겠지' 하는 풍요로운 마음으로 생활을 하였다.

그러나 갑자기 언론에 부동산 거품이니 침체기이니 하는 뉴스가 계속 이어지고 있었다. 불안한 마음에 공인중개사 사무소에 연락을 하니 거래가 되지 않을 뿐이지 가격은 떨어지지 않았다고 하였다. 처음에 그런가 보다 했는데 그렇게 몇 년이 지나다보니 팔지도 못하고 대출이자만 내고 속 앓이만 하게 되었다.

'이놈의 빌라' 때문에 지금 사는 아파트 분양에 문제가 생겨 동생 앞으로 빌라를 이전하게 되어 취·등록세 등을 추가로 부담하였고 개인사업자인 동생은 건보료(건강보험료)와 국민연금만 많이 올라가고, 해마다 전세입자로부터 보일러니 뭐니 고장 났다고 몇십만 원씩 돈이 자꾸 들어가는 등 말 그대로 완전 애물단지였다. 마음을 비우고 '경기도에 집 한 채 있으면 나중에 도움이 되겠지' 하는 생각에 그냥 방치하고 있었다. 여기저기 지인들에게 투자하거나 빌려준 돈마저도 받지 못하였기에, '아, 내 팔자에 투자는 안 되는구나! 그냥 월급 받아 알뜰히 살아가는 게 내 운명인가보다'라고 생각하며 재테크에는 관심 없이 지냈었다.

그러나 월급쟁이로 살아가다보니 갑자기 목돈이 들어갈 때가 종종 생겼고, 그럴 때마다 대출을 받아 해결하다보니 대출이자는 갈수록 늘어만 가고, 또 세월이 지날수록 월급이 올라가는 것보다 지출이 더 늘어만 갔다. 그렇다고 과소비를 하는 것도 아닌데 고정 지출이 많아지다 보니 월급으로는 도저히 대출을 갚기도 어려울 것 같았고 더욱이 노후를 준비한다는 것은 더더욱 어려울 것 같았다.

그러던 중 2015년, 우연히 이북(e-book)으로 황 소장님의 《월세 300만 원 받는 월급쟁이 부동산 부자들》을 잠자기 전 침대 머리맡에서 접하게 되었다. 글이라고는 전혀 읽지 않던 내가 단숨에 다 읽어버렸다. 연금형 부동산 연구소 카페에 가입하고, 《연금형 부동산이 답이다》와 카페 글, 동영상을 보면서 내가 가진 자산이 돈을 벌게 끔 해야 하는 것, 현금흐름의 중요성 등 단순 투자수익 뿐만 아니라 투자의 방향과 개념들이 머릿속에 하나씩 자리 잡혀가는 듯하였다. 더는 재테크는 하지 않으리라 생각했었지만 또다시 월세라는 새로운 부동산 재테크 방법이 나를 흔들어 놓았다. '그래 나의 노후는 이거다!' 싶어 일 대 일 면담을 신청하기까지 이르렀다.

때마침 나의 첫 투자인 애물단지 빌라의 세입자가 사정상 나간다고 하기에 더 생각해 볼 것도 없이 빌라를 매매하였다(처음 투자시의 매매가 보다 오르긴 했으나 무려 7년간의 대출이자, 제비용 등은 고스란히 손해를 보고 말았음). 그렇게 마련된 자금으로 대출을 갚을까 고민도 했지만 아직 대출이자는 감당할 수 있기에 또 더 늦으면 재테크는 불가능할 것 같아 수익형 부동산 투자를 마음 먹게 되었다. 나의 성격과 주변 여건을 볼 때 '발품을 팔아라, 작은 것부터 시작해라, 자주 가볼 수 있는 부동산에 투자해라' 등의 부동산 투자의 기초들을 지키다보면 오히려 투자 시작도 못할 것 같았다. '우선 상담을 통해 결정하자' 하는 마음에 일 대 일 상담 신청을 하게 되었다. 공동 구매를 신청해 놓고 시골에 내려와 '과연 잘한 걸까?' 망설이기도 했지만 황 소장님을 믿고 따르기로 했다.

강남 논현동의 공동 구매 1호
그렇게 다시 나의 부동산 투자 두 번째 일기가 시작되었다. 월세를 받고 싶은 마음이 간절하였지만 아직은 투자금이 많지 않은지라 전세로 결정하였고, 공동 구매가 완공되기만을 기다렸다. 건물이 완공되기까지 황 소장님께서 중간 중간 진행과정을 수시로 알려주셔서 큰 걱정 없이 기다릴 수 있었다. 건물 준공과 동시에 부동산 관리업체로부터 전세입자도 쉽게 구할 수 있었다. 이러한 과정들에 나의 노동력은 많이 필요치 않았다. 모두 황 소장님과 관리하는 직원들이 다 차질 없이 진행을 시켜주셨으므로 나는 결정만 하면 되었다.

이 글을 쓰면서 바쁘고 투자 매물과 원거리에 거주하는 나에게는 너무나 좋은 시스템이 아닌가 생각하게 된다. 전세는 1년으로 계약하였고, 일 년간 투자 자금을 모아 월세로 전환할 계획이다. 그리고 지금은 투자금 마련을 위해 술자리도 줄이고 가계부도 쓰고 돈을 아끼려고 무척 노력 중이다. 스마트 폰 한쪽 면에《월세 300만 원 받는 월급쟁이 부동산 부자들》책표지를 작게 코팅하여 붙여놓고 있다. 매일 보며 난 월세 300만 원 되는 날을 꿈꾸고 있다. 이런 투자가 없었다면 아마 머릿속에 노후를 걱정하기만 했을 것이다. 그러나 이러한 투자로 목표가 생기고, 또 목표를 이루기 위해 계획을 세우고 실천에 옮기며 이런 모든 것들이 나에게 긍정적인 변화가 아닐까 싶다.

아직 구체적인 계획이 모두 완성되지 않았지만, 이렇게 하나씩 해나가면 분명 나도 부동산 부자가 될 수 있다는 희망을 갖고 노력하고자 한다. 부동산 첫 투자는 무지로 인해 실패하였지만, 지금은 든든한 멘토(연금형 부동산 연구소와 황 소장님)가 있기에 이미 마음속 월세 부자가 된 듯 흐뭇하다! 이처럼 아는 것이 없다면 좋은 멘토를 만나면 된다.

헬스와 부동산 성공의 필수 3요소

제가 처음 운동을 시작한 것은 군대 시절부터였습니다. 헬스 관련 책도 보고 보충제도 먹으면서 운동했고 군대 전역 후에도 6년 동안 꾸준히 운동을 했었습니다. 그런데 그렇게 꾸준히 운동을 했음에도 TV에 나오는 몸짱처럼 바뀌지는 않습니다. 운동을 더 열심히 하면 몸짱이 될 거라는 생각에 더 열심히 했었지만 생각만큼 몸이 좋아지지는 않습니다. 그래서 몸이 좋은 사람을 보면 '체질을 타고났거나 혹은 몸이 좋아지는 약물(스테로이드)을 쓴 게 아닐까' 하고 생각했습니다. 그렇게 보통의 남자처럼 몸짱에 대한 로망은 있었지만 현실로 실현시키지는 못하고 시간만 흘렀습니다.

운동하지 않고 1년이 지나기도 했고 왠지 모를 죄책감에 다시 운동을 시작했다가 2~3주 정도 다니다가 다시 쉬기를 반복했습니다. 그러다가 작심을 하고 혼자가 아닌 트레이너에게 퍼스널트레이닝을 받아보기로 했습니다. 처음 10회를 등록하고 운동을 했는데 할 때마다 힘들기도 했고 조금 늦은 날에는 트레이너에게 은근히 불쾌한 대우를 받기도 했습니다. '이건 아니다'라는 생각에 10회가 끝나자마자 운동을 그만뒀습니다.

그렇게 시간이 또 흘러 다른 트레이너에게 퍼스널트레이닝을 받게 되었는데 이번에는 운동시간은 즐거웠지만 운동이 별로 되지 않았습니다. 운동시간에 운동을 집중적으로 하기보다는 재미난 대화를 하는 것이 주를 이뤘기 때문이지요.

자, 그런데 제가 올해 초에 마음을 단단히 먹었습니다. 새로운 트레이너를 선택해서 운동을 시작했고 그 트레이너가 시키는 것은 그대로 따르려고 노력했습니다. "주 5~6일은 나오셔야 하는데 그러려면 주 7일 나온다는 생각으로 운동하셔야 합니다. 그리고 식단은 아침, 점심, 저녁을 이러이러한 것으로 드시고 술은 드시면 안 되고…." 등의 요구사항이 있었습니다.

그 말대로 적게는 주 5일 많게는 주 7일간 운동했고 식단과 그 외 요구사항을 최대한 따랐습니다. 그 결과 3개월 만에 제가 원하는 몸에 근접할 수 있게 되었습니다. 트레이너는 제 몸의 변화 속도가 빠르다는 말을 하기도 했고 피트니스 모델 대회에 나가보자는 이야기를 하기도 했습니다. 그런 이야기를 듣고 저 역시 기분이 좋아 운동과 식단을 더 열심히 하기도 했지요. 이러한 일련의 과정을 겪으면서 제가 왜 예전에는 이러한 몸을 만들 수 없었는지 생각해 보게 되었습니다.

우선 예전에는 '몸이 좋아지고 싶다'는 생각만 했지 딱히 '어떤 몸을 만들겠다'는 구체적인 목표가 없었습니다. 하지만 이번에는 제가 목표로 하는 몸을 사진으로 정했습니다. 그리고 그러한 몸을 만들려면 어떻게 해야 하는지 방법을 찾게 되었지요. 지금까지 하던 것처럼 하면 안 된다는 생각이 첫 번째로 들었고 두 번째는 제가 원하는 몸을 만들어 본 사람에게 배워야겠다는 생각이 들었습니다.

그래서 트레이너 중에 제가 원하는 몸을 만들었거나 적어도 피트니스 대회에 나가본 사람을 찾게 되었습니다. 이전에는 생각 없이 트레이너를 선정했다면 이번에는 제가 원하는 것을 해본 혹은 해줄 수 있다고 확신이 드는 사람을 트레이너로 선정하게 된 것입니다.

그리고 제 목표의 몸을 만들기 위해 마음을 단단히 먹고 운동과 식단 그리고 그 외 요구 사항을 철저히 지키게 되었습니다. 피곤해도 운동을 했고, 먹기 싫어도 삼시 세끼 닭 가슴살을 먹었으며 사람들과 식사를 같이 하러나갈 때도 닭 가슴살을 챙겨가서 먹었습니다.

안 챙겨 먹던 비타민과 보충제를 매일 챙겨 먹고, 일주일에 3일 정도는 퇴근 후에 맥주를 마셨는데 그것마저 1~2주에 1번 정도로 줄였습니다. 제일 힘들었던 것은 평소에 음식을 적게 먹는 편인데 운동량에 따라 많은 양을 먹어야 하는 것이었습니다.

그 결과, 제가 원하는 몸에 근접할 수 있었습니다. 곰곰이 생각해보니 목표를 이루는 데는 모두 같은 과정이 필요하다는 생각이 들었습니다. 그 첫 번째는 바로 명확하고 구체적인 목표, 두 번째는 나를 목표지점으로 도달하게 해 줄 수 있는 멘토, 세 번째는 의지와 실행력입니다. 이 3가지 단계는 운동, 사업, 예술 등 그 어떤 분야에서든 목표에 도달한 사람이 공통적으로 거치는 단계이며 이 중에 하나라도 빠지면 목표에 도달하기 매우 어려울 것입니다.

금메달을 딴 운동선수의 뒤에는 훌륭한 코치가 있었으며 그 선수에게는 금메달이라는 명확한 목표와 그것을 이루겠다는 확고한 의지가 있었습니다. 즉, 위의 3가지가 있다면 세계에서 1등을 할 수도 있다는 것이지요.

위의 3가지를 갖추면 세계에서 1등을 할 수도 있는데 과연 월세 몇백만 원 받는 일이 가능하지 않을 이유가 있을까요? 막연히 '돈을 벌고 싶다, 월세 ○○○원 받으면 얼마나 좋을까, 부자가 되면 좋겠지…' 등의 막연한 생각이 아니라 '얼마를 벌고 싶다' 혹은 '얼마의 월세를 받고 싶다'는 구체적인 목표를 세우는 것이 첫 번째입니다.

그것이 될지 안 될지, 될 가능성은 몇 퍼센트이고 안 될 가능성은 몇 퍼센트인지 따질 필요는 전혀 없습니다. 잘 모르는 분야에 대해 본인이 가능성을 따지는 것만큼 어리석은 일은 없습니다.

목표를 세웠다면 그다음으로는 나를 목표지점으로 안내해 줄 수 있는 멘토를 찾는 것입니다. 그 멘토는 친구, 가족, 지인일 수도 있으며 해당 분야의 전문가일 수도 있습니다. 단, 중요한 것은 내가 지향하는 목표에 도달해 본 사람이거나 혹은 나 이외에 다른 사람들을 내가 원하는 목표까지 이끌어 본 사람이어야 합니다. 그러한 경험이 있는 사람을 만나야 최소한의 시행착오 혹은 실수 없이 목표에 도달할 수 있습니다.

그리고 마지막으로는 의지와 실행력입니다. '나도 이전에 그거 생각했었는데', '그 아이디어 예전에 내가 이야기했었잖아' 이런 이야기는 주변에서 많이 들어봤을 것입니다.

하지만 이런 이야기를 하는 사람 중에 성공 혹은 목표에 도달하는 사람을 단 한 번도 본 적이 없습니다. 단지 입으로는 세상을 다 아는 것처럼 이야기하지만 행동하는 것을 두려워해 시간이 지나도 늘 그 자리에 앉아만 있지요. 목표와 멘토가 있다고 해도 실행력이 없으면 말짱 도루묵입니다. 서울대학교 입학을 목표로 하고 고가의 족집게 과외를 한다고 해도 본인이 공부하지 않는데 어떻게 갈 수 있겠습니까? $100 \times 100 \times 0 = 0$이 되는 것과 마찬가지일 것입니다. 목표 선정과 확실한 멘토를 찾았다면 반드시 실행해야만 합니다. 망설이고 두려워서 시간만 보낸다면 아무것도 되지 않습니다.

다시 한번 말하지만 위의 3가지를 갖추면 반드시 본인이 원하는 목표에 도달할 수 있습니다. 그러면 이제 본인에게 위의 3가지 중 무엇이 없는지 곰곰이 생각해보고 부족한 것을 채워 목표를 이루어 즐겁고 행복한 인생을 만들어 보시길 바랍니다. 지금껏 해왔던 것처럼 살거나 목표를 위해 열심히 살거나 어차피 시간은 똑같이 흘러갑니다. 하지만 그 결과에는 확연한 차이가 있을 것입니다.

지금이 당신의 인생에서 올바른 투자의 출발점이길 기원하며

직장인, 싱글족, 주부, 신혼부부, 평범한 가장, 공무원….

이런 분들의 부동산 투자 이야기를 읽어보니 어떠셨나요? 그들의 이야기에 본인의 걱정과 고민이 모두 담겨 있지 않았나요? 충분한 돈을 가지고 자신 있게 부동산 투자를 시작하는 사람은 거의 없을 것입니다. 얼마가 있던 돈은 늘 부족하고 모르는 것들은 자신을 불안하게 만들기 마련입니다. 하지만 부족함과 모르는 것들은 노력으로 얼마든지 채울 수 있습니다. 다만 그런 것들에 지레 겁먹고 시작도 못하거나 그렇게 망설이는 시간이 길어져 곤란한 상황에 처해서야 부동산 투자에 관심을 갖게 되는 경우가 많기도 하지요.

사람의 경제적 미래는 막연하지도 않고 매일매일을 열심히만 산다고 해서 나중에 좋은 방향으로 어떻게 되지도 않습니다. 돈은 숫자이고 숫자 계산에는 막연함이라는 것은 없고 명확함과 정확함만 있습니다. 준비하는 사람에게는 준비의 결과가 기다리고 있으며, 그렇지 않은 사람에게는 불안한 결과만이 기다리고 있을 뿐입니다.

제가 20~70대까지의 수천 명과 상담을 하다 보니 어느 시점에 어떤 결정을 하면 10년 뒤에는 어떤 결과가 생기고 그 이후에는 어떤 일들이 있을지 예측할 수 있게 되었습니다. 그분들의 과거의 고민과 결정 그리고 그 이후에 나타나는 결과들이 크게 다르지 않았고, 적어도 '결정의 순간에 누군가가 도와 줬었다면 훨씬 더 나은 결과를 얻었을 수 있었을 텐데' 하는 안타까움도 있었습니다.

은퇴시기에 재테크를 시작해 보려는 분들과 상담할 때면 걱정스러운 마음이 앞섭니다. 매월 필요한 생활비는 정해져 있는데 소득은 줄거나 없어질 상황이고 지금껏 모은 돈으로 재테크를 한다고 해도 생활비가 충당되지 않는 상황이 있기 때문이지요. 조금 더 일찍 재테크에 관심을 갖고 시작했더라면 지금보다는 훨씬 더 나은 상황을 만들 수 있었을 텐데 말입니다. 하지만 그런 상황이라고 해서 아무것도 하지 않고 모아둔 돈을 꺼내서 쓰는 것 보다는 지금이라도 재테크를 시작하는 것이 훨씬 더 나을 것입니다.

누구나 젊은 시절이나 돈을 한창 벌 때는 부동산 재테크를 나중에 돈이 많이 모이면 관심을 갖고 시작해야하는 것이라고 생각합니다.

그런데 그런 생각으로 수년 혹은 수십 년이 그냥 그렇게 흘러간다는 것이지요. 내 집 마련해 본 것이 전부이거나 혹은 그것마저도 해보지 않은 상황에서 은퇴 시기가 된다면 참으로 막막할 것입니다.

따라서 이 책의 31명 수기의 주인공들과 같이 미리미리 준비해야 합니다. 그들 역시 처음에는 고민과 걱정이 있었지만 그러한 것들을 해결하고 그들이 원하는 결과에 근접해 가고 있습니다. 물론 그들이 했다면 이 책을 보는 읽는 누구라도 할 수 있습니다.

수기의 주인공들 중 그 누구도 처음부터 돈이 많았거나 아는 것이 많아서 부동산 재테크를 시작한 사람은 없었습니다. 대부분이 지금 이 책을 읽는 이들과 비슷한 상황일 것입니다. 그들이 했다면 당신도 할 수 있습니다. 그리고 그 시작은 바로 '지금'이어야 할 것입니다. 그들이 시작했던 것과 같은 방법으로 당신도 시작할 수 있습니다. 어려움과 고민이 있다면 이 책의 수기를 다시 한번 읽어보고 해결 방법을 찾아보세요. 그리고 부디 이 책이 단순히 지식을 쌓는 것만으로 끝나지 않고 행동으로 옮기는 출발점이 되길 바랍니다.